D1711313

TROIS PORTRAITS DE MONTAIGNE :
ESSAI SUR LA REPRÉSENTATION
A LA RENAISSANCE

Du même auteur :

- *La littérature française : le milieu et le moment* (avec Serge Gavronsky), New York (MacMillan), 1972.

- *Description, Sign, Self, Desire : Critical Theory in the Wake of Semiotics,* La Haye-New York (Mouton), 1980.

- *Saint-Just & Cie : la Révolution et les mots,* Paris (Nizet), 1980.

- *In Search of the City : Engels, Baudelaire, Rimbaud,* Saratoga (Anma Libri : Stanford French and Italian Studies), 1985.

Mes remerciements à la fondation John Simon Guggenheim et à l'université de Californie, Davis, pour leur soutien généreux.

En couverture :

Signature de la Boétie (il n'existe pas de portrait contemporain).
Cunhambebe, roi Tupinamba (André Thevet, *Les Singularitez de la France Antarctique* (1558)).
Sabina Poppaea (Musée d'Art et d'Histoire, Genève : école française, XVIe siècle, huile s. panneau 82,5 × 66 cm, don).

Marc E. BLANCHARD

TROIS PORTRAITS DE MONTAIGNE : ESSAI SUR LA REPRÉSENTATION A LA RENAISSANCE

LIBRAIRIE A.-G. NIZET
PARIS
1990

ISBN 2-7078-1131-9

LIMINAIRE
MIMÉSIS ET
AUTOPORTRAIT

> *[a] Pourquoy n'est-il loisible de mesme à un chacun de se peindre de la plume, comme il se peignoit d'un creon ? (Essais, II : 17 : 653)[1]*

---

1. Toutes références à l'édition Villey, revue par Verdun L. Saulnier, Paris (Presses Universitaires de France), et Lausanne (Guilde du Livre), 1965.

Le portrait au seizième siècle est un genre nouveau, dont le développement a, sans aucun doute, été facilité par l'usage généralisé du miroir, mais dont les modes et les thèmes suggèrent une sophistication croissante dans l'art d'exprimer le visage et le corps humain, et il est possible que l'écriture des *Essais* n'aurait pu fonctionner, si Montaigne n'avait pas eu à l'esprit les fameuses galeries de portrait de son temps. Poursuivre une étude des rapports entre peinture et littérature, c'est mettre à jour les procès culturels à la fin de la Renaissance française à un moment où lecteurs et spectateurs, déjà rompus à la tradition sans cesse croissante du livre, reviennent à la peinture pour recevoir une nouvelle inspiration visuelle que le texte écrit ne semble plus à même d'offrir à lui tout seul. En outre, s'il est vrai que l'œuvre de Montaigne rend possible une sorte de pause au seuil d'un nouveau type de discours, les *Essais* représentent, avec leur référence modeste et relâchée à la vie de tous les jours, un effort singulier pour réconcilier le corps et l'esprit qu'une tradition cartésienne prétendra séparer. Un examen des relations entre peinture et littérature devrait montrer qu'un modernisme naissant doit autant à la transformation des systèmes de représentation visuelle qu'à une évolution de la spéculation philosophique. Les passages des *Essais* où Montaigne fait référence spécifique à la peinture sont nombreux et permettent d'ailleurs de formuler une théorie générale du peindre et de la peinture dans le cadre même de l'écriture des *Essais*. Une des plus connus se trouve dans le chapitre II : 17 « De la praesumption » :

> [a] *Je vis un jour, à Barleduc, qu'on presentoit au Roy, François second, pour la recommandation de la memoire de René, roi de Sicile, un pourtraict qu'il avoit luy-mesmes fait de soy. Pourquoy n'est pas loisible de mesme à un chacun de se peindre de la plume, comme il se peignoit d'un creon ?* (653).

Deux choses remarquables dans ce passage. D'abord, Montaigne mentionne le fait qu'un portrait a été utilisé dans la conduite des affaires diplomatiques, et nous savons depuis Garret Mattingly l'essor de la diplomatie au quinzième et seizième siècle[2]. Ensuite, Montaigne, pose la question de la légitimité de sa propre entreprise autobiographique en nous référant à la tradition récemment établie du portrait pictural. Néanmoins, tout se passe comme si le passage que nous venons de mentionner avait dispensé Montaine de répondre à la question d'une homologie réelle entre sa propre entreprise littéraire et la peinture. La plupart des contextes dans lesquels apparaissent *peindre* et *peinture* révèlent un usage métaphorique de ces concepts à trois niveaux. A un premier niveau, Montaigne se réfère à la peinture, comme dans la citation précédente. Mais, même dans ce cas, la référence à la peinture est faite dans le contexte d'une théorie de la représentation. Ainsi, par exemple : « [b] Je fais volontiers le tour de ce peintre, lequel, ayant miserablement représenté des coqs, deffendoit à ses garçons qu'ils ne laissassent venir en sa boutique aucun coq naturel » (III : 5 : 874). A un deuxième niveau, les deux termes sont employés pour désigner une description expressive. C'est l'usage le plus courant : « [a] Car c'est moy que je peins » (« Avis au lecteur »). Finalement, dans un sens toujours métaphorique, mais plus restreint, *peindre* désigne l'acte de parfaire la représentation, de réaliser son *telos,* comme au début du chapitre sur l'amitié : « [a] entreprendre un tableau riche, poly et formé selon l'art » (I : 28 : 183).

Montaigne conçoit sa propre œuvre comme un organisme vivant et en cours de transformation. Rien qu'à ce titre, c'est déjà une peinture. Mais, quand il soulève, par endroits, la question, son interrogation marque une brèche dans le continuum des *Essais.* Non seulement il met en question les aspects réalistes et pittoresques de sa propre description :

> *J'ay des portraicts de ma forme de vingt et cinq et de trente cinq ans ; je les compare avec celuy d'asteure : combien de fois ce n'est plus moy ! Combien est mon image presente plus esloingnée de celles là que de celle de mon trespas !* (III : 13 : 1102).

2. Garret Mattingly, *Renaissance Diplomacy,* Londres (Cape), 1962, pp. 213-222.

Il se demande aussi quel genre de portrait il est en train de peindre : sa plume remplace-t-elle vraiment le crayon, la craie ? La réponse à la question n'est plus alors si simple, et le même Montaigne, qui n'a aucun scrupule à poursuivre une tradition dans laquelle mots, images et choses, les *res* et les *verba* sont étroitement unis, sent maintenant qu'il doit demander l'indulgence du lecteur pour la présentation *artistique* qu'il lui offre. Dans le chapitre 28 « De l'amitié », il prend comme exemple un peintre maniériste, afin de mieux faire saisir les détours de son œuvre en développement :

> [a] *Considérant la conduicte de la besongne d'un peintre que j'ay, il m'a pris envie de l'ensuivre. Il choisit le plus bel endroit et miliu de chaque paroy, pour y loger un tableau élabouré de toute sa suffisance ; et le vuide tout au tour, il le remplit de crotesques, qui sont peintures fantasques, n'ayant grace qu'en la varieté et estrangeté. Que sont-ce icy aussi, à la vérité, que crotesques et corps monstrueux, rappiecez de divers membres, sans certaine figure, n'ayants ordre, suite ny proportion que fortuité ?*
> > *Desinit in piscem mulier formosa superne.*
> *[C'est le corps d'une belle femme qui finit en queue de poisson].*
> *Je vay bien jusques à ce second point avec mon peintre, mais je demeure court en l'autre et meilleure partie : car ma suffisance ne va pas si avant que d'oser entreprendre un tableau riche, poly et formé selon l'art* (I : 28 : 183).

Nous savons, depuis le travail de Butor sur l'*encadrement maniériste* et la structure synecdochique des *Essais,* que le « [a] vuide tout au tour » (I : 28 : 183) évoque la grande perte de La Boétie, depuis vingt ans défunt, cependant que le projet d'autodescription devient l'indice d'une œuvre plus vaste, où c'est non seulement l'amitié, dont la mémoire occupe tout le chapitre 28, mais encore toute la problématique du même et de l'autre, que le chapitre 31 sur les cannibales met si bien en place, et en fin de compte, la légitimité profonde, le droit de mener à bien une entreprise telle que celle des *Essais,* qui accaparent l'essayiste[3].

C'est précisément dans le pli de cette conjoncture que je voudrais saisir la problématique des *Essais.* La question du portrait (« [a] la conduite de la besongne d'un peintre que j'ay ») n'est plus seulement une question rhétorique, dans laquelle les différences entre peinture et écriture sont articulées sur le mode du jeu. Répon-

---

3. Michel Butor, *Essais sur les Essais,* Paris (Gallimard), 1968, pp. 66-71.

dre à la question veut maintenant dire : ouvrir le champ de la représentation tout entier, définir la nature, les critères et les limites d'une représentation qui s'offre comme mesure et instrument du monde connaissable.

Mais, outre qu'une interprétation *figurale* des *Essais* est généralement fondée sur une référence assez vague à la peinture en général, et non à la peinture de portrait, cette interprétation se fait sous le couvert d'une tradition simplifiée de *Ut pictura poesis,* selon laquelle l'objet du texte littéraire est de simuler pour l'imagination ce que la peinture exécute pour les yeux. Autrement dit, la référence à la peinture est censée éclairer une problématique que l'on connaît déjà : celle de la description expressive du monde selon les termes adoptés par la critique occidentale depuis Aristote. Quand nous lisons, dans la *Poétique,* que l'objet de l'œuvre littéraire est l'imitation d'une réalité dont nous sommes familiers, mais que c'est justement la fonction d'une représentation, d'une *poiesis,* de mettre en lumière, nul ne doute du bien-fondé de cette représentation, même si la perfection de la représentation, la *représentativité* du référent — ce qu'Aristote appelle « une grandeur telle qu'on puisse aisément l'embrasser du regard » (*megethos, touto de eusunopnos*) — dépend, non du degré, mais du mode d'identification entre un héros et ses spectateurs[4]. La réception de l'œuvre littéraire est, dans tous les cas, réglée par une perspective de dévoilement et de transparence, qui fait que le lecteur ou le spectateur sont mis en contact par l'auteur avec une référence dont la connaissance n'est sujette qu'aux limitations des techniques et des talents individuels. Ainsi la *Poétique* oppose tel auteur qui a *su* donner à son public l'image de la passion ou du désir à tel autre qui a échoué, précisément pour n'avoir pas respecté une classification des techniques fondée par les contraintes de la représentation : une représentation comique, d'hommes inférieurs ; une représentation tragique, de héros[5]. Le public a donc prise directe sur la fiction. Quand il y a hésitation sur l'objet de la représentation, c'est que les contraintes de la représentation n'ont pas été comprises par l'écrivain. Mais, dans tous les cas, cette compréhension partielle n'affecte en rien l'existence

---

4. Aristote, *Poétique* 1451 a, texte établi et présenté par J. Hardy, Paris (Les Belles Lettres), 1965, p. 40.

5. *Poétique* 1448 a, p. 31.

idéale du modèle qui rend possible la représentation et que confirme le critique : la représentation a pour objet, non les détails de la vie extérieure, mais une certaine mise en scène de l'humanité, structurée par l'ensemble idéal d'une pensée et d'un caractère.

La représentation n'est pas illustration, puisque ce que le spectateur comprend, c'est moins la duplication d'une situation déjà existante (Aristote ne fait pas, comme Platon, appel à une réminiscence qu'une performance aurait pour fonction de faciliter à la conscience), que la constitution de l'image au moment même de sa réception : « On se plaît à la vue des images parce qu'on apprend, en les regardant (*orontes*) et on déduit ce que représente chaque chose, par exemple que cette figure, c'est un tel ». Elle est identification de personnages, de sujets en train d'agir : « en situation » (*prattontas kai energountas tous mimoumenous*). En donnant au spectateur l'occasion de constituer cette situation pour elle-même selon le genre qui la définit, l'écrivain, le dramaturge, le poète n'imposent pas à ce spectateur de se reconnaître lui-même dans le rôle qui est déjoué devant lui, mais seulement de réagir selon le degré d'accomplissement du rôle : d'en saisir les effets. Toute représentation devient ainsi une vue partielle du monde selon le principe du *ne ultra crepidam,* sans que cette incomplétude soit autre chose qu'un *effet de représentation.* Le même espoir d'une représentation réduite aux limites d'une langue hautement réglée est suggéré par Horace dans sa défense de la « norme et juridiction du langage » (*ius et norma loquendi*)[6]. On pourrait même dire que le fonctionnement de la représentation poétique réduit encore la part d'incertitude quant au statut de l'objet représenté en assimilant l'effet littéraire à l'effet pictural. C'est ainsi qu'on peut, mais sans que Montaigne y trouve d'ailleurs le moindre intérêt, faire servir les clichés de la peinture passés à l'usage courant. Ceux qui ne peignent pas bien seraient alors ceux qui ne savent pas distinguer entre les couleurs, puisqu'aussi bien la peinture garantirait le fonctionnement des différences :

> [a] Il advient de là [le vray champ de l'imposture sont les choses inconnuës. D'autant qu'en premier lieu l'estrangeté mesme donne credit] qu'il n'est rien creu si fermement que ce qu'on sçait le moins, ny gens si asseurez que ceux qui nous content des fables [...] ; et quoy que la varieté et discordance continuelle des evenemens les

6. Horace, *Art poétique,* 72.

> *rejette de coin en coin, et d'orient en occident, ils ne laissent de sui-*
> *vre pourtant leur esteuf, et, de mesme creon, peindre le blanc et*
> *le noir* (I : 32 : 215).

Si la distinction entre peindre et dessiner se perd à suivre dans les couleurs d'abord le contour du crayon (« [a] et de mesme creon peindre » (I : 32 : 215)), et s'il est clair que la peinture de la Renaissance est plus concernée par les problèmes de mise en forme et de composition que par ceux d'un effet des couleurs et d'une relation entre elles, il en va tout autrement, à partir du moment où la question de la possibilité d'une représentation est en fait, comme c'est le cas, pour Montaigne et les peintres d'autoportrait, celle du rapport du sujet constitutif de la représentation à lui-même. Quand Montaigne refuse, par modestie, la comparaison avec Aristote, « [a] Dieu de la science scholastique » (II : 12 : 539), ce refus de fausse modestie, qui concerne aussi tous les maîtres à penser des *Essais* (« [a] Je ne sçay pas pourquoy je n'acceptasse autant volontiers ou les idées de Platon, ou les atomes d'Epicurus, ou le plain et le vuide de Leucippus et Democritus » (II : 12 : 539)), est affirmé, précisément, dans le contexte d'une limite des choses représentables — à commencer par soi-même : « [c] Je ne dis les autres, sinon pour d'autant plus me dire » (I : 26 : 148). La limite horatienne de la représentation, définie par le respect des genres, est chez Montaigne déplacée vers la constitution du sujet de la réception de la représentation, incapable de reconnaître son monde dans l'image que lui communiquent les démiurges de Platon, artisans, faiseurs et bricoleurs, au nombre desquels — mais c'est un des multiples ajouts ou remords de la dernière édition — se trouve le peintre :

> *[a] Vous diriez que nous avons eu des cochers, des charpentiers,*
> *[c] et des peintres, [a] qui sont allez dresser là haut des engins à divers*
> *mouvemens, [c] et ranger les rouages et entrelassemens des corps*
> *bigarrez en couleur autour du fuseau de la necessité, selon Platon*
> *[...] Ay je pas veu en Platon ce divin mot, que nature n'est rien*
> *qu'un poësie oenigmatique ? comme peut estre qui diroit une **pein-***
> ***ture voilée et tenebreuse**, entreluisant d'une infinie varieté de faux*
> *jours à exercer nos conjectures* (II : 12 : 536).

Que le schème de la représentation de soi chez Montaigne ait été court-circuité par la confusion d'un monde réduit au détail et à la singularité n'a pas empêché les critiques de récupérer cette impossibilité de représentation comme genre dans le mythe d'une universalité du portrait individuel. Ce mythe, fondé sur la prémisse

d'un être entièrement communicable (« [c] Les autheurs se communiquent au peuple par quelque marque particulière et estran-
gère ; moy le premier par mon estre universel, comme Michel de
Montaigne, non comme grammairien ou poëte ou jurisconsulte »
(III : 2 : 805)), constitue en fait une transformation radicale de la
proposition montaignienne. Pour les critiques tenant de l'universalité montaignienne, chez lesquels cette universalité constitue un
modèle complet, et non un schème non construit de représentation,
le discours sur l'*exemplaire* est en fait le produit d'une tradition
créée par l'histoire littéraire, et dont les linéaments apparaissent
dans la traditionnelle formalisation de la querelle Pascal/Vol-
taire/Rousseau sur Montaigne. Dans les trois cas, les *Essais* sont
vus comme un *projet de peindre,* par lequel l'auteur impose son
image, sa mimésis, au public, et montre ses écrits au « [a] théâtre
du monde » (II : 10 : 415). Pascal accuse Montaigne de superbe[7].
Voltaire rétorque que se peindre est un projet charmant, et donc
sans conséquence — ce qui ne doit pas étonner, puisqu'aussi bien
Voltaire a pratiqué tous les genres sauf celui de l'autodescription —, mais par lequel Montaigne se fait plaisir en se donnant,
comme le philosophe à Cirey, en spectacle à son public[8]. Rousseau
nous dit que le projet des *Essais* pêche, par manque d'authenticité,
que Montaigne parle de soi en parlant surtout des autres, et qu'il
n'est pas possible de se peindre soi-même sans faire de soi l'objet
exclusif du discours, un objet qui exclut finalement toute imitation :
« un projet qui n'aura pas d'exemple »[9]. Ce que l'histoire littéraire

7. « Le sot projet qu'il a de se peindre ! et cela non pas en passant et contre
ses maximes, comme il arrive à tout le monde de faillir ; mais par ses propres maximes et par un dessein premier et principal. Car de dire des sottises par hasard et par
faiblesse, c'est un mal ordinaire ; mais d'en dire par dessein, c'est ce qui n'est pas
supportable, et d'en dire de telles que celles-ci [...] » (*Pensées,* II : 76 [n. 206 dans
l'édition Brunschwicg], ed. G. Chevalier, Paris (Gallimard : Pléiade), 1954, p. 1103).

8. «Le charmant projet que Montaigne a eu de se peindre naïvement comme
il a fait ! Car il a peint la nature humaine ; et le pauvre projet de Nicole, de Male-
branche, de Pascal, de décrier Montaigne ! » (Voltaire, *Lettres philosophiques ou
lettres anglaises,* avec le texte complet des remarques sur les *Pensées* de Pascal, édition de Raymond Naves, Paris (Garnier), 1964, p. 167).

9. *Confessions,* in *Œuvres complètes de Jean-Jacques Rousseau,* IV, Paris, (Gallimard : Pléiade), 1969, p. 4.

retient, c'est la possibilité d'établir avec Montaigne le canon d'un discours typé qui fonde l'entreprise autobiographique en posant comme *telos* de l'œuvre la production de l'image de l'auteur dans le livre. Il est frappant que, dans le discours sur le projet montaignien — un discours qui commence avec Flaubert —, c'est le problème du modèle de la relation entre homme unique et patron universel qui ait longtemps remplacé, ou plutôt, empêché de voir, la problématique de l'homme incomplet et de l'œuvre inachevée.

Les deux cas les plus frappants de cette obsession sur la perfection du modèle sont, à un siècle de distance, et dans des univers critiques entièrement distincts, l'approche, classique de Lanson, et celle, postmoderne, de Cave. Pour Lanson, la situation idéale de Montaigne résulte d'une circonstance historique. Sans faire état exhaustif des circonstances de la retraite de Montaigne, Lanson impose un schéma qui va devenir traditionnel, mais qui ne peut prendre en considération les problèmes de l'autoportrait, précisément parce que l'image de Montaigne est un sous-produit de la reconstitution historique d'un parcours intellectuel. Autrement dit, la question du rapport à soi ne peut s'inscrire sur ce parcours, parce qu'elle en soulève immédiatement une autre, celle de la perception de l'autre, et que cette question de l'autre ne peut être posée dans une perspective qui est, en dernière analyse, celle de la résolution de toutes contradictions sur une ligne narrative (« Avant que des générations successives de lecteurs en fassent un traité de philosophie morale, les *Essais* sont un journal, une confession, des mémoires »)[10]. Vivant dans un siècle ravagé par les guerres civiles, Montaigne sauve la littérature en pratiquant la seule forme d'écriture possible en période de crise : il cite et divague, mais dans ces divagations il trouve au moins une satisfaction pré-cartésienne de la conscience de soi. L'œuvre montaignienne, justement parce qu'elle est d'abord repliée sur elle-même, est symbole de la possibilité permanente d'une production littéraire. C'est donc sur les phases de cette production que s'articulent, mais seulement successivement, et dans une diachronie, les divers aspects de la personnalité de Montaigne. L'homme rejoint l'auteur dans le déroulé de l'œuvre — comme si, dans la conjoncture spéciale des guerres civiles, dans une période où le surplus de l'événementiel accapare les

10. *Les Essais de Montaigne : étude et analyse,* Paris (Mellottée), 1929, p. 13.

mentalités, Montaigne se trouvait paradoxalement plus libre de se
livrer à son autoportrait : « [c] Nostre guerre a beau changer de
forme, se multiplier et diversifier en nouveaux partis ; pour moy,
je ne bouge » (II : 15 : 617). L'image de l'homme au livre est donc
rendue possible, nous dit Lanson, par une ascèse du monde :

> *Telles qu'elles sont — et telles qu'elles sont en lui, Montaigne —*
> *toutes les facultés humaines sont appelées à entrer en action pour*
> *construire la vie d'un gentilhomme de campagne retiré en sa terre*
> *sous les derniers Valois : ouvrage d'un art très complexe, très sub-*
> *til et très volontaire* (p. 198).

Outre que cette conception nous communique une image discutable de Montaigne, puisqu'on sait fort bien que l'auteur des
Essais était loin d'être solitaire, et qu'elle dénie, d'autre part, à la
production littéraire de la deuxième moitié du seizième siècle son
dû (la poésie politique de Ronsard, celle, encore plus engagée, de
d'Aubigné, la *Satire Ménippée*), elle fait de la possibilité du portrait une fonction de la spécificité, de l'unicité de la représentation.

Ce que Lanson veut nous faire entendre, c'est que l'écrivain
est capable de se représenter seulement dans la mesure où son portrait n'est pas en conflit avec le monde : dans la mesure où l'universalité du portrait découle, paradoxalement, du caractère unique
de l'objet représenté. C'est pour avoir fait le vide autour de lui et
n'avoir pu trouver chez les autres une image propre, que Montaigne peut se justifier d'un livre absolument sien. Cette approximation du moi au modèle n'est donc, en aucune façon, problématique. Elle préside au livre. Elle lui est préalable. C'est une universalité à laquelle il est facile de souscrire, justement parce que le
monde n'est pas mis en cause.

Dans son livre sur la production du texte montaignien, Terence
Cave a montré que, si on peut vraiment parler d'autoportrait, cette
possibilité n'est concevable que sur un mode symbolique. Parce qu'il
est toujours en proie à une *différance* constante, résultant d'une
pulsion de possession de la réalité par la langue jamais satisfaite,
— la langue elle-même suscite ses propres références intra-textuelles
que le sujet conscient ne saurait entièrement maîtriser —, le texte
montaignien prévient toute tentative de fixation d'image dans un
cadre défini[11]. Le livre de Cave emprunte à Derrida une critique

---

11. Terence Cave, *Cornucopia : Problems of Writing in the French Renais-*
sance, Oxford (Oxford University Press), 1979, p. 329.

a-historique, tout en essayant de définir un état montaignien de la culture *cornucopiesque*. On peut ainsi noter, par rapport à Montaigne, l'évolution qui sépare la critique historique des textes dit classiques, d'une critique informée par la philosophie et les sciences humaines. Ce mouvement est notable dans les travaux plus récents de Rigolot ou de Mathieu-Castellani, qui, prenant leur parti d'une idéologie déconstructrice, rejettent toute « mise en système » du texte montaignien au profit d'une économie libidinale des *Essais,* produisant sous couvert d'une autorité poétique un texte flou, mais libre de ses fantasmes[12]. Mais prendre prétexte d'une crise de la représentation pour arguer d'un manque à dévoiler dans les *Essais,* lequel manque à dévoiler autoriserait une interprétation purement poétique ou rhétorique du « for intérieur »[13], s'il *diffère,* certes, le moment d'une réconciliation avec un modèle en chair et en os (« les *Essais* ne sont pas davantage un autoportrait »[14]), n'en laisse pas moins en vigueur les conditions formelles dans lesquelles un auteur, un peintre continue de par toute son œuvre une pratique d'autoréférence. Le concept d'un portrait est alors réduit au geste qui produit, dans le recours aux sources, la distance entre le sujet et le matériau qui constitue, au sens propre du mot, son prétexte, et qu'il utilise pour impliquer une relation à soi, mais qui se perd, dès que cette relation est en fait impliquée. C'est dans ce creux que

12. François Rigolot, *Les métamorphoses de Montaigne,* Paris (Presses Universitaires de France), 1988 ; Geneviève Mathieu-Castellani, *L'écriture de l'essai,* Paris (Presses Universitaires de France), 1988.

13. Voir : Marc Fumaroli, « Michel de Montaigne ou l'éloquence du for intérieur », in Jean Lafond, *Les formes brèves de la prose et le discours discontinu,* Paris (Vrin), 1984, pp. 27-50 (cité par Rigolot, p. 218, note 1). La citation est révélatrice ici, comme ailleurs le texte de Mathieu-Castellani dans son « Introduction » à *L'écriture de l'essai,* de l'ambiguïté d'une approche résolument anti-systématique de Montaigne. Tout en rejetant une mimésis aristotélicienne (que Montaigne n'aurait d'ailleurs pu connaître), cette « poétique » nouvelle n'en continue pas moins de faire appel, dans un contexte post-moderne, monologique et privé, aux restes-repoussoirs théoriques d'une éloquence publique mal vue (Fumaroli parle de « léchage »), l'*elocutio,* pour renforcer une thèse sur le livre écrit, ou du moins, si tant est que Montaigne ait dicté, lu en silence. La « labilité fondamentale des êtres et des choses », intériorisée par Montaigne (Rigolot, p. 227), est finalement celle d'une critique désireuse d'un *anti-modèle,* ovidien chez Rigolot, plutarquien chez Mathieu-Castellani, qui légitime une culture en désarroi : la nôtre.

14. G. Mathieu-Castellani, *op. cit.,* p. 11.

se logent commodément sur la poétique et l'écriture montaignienne. Montaigne dit fort bien :

> *[b] je n'entends pas [que ces parements empruntés] me couvrent,*
> *et qu'ils me cachent ; c'est le rebours de mon dessein, qui ne veux*
> *montre que du mien, et de ce qui est mien par nature ; et si je m'en*
> *fusse creu, à tout hasard, j'eusse parlé tout fin seul* (III : 12 : 1055 ;
> *cité par Cave, p. 307).*

Cave implique que le portrait, ou du moins, le désir de constituer le portrait est prisonnier de ce dilemme : ou bien l'auteur suit les textes des autres, et la conséquence en est une glose perpétuelle, qui n'insére dans cette explication que le signe d'un sujet désireux de s'*ex*-primer par une pratique généralisée de l'emprunt, et, sortant de soi, de se perdre dans la prose du monde ; ou bien il cherche à s'inscrire dans ce commentaire sur le monde, à le signer, et cette signature, dont la marque des éditions serait le témoignage le plus flagrant, signifie à son tour l'imperfection même d'un portrait qui a besoin d'être signé, montré du doigt, pour être légitimé. Mais, dans le contexte d'une problématique de l'écriture au seizième, il n'en reste pas moins que l'exemplarité et l'universalité du modèle ne sont pas en cause, puisque le même geste qui consiste à marquer le texte des éditions, bien que signifiant l'incomplétude permanente du texte, met en évidence, par-delà les citations, les références au texte des autres, celui même de Montaigne. L'art de l'autoportrait serait alors l'habileté à constituer un texte qui contiendrait une image toujours reconnaissable parce que constamment remaniée par le sujet peintre qui, en la travaillant, en adhérant constamment à sa production, serait en position universelle d'aide perceptuel, d'opérateur de vision de soi. Dans cette perspective, la distinction traditionnelle entre portrait et auto-portrait, qui continue à hanter les historiens, n'est plus fondamentale. Le procès par lequel le portraitiste passe à l'auto-portrait n'est pas différent de celui par lequel Montaigne passe d'une conception compilatrice et commentariste de son œuvre, à une autre conception, privée du livre sur soi, n'imitant les autres que pour s'imiter, se reproduire soi-même.

De Lanson à Cave et à ses successeurs immédiats, l'évolution historique d'une critique littéraire n'a donc pas changé les termes d'une classification du portrait : universel parce qu'expressif, exemplaire parce que constamment pris entre le typique et l'unique, les deux se rejoignant dans le geste de l'auteur montrant du doigt son œuvre. On peut encore mieux comprendre comment et pourquoi la problématique du portrait est restée en marge, occultée du procès de légitimation de la quête montaignienne, si l'on jette un bref coup d'œil sur l'entreprise qui, au fond, autorise, depuis bientôt un demi-siècle, toutes les re-inscriptions du sujet Montaigne à son œuvre. Il s'agit du fameux texte d'Auerbach dans *Mimésis,* et de la perspective générale que *Mimésis* toute entière tisse autour de l'œuvre montaignienne[15]. Le projet d'Auerbach n'est pas métacritique, dans la mesure où le romaniste se propose, non pas une histoire des genres — bien que l'amorce de cette histoire existe dans le commentaire des textes individuels, et a pu donner lieu à des entreprises métacritiques célèbres comme celle de Northrop Frye —, mais une mise en scène du texte littéraire occidental à travers les âges. On s'aperçoit d'ailleurs que le point de vue historique impliqué par cette succession n'est en fait, lui aussi, qu'un prétexte pour suivre l'évolution a-historique d'une scénographie fondée sur le principe du perdu, de l'indisponible ou de l'exprimé : ce que le texte donne à voir, ce sont les limites de sa propre articulation, au point même où le lecteur/spectateur peut suppléer, en réfléchissant justement sur ces limites, le contexte qui manque encore à l'image pour être satisfaisante.

Les exemples de ce qu'on pourrait appeler aujourd'hui une *supplémentarité* de représentation sont nombreux dans un discours qui inclurait à la fois Auerbach et Cave. Mais un des plus significatifs reste, dans le cadre de *Mimésis,* celui de Montaigne. Auerbach propose de voir en Montaigne le protoportrait de l'*honnête homme,* dont la personnalité parfaite est en complète opposition avec l'idéal polymathique de la fin du Moyen Âge et de la Renaissance. L'idéal de ce que Montaigne appelle des « [a] hommes suffisants » (I : 25 : 137) n'est que la construction d'une certaine classe, dans laquelle on peut, avec Auerbach, voir la préfiguration de la haute bourgeoisie éduquée du Roi Soleil — encore qu'Auerbach admette que les conditions propices à une *standardisation* des mœurs de cour et de la société polie, ne sont pas encore remplies. Or, dans l'essai de promouvoir la *figura* montaignienne comme représentative des conditions générales de la représentation à l'épo-

15. Erich Auerbach, *Mimésis : la représentation de la réalité dans la littérature occidentale,* tr. Cornélius Heim, Paris (Gallimard), 1983, pp. 287-313.

que, Auerbach achoppe sur les conditions de la réception de cette représentation. Dans l'histoire d'une représentation dualiste, issue d'une stricte et traditionnelle interprétation des textes sacrés — l'homme est pécheur, et il ne peut transcender sa condition que par une ascèse (Boèce) ou une épreuve (Chrétien de Troyes et les troubadours) —, Montaigne représente une volonté d'expérience moniste, où le corps et l'âme partagent un même destin sur terre, et sont donc jugés avec les critères d'un discours incomparable, irréductible à d'autres catégories, et non hiérarchisé. C'est pour Auerbach le discours d'un humanisme finissant, vidé de son érudition qui fait justement dire à Montaigne qu'il n'a d'autre spécialité que lui-même, un homme qui ne sait rien et n'est bon à rien — et qui explique comment l'image d'un « [a] vuide » (I : 28 : 183) au centre d'un tableau orné et « [a] poly selon l'art » (ibid.), avec quoi s'ouvre le chapitre sur l'amitié, reprend en fait l'ouverture du chapitre sur l'éducation des enfants (I : 26) : « [a] Aussi moy, je voy mieux que tout autre, que ce ne sont icy que resveries d'homme qui n'a gousté des sciences que la crouste premiere en son enfance, et n'en a retenu qu'un general et informe visage : un peu de chaque chose et rien du tout, à la Françoise » (I : 26 : 146). Le fait qu'Auerbach utilise des catégories stylistiques dérivées d'Aristote (*style sublime, style vulgaire*) montre que, dans son effort pour arriver à une définition plausible d'un modèle montaignien, précisément au moment où les conditions de standardisation qui permettraient une telle modélisation ne sont pas remplies, l'auteur de *Mimésis* ne parvient pas à construire une théorie du portrait qui transcende la séparation des genres imposée par Aristote et Horace. La conséquence en est une vue contradictoire, sinon anamorphique, du portrait. D'un côté, la représentation de la figure humaine est conçue comme entraînant une dépréciation automatique des canons qui réglaient la représentation des récits téléologiques, depuis la tragédie jusqu'à l'épopée. Qu'il y ait là chez Montaigne une anticipation de la figure du romancier pris entre les figures de la rhétorique (« [a] J'en pourrois faire des contes merveilleux, mais pour cette heure il vaut mieux suivre mon theme » (I : 9 : 34)), et les références de l'histoire (« [c] Aussi en l'estude que je traitte de noz mœurs et mouvemens, les tesmoignages fabuleux, pourveu qu'ils soient possibles, y servent comme les vrais » (I : 21 : 105)), et qui cherche à déplacer, à déhiscer le continuum de son écriture quotidienne des récits de la tradition, n'est pas impossible. De l'autre côté, l'entreprise de portraiture implique une volonté de récupérer, dans la constitution d'une écriture, d'une représentation nouvelle, l'héritage même que des critères de moins en moins convaincants menacent de laisser perdre. Si tant est que Montaigne n'en finit pas de se rebeller contre les idées des autres, il se veut aussi grand lecteur, grand amateur de textes, et amoureux de certains monuments : textes des poètes, mausolées des empereurs, images des rois et des administrateurs. En somme, un conservateur.

Or c'est justement à la Renaissance que la coïncidence aristotélicienne entre représentation et réception devient problématique, et le texte montaignien exprime au mieux ces difficultés. Ce qui fait problème dans la transmission des dogmes aristotéliciens par l'humanisme de la Renaissance, c'est justement la question de la fidélité elle-même, de la *sûreté* de la représentation, et de la possibilité de dissocier représentation et réception. Que ce soit la Renaissance, et non le Moyen Âge (la *Poétique* est inconnue au Moyen Âge), qui ait finalement imposé cette problématique de la représentation sous l'angle de la fidélité et de l'expressivité, au lieu de poser la question de la possibilité de cette expression, en dit long sur la professionalisation de la notion de culture au seuil de l'époque classique. Les fins de l'imitation sont toujours d'un *éclairage*, et d'une mise en valeur du référent, dont la langue a pour fonction d'offrir une représentation, c'est-à-dire, une approximation convaincante. Mais la question de l'instanciation de cette référence, et de la distance qui pourrait exister entre une représentation subjective et une modélisation objective de l'objet référentiel, n'est jamais posée. Autrement dit, ce qui n'est pas connu n'est pas inconnu, mais seulement en instance d'être connu. Foucault avait déjà souligné cette problématique dans son analyse de la duplicité des signes et d'un renvoi perpétuel d'un signe à l'autre dans l'entreprise de représentation[16]. Mais c'est justement le procès habituel et naïf de ce renvoi qui est interrompu par la référence nonchalante et dubitative de Montaigne à la peinture :

> [a] Car, outre que cette peinture morte et muete desrobera à mon estre naturel, elle ne se raporte pas à mon meilleur estat, mais beaucoup descheu de ma premiere vigueur et allegresse, tirant sur le flestry

---

16. Michel Foucault, *Les mots et les choses*, Paris (Gallimard), pp. 32-59.

et le rance. Je suis sur le fond du vaisseau, qui sent tantost le bas et la lye (II : 27 : 784).

C'est en suivant le doute de l'écrivain quant à sa propre représentation que je me propose ici une confrontation de Montaigne avec des modèles qui, bien que seulement implicites, ou même inconscients dans les *Essais,* n'en suggèrent pas moins une nouvelle vision de l'art de peindre montaignien, et des riches possibilités de concevoir les rapports de l'autre et du même à la fin de la Renaissance. Partant, de façon traditionnelle, de la réflexion du moi écrivant dans un portrait de La Boétie défunt, je chercherai d'abord ce qui, au fil des *Essais,* mène Montaigne à se voir lui-même en *parfaict amy,* empruntant en cela non seulement à la mode poétique du temps, mais sollicitant aussi l'indulgence du lecteur pour un tableau, dans lequel le peintre, voulant se *peindre* lui-même à l'image de La Boétie, a peint un autre. Quelqu'un peut-être dont le chapitre sur les cannibales donne une assez bonne idée : l'essayiste, *anthropologue* et historien, qui, en posant des questions, se voit lui-même en cannibale, *tout nu,* ou du moins, à peine vêtu :

> [a] *Si nous fussions nez avec condition de cotillons et de greguesques, il ne faut faire de doubte que nature n'eust armé d'une peau plus espoisse ce qu'elle eust abandonné à la baterie des saisons, comme elle a faict le bout des doigts et la plante des pieds* (I : 36 : 226).

Enfin, nous verrons le Montaigne le plus improbable, mais le plus radical, discret, mais ostentatoire, un Montaigne féminin, une Poppée masculine, se voilant et se dévoilant, sur le modèle d'un portrait fameux. Que ces trois portraits fonctionnent au début et à la fin du livre, n'est sans doute pas un hasard. « De l'amitié », où Montaigne compare amitié entre hommes et amour entre homme et femme, est le chapitre XVIII du livre I ; « Des cannibales », le chapitre XXXI du livre I. Les deux chapitres sont séparés par I : 29, qui, jusqu'en 1588, est constitué par une sélection des poèmes de La Boétie, et par I : 30 « De la modération », qui est, en fait, une réflexion sur les thèmes de la nature et de l'art (artifice), commencée dans « Des cannibales ». Le chapitre 5 du livre III, « Sur des vers de Virgile », qui traite surtout des femmes en relation à l'amitié, relève essentiellement d'une dérive sur le luxe et le dispendieux, reprise dans le chapitre 6 du livre III (« Des coches »), qui reprend lui-même, par une nouvelle dérive sur le luxe, le colonialisme, et les différences culturelles et politiques, le thème cannibale. Enfin, parce que je tiens à tirer tout bénéfice du système de miroirs et de renvois que m'offre le jeu de ces trois portraits, je me propose, non seulement de chercher la différence du peintre au modèle dans une série à la fois continue et récursive, mais d'en saisir les effets sur la toile de fond d'une Renaissance finissante. Mon texte, qui cherche partout à traquer l'image d'un Montaigne évanescent, est donc aussi informé — on s'en est déjà aperçu — par l'hypothèse d'une histoire générale de la représentation.

La structure implexe et chiasmatique de la portraiture, par laquelle l'ami voile le sauvage qui voile la dame, qui voile elle-même le sauvage, n'est pas seulement une structure biographique : celle d'une composition qu'on date, pour les deux premiers chapitres, autour de 1576, et pour l'autre, autour de 1586, et qui correspondrait à deux époques d'intense production du texte montaignien. Elle n'est pas non plus seulement une structure historique : celle d'un renouveau de la femme et de l'incidence du Nouveau Monde ; point seulement littéraire ou générique : celle de la dame, du chevalier et du sauvage, qu'on connaissait déjà au Moyen Âge. Elle est aussi structure eidétique : celle d'une écriture du voile qui se joue du portrait, non seulement comme de l'occasion d'une représentation, d'une *mimésis* effective, mais aussi comme celle d'une réflexion sur la constitution de l'image et du leurre, à commencer par ces figures avec lesquelles nous n'osons « [c] fouetter » la réalité qu'en « [c] périphrase et peinture » (III : 5 : 848). La figure de l'ami introduit celle du cannibale et celle de la femme, comme l'un, l'autre. Il s'agit d'abord de l'intuition d'un pouvoir logé dans la représentation. L'empereur du *panem et circenses* donne des jeux, mais le texte des « Coches », reprenant celui de I : 30 (« De la moderation ») et de I : 31 (« Des cannibales ») sur les rapports de la nature et de l'art, démontre que le monarque, par le jeu d'une représentation qui ne peut être que luxurieuse (« [c] Toute magistrature, comme tout art, jette sa fin hors d'elle » (III : 5 : 903)), règne sur son peuple par le dosage, la *dispense* de cette représentation même (« [c] royal et avisé dispensateur » (III : 6 : 903)). Et la femme, reine du paraître (« [b] Elles cachent et couvrent leurs beautez soubs des beautez estrangeres [...] le monde n'a rien de plus beau ; c'est à elles d'honnorer les arts et de farder le fard » (III : 3 : 822)), — Montaigne la veut aussi (— surtout ?) règnant sur

sa maison (« [c] La plus utile et honorable science et occupation
à une femme, c'est la science du mesnage » (III : 9 : 975)). Dans
les trois exemples de l'ami, du cannibale et de la femme voilée, le
détail, qui laissait espérer un tout, renvoie plutôt et encore, et infiniment, à d'autres détails d'une histoire qui n'en finit plus, celle
de la quête du modèle propre, de la figure qui convient. Que Montaigne ait utilisé, dès le début de cette série dont je me propose de
suivre les fugues et les retraits (« [a] Considérant la conduite de
la besongne d'un *peintre* que j'ay [...] » (I : 28 : 183)), le paradigme
de la peinture et du portrait, il n'y a rien là de surprenant, si l'on
veut bien admettre qu'un autoportrait littéraire, ce que Beaujour
appelle un *miroir d'encre,* n'a de sens que par référence à la vogue
d'une peinture réelle : celle des portraitistes qui prend son essor
au début et de la moitié du seizième siècle, à l'influence desquels
Montaigne n'a pas été insensible : « [b] J'ay des portraicts de ma
forme [...] (III : 13 : 1102)[17]. Mais, parce que cette référence à la
peinture est faite dans le contexte de l'écriture d'un texte, le portrait demeure incertain. Tiré à la plume et non pas au crayon, il
ne souffre pas seulement les *remords* interminables des multiples
éditions. Il manque aussi à gagner dans sa forme même : écrit, il
n'est que la métaphore d'un portrait, d'une représentation. Et de
cette représentation, il se veut aussi le commentaire : « [a] Je me
considere sans cesse, je me contrerolle, je me gouste » (II : 17 :
657). Parce qu'elle est insistante et requiert toujours proximité et
approximation, encore plus qu'un voir, presque un toucher (« [b]
Si nous ne jouyssons que ce que nous touchons, adieu nos escuz
quant ils sont en nos coffres, et nos enfans s'ils sont à la chasse »
(III : 9 : 976)), c'est la fascination pour ce renvoi de la plume au
crayon, du texte au tableau, qui crée le leurre d'une signification,
et d'un modèle partagé entre fausseté et authenticité, entre la réalité et la fiction : « [b] Et l'action et la peinture doivent sentir le
larrecin » (III : 5 : 880). Le sujet est constamment en disponibilité : constamment en train d'être représenté, et cette représentation même, d'être re-présentée, redoublée.

Transports de l'écriture. Montaigne s'en explique au chapitre
« Des coches ». Pour l'écrivain, écrire, se laisser porter par sa

17. Michel Beaujour, *Miroirs d'encre,* Paris (Seuil), 1979.

plume, est comme pour le cavalier monter à cheval, se faire porter en litière. La permission qu'il se donne d'orner, de décorer, de rehausser indéfiniment son image, témoigne qu'il ne sait donner figure qu'en changeant d'aspect. Mais cette permission est elle-même fugace. Le grand Inca, jeté à bas de cheval, et qui pouvait passer pour le modèle de l'empereur écrivain-dispendieux (« Moy qui suis Roy de la matiere que je traicte » (III : 8 : 943)), n'a plus droit à la description, dès qu'il est à terre. Tôt ou tard, il vient un moment où le modèle s'épuise et la réalité dépasse la fiction. C'est alors que le récit s'arrête, et qu'il est de temps de passer à d'autres textes : changer de sujet, et de modèle. De fait, le chapitre suivant III : 7 (« De l'incommoditié de la grandeur ») découd peu à peu les grandes fantaisies tissées dans « Des coches » : « [b] Si ne m'est-il jamais advenu de souhaiter ny empire ny Royauté, ny l'eminence de ces hautes fortunes et commenderesses. Je ne vise pas de costé là, je m'ayme trop » (III : 7 : 916). On passe donc de la réflexion sur (et de l'admiration pour) les grands spectacles, à une dénégation de l'extérieur, des atours, de la mise en scène : « [b] Puisque nous ne la pouvons aveindre, vengeons nous à en mesdire » (III : 7 : 916) — au rejet du pouvoir absolu qui risque d'ossifier le modèle, et, lui prêtant trop de chair et trop d'os, de le faire prendre pour la réalité même qui se dérobe. Ce dévidage, conforme à la description qu'en donne Cave, justifie la théorie selon laquelle, pour Montaigne, l'existence des modèles — et la possibilité du portrait — est fonction de leur entropie : ils se défont eux-mêmes[18]. C'est alors que, revenant sur nos pas dans la galerie des tableaux, nous apercevrons combien la *perfection* ou, pour faire un anachronisme, le *réalisme* du modèle, sont fonction de son impermanence, et du fait qu'il marque, en fin de compte, une différence irréductible. L'écrivain, qui, à un moment ou à un autre, désire, envie, respecte, chacune ou chacun tour à tour : les femmes : « [b] C'est donc folie d'essayer à brider aux femmes un desir qui leur est [c] si cuisant et [b] si naturel » (III : 5 : 866) ; les cannibales : « [a] Or je trouve, pour revenir à mon propos, qu'il n'y a rien de barbare et de sauvage en cette nation » (I : 31 : 205) ; l'ami : « [a] Estienne de La Boitie, qui honorera tout le reste de cette besongne » (I : 28 : 183) — cet écrivain n'est, au bout du compte, ni

---

18. Terence Cave, *The Cornucopian Text [...]*, pp. 171-182.

femme, ni cannibale, ni ami, mais lui-même : « [a] Je suis moy-mesmes la matiere de mon livre » (« Avis », p. 3). C'est dans la mesure où la Poppée voilée des Romains se dérobe qu'elle l'attire : « [a] La rigueur des maistresses est ennuyeuse, mais l'aisance et la facilité l'est, à dire verité, encores plus » (II : 5 : 614). Mais c'est dans cette mesure aussi qu'elle fait peur : « [c] Si nous ne pouvons contenir leur imagination, que voulons nous d'elles ? » (III : 5 : 867), ou qu'il la méprise : « [b] ces pauvres ames foibles et sans resistance » (III : 5 : 865). On avait vu, de même, la mort de l'ami engager l'écrivain à fidèlement publier les œuvres de La Boétie défunt, jusqu'à ce que, ne croyant plus à ses fonctions d'exécuteur et d'éditeur, Montaigne décide de donner, en souvenir, mais non plus en gage, de cette amitié, son propre livre au public — un public, d'ailleurs, où il ne reconnaît pas les traits de l'ami :

> [a] [...] je l'ay voué à la commodité particuliere de mes parens et amis : à ce que m'ayant perdu [...] ils nourrissent plus entiere et plus vive la connoissance qu'ils ont eue de moy [...] Ainsi, lecteur, je suis moy-mesmes la matiere de mon livre : ce n'est pas raison que tu employes ton loisir en un subject si frivole et si vain » (« Avis », p. 3).

Quant au cannibale, il le loue assez, jusqu'à en faire l'emblème de son « Avis », plus un portrait minaudé, un nu, certes, mais c'est au conditionnel :

> [a] Que si j'eusse esté entre ces nations qu'on dict vivre encore sous la douce liberté des premieres loix de nature, je t'asseure que je m'y fusse peint tout entier, et tout nud (ibid.).

Que reste-t-il donc à l'indicatif ?

CHAPITRE I

PARFAICT AMY

I. LA PLACE DE L'AMITIÉ

1. Le corps au-delà des mots

On a vu qu'au début du chapitre sur l'amitié, Montaigne déclare avoir écrit ses *Essais* à la manière d'un peintre qui composerait des grotesques[19]. Cette métaphorisation du moi en peinture fait, certes, de l'ami et de l'amitié la pièce centrale des *Essais*. Elle place aussi carrément l'entreprise de l'essayiste sous l'égide des arts — non pas seulement de la littérature, mais aussi de la peinture, puisque la relation entre Montaigne et La Boétie est à présent médiée dans un double dyptique, celui des livres (les *Essais* faisant pendant au *Contr'Un*), et celui de la peinture ou du dessin (le portrait, encore vide de Montaigne, réfléchissant celui déjà tout prêt de La Boétie) —, dans une préhistoire des livres, qui se confond avec les origines de l'amitié et remonte au temps où, nous dit Montaigne, les deux amis se connaissaient déjà par leurs œuvres avant de se rencontrer : « [a] Car elle me fut montrée longue pièce avant que je l'eusse veu, et me donna la première connoissance de son nom » (I : 28 : 184)). On n'a pas assez remarqué la logique de ce passage, et sa pertinence aux premières lignes du chapitre qui lamentent le fait que le peintre-écrivain, piètre artiste, est plus habile à remplir les marges de son portrait qu'à en faire ressortir le centre. L'affaire du peintre, c'est de reproduire. Mais comment reproduire ce qui est unique (« [c] l'unique et principale amitié » (191)), ce qui n'a

19. Voir plus haut : *Liminaire*, p. 11.

eu et ne peut avoir qu'une seule présentation ? Dès le début, cette amitié a été pressentie comme quelque chose au-delà des mots, puisque c'est entre les lignes de l'écrit que la figure des amis apparaissait.

Or, comme on l'a déjà montré, la relation par laquelle le langage semble toujours à la merci d'une réalité qui lui échappe et suscite une constante description d'un monde qui ne cesse de changer est fondamentale chez Montaigne[20]. On peut dire qu'avec la découverte de l'Italie, les Français, et parmi eux, le père de Montaigne, avaient entrevu un monde de raffinement dont ils n'avaient aucune idée, et qui semblait défier non seulement les capacités de leur discours, mais bien les limites du discours lui-même. C'est alors que certains essaient de pallier par l'accumulation du vocabulaire (Rabelais) ou par le jeu des figures (Scève et l'école lyonnaise) le sentiment d'une incapacité du langage à construire la perspective appropriée, à donner le point de vue qui permettent une vision plus raffinée du monde. Mais, comme le suggère le poète, dire la beauté d'un monde idéal n'est pas seulement question de perspective, mais de temps et de durée : c'est faire servir la langue et le discours à autre chose qu'une parade de figures et de clichés. Il faut dire l'émotion et communiquer le sentiment d'une existence : révéler le moment magique de la création :

> *Par long prier, lon mitigue les Dieux :*
> *Par l'oraison, la fureur de Mars cesse,*
> *Par long sermon tout courage odieux*
> *Se pacifie : & par chansons, tristesse*
> *Se tourne a joye : & par vers lon oppresse,*
> *Comme enchantez, les venimeux Serpents[21].*

Or, avec Montaigne, il ne s'agit plus de rendre compte d'un moment représentatif de la durée, que le langage aurait maîtrisé. Il s'agit surtout d'exprimer la relation de cause à effet qui existe entre le langage et le monde. Non seulement le monde est une « [b] branloire perenne » (III : 2 : 804), mais le fait de vouloir décrire cette *branloire* implique que le changement est une fonction du langage lui-même, puisque c'est seulement par métonymie que l'on peut décrire :

20. Voir Terence Cave, *The Cornucopian Text,* pp. 3-34.

21. Maurice Scève, *Délie,* 239, édition I.D. McFarlane, Cambridge (Cambridge University Press), 1966, p. 249.

[b] Les autres forment l'homme ; je le récite et en represente un particulier bien mal formé, et lequel si j'avois à façonner de nouveau, je ferois vrayement bien autre qu'il n'est. Meshuy c'est fait. Or les traits de ma peinture ne fourvoyent point, quoy qu'ils se changent et diversifient. Le monde n'est qu'une branloire perenne. Toutes choses y branlent sans cesse : la terre, les rochers du Caucase, les pyramides d'Aegypte, et du branle public et du leur. La constance mesme n'est autre chose qu'un branle plus languissant. Je ne puis asseurer mon object. Il va trouble et chancelant, d'une yvresse naturelle. Je le prens en ce point, comme il est, en l'instant que je m'amuse à luy. Je ne peins pas l'estre. Je peints le passage : non un passage d'aage en autre, ou comme dict le peuple, de sept en sept ans, mais de jour en jour, de minute en minute. Il faut accommoder mon histoire à l'heure (III : 2 : 804-5).

Dans le corps du langage, dans l'acte de dire ou d'écrire, la relation à l'œuvre ou au livre, d'objective qu'elle était, devient subjective. Faire œuvre, c'était vouloir laisser à la postérité quelque chose qui, une fois l'œuvre accomplie, donne relief au sujet qui en reste comme séparé et inaffecté ; désormais, c'est dans sa construction même que l'œuvre implique le sujet et lui procure un bienfait co-existentiel.

Aussi bien l'amitié est-elle représentative de cet état de choses, parce qu'elle est une affection qui ne se réalise que dans l'exercice. Montaigne le dit clairement quand il compare amour et amitié. L'amour s'essouffle à la poursuite de son objet et finit par s'en abstraire. Il déclare : « [a] Qui plus est, en l'amour, ce n'est qu'un désir forcené apres ce qui nous fuit » — et, citant Arioste, il ajoute : « et c'est seulement quand la proie fuit qu'il se hâte à sa poursuite » (I : 28 : 186). L'amitié, au contraire « [a] est jouye à mesure qu'elle est désirée » (I : 28 : 86). Elle possède son objet, elle est concrète. Malgré la tradition topique de l'amitié chez les Anciens, qui s'inspire du *Banquet* et en corrige les effets corporels par une référence au *Phèdre* en même temps qu'à la tradition stoïcienne, Montaigne a du mal à concevoir une alliance sans corps :

[a] Et, certes, sans cela, s'il se pouvoit dresser une telle accointance, libre et volontaire, où, non seulement les ames eussent cette entiere jouyssance, mais encore où les corps eussent part à l'alliance, [c] où l'homme fut engagé tout entier : [a] il est certain que l'amitié en seroit plus pleine et plus comble (I : 28 : 186-7).

Il lui est aussi difficile d'éluder le corps dans la comparaison qu'il fait de l'amitié avec les autres formes d'association, au premier rang desquelles il place le mariage et l'homosexualité, et on verra bientôt que le rejet d'une relation sexuelle satisfaisante dans le mariage pose chez Montaigne tous les problèmes de sa relation à son propre désir. Quant à l'homosexualité, il se dépêche d'en retirer toute implication de sexualité, en en rappelant les instances philosophiques (Platon) et civiques (Hermodius et Aristogiton unis contre la tyrannie). Mais dans les lignes qui précèdent immédiatement cette dénégation, il révèle son ambiguïté. Il utilise un vocabulaire concret pour mettre en valeur la relation entre les âmes, dont les femmes sont apparemment incapables, comme s'il s'agissait de décrire l'union des corps. Il nous parle de « [a] saincte couture », de « [a] conference et communication » (186). Plus loin, traitant de l'amitié parfaite, il parle « [c] d'une âme en deux corps » (190), et assure que la relation est si complète entre les deux amis, qu'il ne leur reste rien à « [a] départir ailleurs » (191). Ils sont le double l'un de l'autre (« [c] C'est un assez grand miracle de se doubler, et n'en connoissent pas la hauteur, ceux qui parlent de se tripler » (191)), et l'altérité qui existait entre eux a disparu : « [c] Le secret que j'ay juré ne deceller à nul autre, je le puis, sans parjure, communiquer à celuy qui n'est pas autre : c'est moy » (191).

2. Une « saincte couture »

Or que faut-il entendre par cette dissolution de l'altérité des âmes, dont l'union parfaite, transcendant la séparation des corps, nous est décrite en termes d'une fusion, d'une *couture* de ces corps ? D'un côté, l'autre est le même, et la trace d'une différence, qui réside justement dans le corps et le désir du corps de l'autre, disparaît. Mais, de l'autre côté, la beauté de cette union parfaite, qui « [c] descout toutes autres obligations » (191), on ne peut en jouir que dans la mesure où il reste une trace, un indice de l'assimilation qu'elle impose aux deux amis. Paradoxalement, dans le cas de La Boétie et Montaigne, c'est à travers la disparition d'un des amis que l'ami qui reste construit le fantasme d'une union *sans couture*. Cette amitié parfaite, sans couture, révèle sa singularité dans l'absence de l'ami. Elle est donc un manque, et c'est seulement sous le signe de cette absence, de cette différence radicale, qu'elle se manifeste au livre. Indescriptible, parce qu'elle requiert l'altérité, la distance de la séparation et de la mort, l'amitié, qui s'était constituée dans l'unité, ne se révèle que dans la séparation. Cherchant pour rendre compte de son alliance avec La Boétie un champ sémantique différent, Montaigne en est conduit à envisager la différence même comme le fondement de l'amitié. Mais c'est une différence elle-même différente de la différence ou de la singularité qui affecte les amitiés communes, les « [c] confederations qui ne tiennent que par un bout » (192), et dans lesquelles l'obligation des amis entre eux est illimitée. D'un côté, la différence, invisible, n'a pas besoin d'être élaborée : il suffit qu'elle soit sentie. Quand on a une amitié pareille à celle que Montaigne a eue avec La Boétie, on sait immédiatement combien elle est unique, et on n'a pas besoin de comparaison. Le propre de toute amitié parfaite, c'est d'ailleurs qu'elle est à nulle autre pareille. Elle ne fait pas intervenir le monde, et elle se situe au-delà d'un discours qui aurait pour fonction de la justifier :

> [a] Car les discours mesmes que l'antiquité nous a laissé sur ce subject, me semblent laches au pris du sentiment que j'en ay. Et, en ce poinct, les effects surpassent les preceptes mesmes de la philosophie (I : 28 : 192).

Mais, d'un autre côté, la *couture,* qui représente la communion des âmes, a beau être parfaite, elle n'en reste pas moins visible à l'œil nu. C'est elle qui sépare, tout aussi bien qu'elle unit les amis, car un ami n'est qu'une moitié de la paire qui existe ensemble sous l'égide de l'amitié. Aussi bien la mort de La Boétie, pour réelle qu'elle soit, est l'occasion d'une représentation du moi dans l'*abysme* de l'ami défunt. Le même désir de spiritualité qui avait poussé Montaigne à différencier son amitié des amitiés grossières (l'homosexuelle et la maritale), et de l'amour physique, est ce qui lui impose la pénitence d'une conscience de soi comme être incomplet, abstrait : *sans corps.* Par un retour ironique de l'argument, l'absence de corporalité par quoi se justifient les plus hautes alliances, est ce qui lui reste aussi dans la contemplation et la description de son amitié avec La Boétie à présent défunt. Il continue de se lamenter d'avoir perdu son ami :

> Depuis le jour que je le perdy
> quem semper acerbum,
> Semper honoratum (sic, Dii, voluistis) habebo,
> [Jour, que je ne cesserai jamais de regarder comme un jour cruel
> et jamais d'honorer (telle a été votre volonté, ô Dieux !] je ne fay

*que trainer languissant, et les plaisirs qui s'offrent à moy, au lieu
de me consoler, me redoublent le regret de sa perte* (III : 28 : 193).

Mais il se doute aussi que tout ami n'est à lui seul qu'un écho
de son *alter ego* : « [a] L'ancien Menander disoit celuy-là heureux,
qui avait peu rencontrer seulement l'ombre d'un ami. Il avoit raison de le dire, mesmes s'il en avoit tasté » (193). En un sens complexe, le chapitre sur l'amitié est donc non seulement essentiel au
dessein des *Essais* ; il est aussi le miroir vengeur dans lequel l'auteur,
recouvrant ses souvenirs sur l'ami perdu, contemple son propre portrait, seul, coupé de l'être qui lui donnait raison de vivre, et qui,
il s'en aperçoit maintenant, lui servait aussi de médiateur dans
l'aperception de soi. Du vivant de La Boétie, Montaigne, surtout
préoccupé de l'autre, — représenté par cet homme qu'il admirait
en toutes choses, et qui lui paraissait définir à lui-seul l'alliance par
laquelle ils communiquaient — ne pensait avoir d'autre existence
que celle de partenaire et d'ami. La Boétie disparu, il reconnaît que
ce manque à la connaissance singulière est aussi ce qui le garde à
jamais éloigné de soi, puisque l'alliance dont il avait pu jouir lui
avait permis un sens conjoint de l'autre et de soi. Il est coupé de
lui-même, comme il est coupé de La Boétie, et l'union qui ne devait
avoir de *couture* reste maintenant vivante par le désir de cette *couture,* d'un lien effectif et visible avec un être concret : « [a] J'estois
desjà si fait accoustumé à estre deuxiesme par tout, qu'il me semble n'estre plus qu'a demy » (193).

On sait qu'il se charge pendant longtemps de publier les écrits
de La Boétie, mais doit y renoncer, à cause des éditions pirates qui
l'ont pris de court. Toujours résolu à rendre justice à la mémoire
de son ami, Montaigne décide alors d'incorporer les sonnets de La
Boétie dans ses propres *Essais.* Le chapitre 28 est ainsi un simple
préambule au chapitre 29, dans lequel il écrit une courte introduction aux sonnets de La Boétie, qui paraissent dans toutes les éditions jusqu'en 1588 — date après laquelle Montaigne change d'idée
et déclare que les vingt neuf sonnets qu'il a choisis seront publiés
dans une édition séparée, qu'on n'a d'ailleurs jamais pu retrouver.

Dans le cours des *Essais,* le chapitre 28 a donc bien une fonction spécifique, puisqu'il sert d'indice à un groupe d'écrits, qui,
de 1580 à 1588, est partie intégrale des *Essais* : les vingt neuf sonnets choisis par Montaigne, et qui lui rappellent à lui et à son public
que La Boétie n'est plus. C'est là une couronne, une pavane pour

La Boétie que Montaigne espère donner à ses lecteurs. Les chapitres 28 et 29 devraient donc fonctionner, non seulement comme pièces liminaires, quand les sonnets sont incorporés dans l'édition des *Essais,* mais aussi comme témoins d'une absence, d'un *vide* que Butor a fort bien éclairé[22]. Comme le corps individuel qui n'existe qu'en relation à l'âme qui le gouverne et le relie à une autre âme, un autre être, le portrait de l'ami est essentiellement constitué d'éléments suggérant une référence à un autre, un extérieur, dont il faudrait authentifier la trace. Montaigne tente encore, dans les premières éditions des *Essais,* de faire accompagner son texte par des poèmes de La Boétie. C'est aujourd'hui le chapitre 29, dédié à Madame de Guissen. La dédicace est importante, puisque nous savons que Montaigne était fort ami du mari de cette dame, Philibert de Grammont, tué en 1580, au siège de la Fère en 1580, et qu'il se chargea lui-même de transporter le cœur du mort à Soissons[23]. C'est donc deux fois au titre de l'amitié que le chapitre 29 fait partie des *Essais.* Qu'est-ce qui a pu pousser Montaigne à exclure les poèmes de La Boétie de la dernière édition des *Essais* ? On a dit que, méfiant de l'atmosphère des guerres civiles, il décida de ne point se mêler de la publication d'un ouvrage dont les Protestants avaient déjà, malgré lui, fait un livre contre la monarchie catholique et la Ligue[24]. Mais il est possible qu'ayant suffisamment avancé dans la composition des *Essais* — une rapide comparaison des dates nous montre qu'il a dû composer le chapitre sur l'amitié après 1576 :[25] c'est-à-dire qu'il a déjà derrière lui une bonne partie de la première édition des *Essais* —, il sente à présent que son œuvre le représente mieux lui tout seul. A cet égard, une addition d'après 1588 est indicative de l'état d'esprit dans lequel Montaigne pouvait se trouver à la relecture de ses *Essais.* Dans le passage qui définit l'amitié avec La Boétie comme tout à fait unique, il s'était mis à l'écoute de son aîné. C'était La Boétie qui définissait l'alliance :

> *[a] Ce n'est pas une spéciale considération, ny deux, ny trois ny quatre, ny mille : c'est je ne sçay quelle quinte essence de tout ce meslange, qui, ayant saisi toute ma volonté, l'amena à se plonger et se perdre dans la sienne* (I : 28 : 189).

22. *Op. cit.,* pp. 72-77.
23. Voir ed. Villey, p. 145.
24. Voir Butor, *loc. cit.*
25. Villey, *loc. cit.*

Mais une addition de 1588 renverse la distinction en faveur de Montaigne : « [c] qui, ayant saisi toute sa volonté, l'amena se plonger et se perdre en la mienne, d'une faim, d'une concurrence pareille » (189). Le paragraphe se termine sur le texte de 1580 et reprend le thème de l'union dans l'alliance : « [a] Je dis perdre, à la vérité, ne nous reservant rien qui nous fut propre, ny qui fut ou sien ou mien » (190). Et le thème de l'indépendance montaignienne, ainsi mis en avant, sera bientôt repris dans le paragraphe suivant, où malgré l'exemple d'une amitié parfaite entre Tiberius Gracchus et Blosius (Blosius ferait tout ce que Tiberius Gracchus lui commanderait, même s'il s'agissait de brûler des temples), Montaigne déclare n'être à la remorque de personne : « [a] Il n'est pas en la puissance de tous les discours du monde de me desloger de la certitude que j'ay, des intentions et jugemens du mien » (189). Cette volonté de s'affirmer comme unique et inchangeable au cœur même de l'*endiadys* n'est pas le moindre des paradoxes du chapitre sur l'amitié : la représentation d'un moi spécifique et indépendant n'est possible que sur le fond d'un constant appel à l'autre.

Si La Boétie avait vécu, les *Essais* auraient-ils été écrits ? C'est là une question à laquelle nous pouvons difficilement répondre. Mais nous avons le propre fantasme de Montaigne. Il nous dit ailleurs son goût pour la conversation et les lettres, et, quoique cette déclaration doive être aussi considérée dans le contexte de sa relation aux femmes et de la tradition de la conversation, de la *conference,* il nous laisse entrevoir la forme qu'aurait pris son œuvre :

> [b] Sur ce sujet des lettres, je veux dire ce mot, que c'est un ouvrage auquel mes amys tiennent que je puis quelque chose. [c] Et eusse prins plus volontiers ceste forme à publier mes verves, si j'eusse à qui parler. Il me falloit, comme je l'ay eu autrefois, un certain commerce qui m'attirast, qui me soutinst et soulevast (I : 40 : 252).

Si donc l'ami qui aurait pu le *soutenir* et le *soulever* avait vécu, il aurait choisi de lui parler par écrit. D'abord, l'idée qu'on écrit comme on parle est intéressante, mais non point surprenante de la part d'un Montaigne pour qui l'éducation prit d'abord la forme d'une conversation. Mais, dans le contexte qui nous occupe, celui, entre hommes, du portrait du *parfaict amy,* la mention d'un ouvrage épistolaire est d'un autre poids. Il s'agit de mettre en avant l'effet de présence qui est inhérent à l'entreprise des *Essais*. La connaissance de soi n'est possible que dans le concert d'une intimité, puisque c'est l'autre qui permet qu'on s'adresse. Continuant sur ce sujet, Montaigne ajoute :

> [c] *Car de negocier au vent, comme d'autres, je ne sçauroy que de songes, ny forger de vains noms à entretenir en chose serieuse : ennemy juré de toute falsification. J'eusse esté plus attentif et plus seur, ayant une addresse forte et amie, que je ne suis, regardant les divers visages d'un peuple. Et suis deçeu, s'il ne m'eust mieux succédé* (252).

Le rejet des conversations inanes et la peur des beaux parleurs est certes conforme au désir de sincérité sans une « [b] belle enfileure de paroles courtoises » (252). Montaigne insiste sur le fait que la conversation privée qu'il eût donnée à ses lettres est sérieuse (« [c] ennemy juré de toute falsification » (252)). Mais les paramètres de ce discours sérieux sont restreignants. Il ne peut s'agir d'un discours public, puisqu'à parler à tous, on ne parle à personne. Il ne peut non plus s'agir de se parler à soi-même, puisque c'est aussi une manière de se tromper. Une des principales raisons pour lesquelles Montaigne rejette le discours stoïcien est d'ailleurs que le soliloque qu'il suppose lui paraît mégalomane et aliéné. Ce qu'il recherche, c'est, par le biais d'un discours à un interlocuteur qui ne répond plus, la légitimité de celui qui parle de son chef, puisqu'aussi bien le discours qu'on ne peut se tenir à soi-même, on le tient aux autres : « [a] Il se faut reserver une arriereboutique toute nostre, toute franche, en laquelle nous establissons nostre vraye liberté et principale retraicte et solitude » (I : 39 : 241).

La mort de La Boétie, en éloignant à jamais la possibilité d'une conversation effective, avait au moins laissé au survivant le fantasme d'une œuvre structurée comme une correspondance. Montaigne, qui écrivait des lettres, aurait pu, en effet, s'engager à produire une œuvre sur ce mode. Mais une correspondance tire aussi sa raison d'être d'une distance qui encourage un discours différent de ce que pourrait être une conversation à bâtons-rompus. Le scripteur et son lecteur se trouvent dans une relation quasi fictive, par laquelle la correspondance qui les unit est moins le produit que le lieu de leur amitié. En songeant à écrire des lettres, Montaigne pensait encore sur le modèle sur lequel sa propre relation avec La Boétie avait été médiatisée. L'occasion de leur rencontre avait été la lecture par Montaigne des opuscules de La Boétie (« [a] d'autant qu'elle a servi de moyen à nostre première accointance » (184)).

En reprenant le fantasme des lettres, Montaigne montre bien, encore une fois, son attachement à l'ami, mais il déplace la réalité de l'absence du correspondant sur le plan fictif de la composition de l'œuvre, dans un univers dans lequel la lecture (des lettres) devenant l'indice de ce qui est lu (la personne qui les écrit), finit par s'estomper derrière la réalité à laquelle elle donne vie — à tel point que ce qui est lu est non seulement peu distinct de ce qui est écrit, mais encore n'a comme fonction *que d'indiquer quelque chose qui ne peut être représenté.* Car, en effet, si les écrits des Anciens ne donnent guère idée de cette amitié, c'est d'abord parce que la lecture qu'on en fait, toujours respectueuse de l'autorité, se limite généralement à une mise en forme des « [a] choses dignes d'estre sceues » (II : 10 : 417). L'importance de cette déontique ne saurait être exagérée, puisqu'elle régit à la fois les deux domaines de la connaissance montaignienne : la lecture comme l'écriture. Vers la fin du chapitre « Des livres », le passage fameux qui consacre le goût de Montaigne pour les historiens insiste en l'espace de quelques lignes sur une *dignité* du savoir. Savoir lire, c'est savoir ce qu'il importe de remarquer et de retenir : un *lecteur* suffisant, tel que l'avait défini le chapitre « Divers evenemens de mesme conseil » (« [a] Un suffisant lecteur descouvre souvant és escrits d'autruy des perfections autres que celles que l'autheur y a mises » (I : 24 : 127)), a les mêmes capacités qu'un *auteur* suffisant (« [a] Les bien excellens ont la suffisance de choisir ce qui est digne d'estre sçeu (II : 10 : 417)). Les auteurs qui n'ont pas ces capacités, ceux qui « [a] nous gastent tout » parce qu'ils veulent nous « [a] mascher les morceaux », « [a] enteprennent de choisir les choses dignes d'estre sçeues, et nous cachent souvent telle parole, telle action privée qui nous instruiroit mieux » (II : 10 : 417).

Or le chapitre « Des livres » insiste aussi sur le fait que la connaissance livresque n'est pas déficiente parce que purement formelle (« [a] par seule cette seule consideration de sçavoir bien parler, comme si nous cherchions d'y apprendre la grammaire ! » (II : 10 : 417)), mais pose le problème du savoir en général : qu'est-ce que savoir ? se rappeler les phrases ou les discours des autres, ou bien les réinterpréter en leur donnant une forme qu'ils n'avaient pas originellement ? En quoi consisterait la réinterprétation d'un discours qui, en étant plein de l'autre, serait aussi autonome, irréductible ? Montaigne est peu sûr d'écrivains qui méritent de nous

dire ce que nous devons apprendre. Il cite bien Commines, d'un
« [a] langage doux et aggreable », et dont l'« [a]authorité et gra-
vité » sont indiscutables (II : 10 : 419). Mais il trouve à redire à
tous ceux qui, dans leur franc parler même, embellissent les faits
(« [a] le grand dechet de la franchise et liberté d'escrire » (*ibid.*)).
Au fond, l'auteur des *Essais* achoppe sur l'identification lec-
ture/écriture, dans la mesure où elle symbolise une union parfaite
dont l'amitié avec La Boétie avait été l'emblème : une amitié où
la norme n'était pas limite, mais totalité de l'expérience. La peur
de l'*insuffisance* chez l'auteur ou le lecteur n'est que le symptôme
d'un monde sans amitié, celui de la médiation : médiation politique du tyran, comme chez La Boétie ; médiation du savoir par une
lecture purement mémorielle du livre, comme c'est le cas pour les
Essais. Qui plus est, l'intérêt du lecteur ne coïncide généralement
pas avec le projet de l'auteur qu'il pratique. Ce dernier vise à instruire (« [b] Les autres forment l'homme ; je le récite et en represente un particulier bien mal formé » (III : 2 : 804)). Montaigne ne
cherche que le secret d'un geste, d'une action, d'une vie quotidienne,
dont l'*auctor* sur lequel il s'appuie, tout préoccupé de son propre
projet, n'avait probablement aucune idée, mais que, lecteur, lui,
Montaigne, recompose à son gré, redéfinissant ainsi l'originalité
du texte auctoriel, et en déniant l'autorité :

> [c] J'ay leu en Tite-Live cent choses que tel n'y a pas leu. Plutarque
> en y a leu cent, outre ce que j'y ay sceu lire, et, à l'adventure, outre
> ce que l'autheur y avoir mis (I : 26 : 156).

Nous verrons plus loin comment le chapitre sur l'amitié reconstruit la *topique* antique sur l'amitié. Mais il est aussi vrai que le
texte des autres n'a d'autre fonction que de susciter le fantasme
du lecteur, qui, en reconstituant une visée de son passé, du monde
qui l'entoure, dissout l'histoire dont il n'était que le déchiffreur,
le récipiendaire, pour en constituer une nouvelle, qu'il ne soupçon-
nait pas, mais qu'il revendique désormais comme une leçon personnelle. En lisant le texte d'un autre, il comprend encore mieux
ce qui lui est arrivé. Ainsi l'anecdote de Blosius et de Tiberius Gracchus devient celle de Montaigne et La Boétie.

Alors que le texte de Cicéron insistait, sur la communion parfaite entre les deux héros, Montaigne, inspiré aussi par le « Tibé-
rius » de Plutarque, en tire une nouvelle image de sa relation avec
La Boétie. Celui qui est toujours là, mais qu'on ne voit pas, et

qui deviendra sous peu, l'apostrophé de l'« Avis au lecteur », c'est
aussi celui qui, présent, légitime l'œuvre en donnant à l'auteur la
permission de s'exprimer à quelqu'un, et, absent, s'efface pour lui
permettre de s'appliquer le discours qu'il adressait à quelqu'un
d'autre, et qui ne concerne que lui. C'est là un tour que la relation
de Montaigne à Cicéron confirme bien. D'un côté, il admire l'ora-
teur, dont l'éloquence est riche et « [a] se donne corps à elle-
mesme » (I : 40 : 252), mais, de l'autre, il admire encore plus
l'auteur des *Lettres à Atticus,* dont la verve est pleine de « [a] beaux
discours et de sapience » (*ibid.*). Finalement, le Cicéron qui lui plaît,
c'est le Cicéron qui se réjouit d'avoir plus de temps à soi, d'avoir
à parler en public (*ibid.*). Autrement dit, le Cicéron qu'il goûte le
plus, c'est celui qui n'écrit ni ne parle, au moins pour un temps,
mais dont les écrits témoignent qu'il était un homme à connaître.
Et cela, comment Montaigne l'a-t-il su ? En lisant Plutarque. C'est
donc par un système de renvois que le naturel, le caractère, est
donné à la connaissance. Or l'amitié serait justement la relation
dans laquelle la postulation et l'effacement simultané d'un autre
singulier rendent possible un discours typologique sur le caractère,
par lequel le sujet de l'énonciation récupère ses qualifications. Le
fantasme de la conversation et des lettres n'est que le symptôme
de cette transformation, une opération par laquelle apostropher,
s'adresser, et bientôt, en ce qui concerne les *Essais,* énoncer, confirment le rôle de l'altérité dans la médiation du rapport à soi.

   Lecture et écriture vont donc être synonymes d'un repli sur
soi. Or le signe le plus tangible de ce repliement, c'est justement
celui d'un effacement de la *couture* qui joignait Montaigne à autrui,
et dont la trace était encore visible dans sa relation parfaite avec
La Boétie. Alors que le chapitre sur l'amitié est bien le lieu de l'affirmation de liens sans pareils entre La Boétie et Montaigne, dans le
même chapitre et ceux qui suivent — la tendance s'affirme à mesure
que le livre se développe —, Montaigne s'efforce de défaire tous
liens qui l'empêchent véritablement d'être lui-même, un être singulier, indépendant de toute relation. On dira qu'il s'agit, dans le
contexte d'une retraite à son village, d'un refus des occupations
urbaines et civiles qui réduisent la jouissance du loisir, de l'*otium.*
Mais il s'agit aussi, en toute rigueur, de produire au moins l'image
d'un moi idéal, libre de tous attachements :

   [a] Ramenons à nous et à nostre aise nos pensées et nos intentions

[...] Il faut desnouer ces obligations si fortes, et meshuy aymer ce-
cy et cela, mais n'espouser rien que soy. C'est-à-dire : le reste soit
à nous, mais non pas joint et colé en façon qu'on ne le puisse déprendre
sans nous escorcher et arracher ensemble quelque piece du nos-
tre. La plus grande chose du monde, c'est de sçavoir estre à soy
(I : 39 : 242).

Que le mot *espouser* soit utilisé dans le contexte d'une relation à soi n'est pas une coïncidence. Depuis que La Boétie est mort, Montaigne trouve plus facile de se libérer du poids d'autres associations. Il s'adresse à sa femme comme son amie :

Or, il vous peult souvenir comme feu Monsieur de La Boétie, ce
mien cher frere et compaignon inviolable, me donna, mourant, ses
papiers et ses livres, qui m'ont esté depuis le plus favory meuble
des miens. Je ne veulx pas chichement en user moy seul, ny ne merite
qu'ils ne servent qu'à moy. A cette cause, il m'a pris envie d'en faire
part à mes amis ; et par ce que je n'en ay, ce croy-je, nul plus privé
que vous, je vous envoye la Lettre consolatrice de Plutarque à sa
femme, traduite par luy en François : bien marry de quoy la for-
tune vous a rendu ce present si propre, et que, n'ayant enfant qu'une
fille longuement attendue, au bout de quatre ans de nostre mariage,
il a falu que vous l'ayez perdue dans le deuxiesme an de sa vie[26].

Mais il n'éprouve non plus aucune difficulté à garder sa distance. Il a pu « [a] desnouer » l'obligation « [a] si forte » (« [a] Il faut desnoüer ces obligations si fortes » [...] [c] Il est temps de nos desnoüer de la societé, puis que nous n'y pouvons rien apporter » (I : 39 : 242)). Il s'agit maintenant de substituer au *topos* de l'union des chairs une représentation, une fiction d'autant plus convaincante qu'elle est le produit d'une expérience médiée et médi-tée. Alors que la relation avec La Boétie était décrite en termes d'une union qui ne pouvait être décousue (« [a] jusques au fin fond des entrailles » (I : 28 : 190)), Montaigne cherche désormais à éviter le genre de relation dont il faudrait un jour se défaire, et l'écorche-ment qui en résulterait. Le mot *couture* est utilisé par trois fois dans le chapitre « De l'amitié ». Dans les trois cas, le terme implique une réalité au-delà de toute interprétation, parce que donnée par la nature (la couture entre pères et enfants), ou confirmée par la tradition (la *sainte* couture de l'amitié), ou l'expérience (les amis

---

26. « A Madamoiselle de Montaigne, ma femme » (à l'occasion de la mort de leur fille âgée de deux ans), in *Montaigne : Œuvres complètes,* éd. A. Thibau-det et M. Rat, Paris, (Gallimard), 1967, p. 1371.

perdent le sentiment de leur indépendance). Mais, dans tous les cas, la couture n'est pas seulement le lien : elle est la fiction d'une union qui aurait absorbé les liens qui la fondent ; et en ce sens, elle est précisément une représentation, l'approximation d'une synthèse qui ne se comprend que par l'examen des parties. La notion d'une *couture* qui unit sans fondre, mais sans permettre non plus un découdre, une défaite qui séparerait les parties, est une des plus intéressantes des *Essais*. On peut considérer cette image de la couture comme la représentation picturale ou plastique d'une présence indicible en même temps qu'irrécupérable : celle de La Boétie. Mais dans la mesure où elle est aussi une instance visible de l'invisible, la couture constitue la trace qui permet l'élaboration d'un monument autonome. D'un côté, elle est l'indice d'un surplus de signification : le livre n'existerait pas sans la relation au défunt : c'est vraiment le tombeau de La Boétie. Mais, d'un autre côté, ce tombeau, qui donne à Montaigne son travail consubtantiel et vital, est d'autant plus vide que l'artiste s'efforce d'en raffiner l'architecture. A la limite, et j'y reviendrai, les *Essais* deviennent le simulacre d'une présence irreprésentable. Le monstrueux et le grotesque, dont j'ai déjà parlé, en sont les effets. Dans leur superficialité, ils justifient l'ouvrage, même si, ou plutôt justement parce que, Montaigne se défend de ne pas en donner un « [a] poly et formé selon l'art » (I : 28 : 183) — dans lequel les coutures auraient totalement disparu. Mais, comme la question le préoccupe, et qu'à décider pour ou contre, il rengage à chaque fois sa conception de l'œuvre, il revient plus d'une fois sur la question de la visibilité de la couture, effaçant, comme le peintre par son remords, la marque de son installation. Dans le chapitre sur l'éducation des enfants, il se déclare partisan d'une visibilité classique, horatienne : est et doit être visible tout ce qui est plaisant à voir — qu'on cache le reste : « [a] Je n'ayme point de tissure où les liaisons et les coustures paroissent, tout ainsi qu'en un beau corps, il ne faut qu'on y puisse compter les os et les veines » (I : 26 : 172). Et deux pages plus haut, il avait proclamé son attachement à l'œuvre, et son mépris pour l'ornement et le cadre :

> [a] *Qu'on face, dict Horace, perdre à son ouvrage toutes ses coutures et mesures*
> [b] *Tempora certa modosque, et quod prius ordine verbum est,*
> *Posterius facias, praeponens ultima primis,*
> *Invenias etiam disjecti membra poetae,*

[Otez-en le rythme et la mesure, intervertissez l'ordre des mots, faisant despremiers les dernieres et les derniers les premiers ; vous retrouverez le poète dans ses membres dispersés.] [a] il ne se démentira point pour cela ; les pieces mesmes en seront belles (I : 26 : 170).

On pourrait dire enfin que de ces contradictions mêmes représentent l'effort de l'auteur/peintre pour transférer au domaine de l'écriture et de la peinture l'expérience vécue. A mesure que se réalise le projet du livre, s'efface et se travaille l'effacement de la *sainte* couture qui en avait permis la constitution, si tant est que l'œuvre n'existe en tant qu'œuvre finie que parce qu'elle recouvre les esquisses, les épreuves qui ont scandé son élaboration.

3. *L'emblématique de l'amitié*

Comment réconcilier le passé de l'expérience et le présent de la séparation ? Replacer la problématique du chapitre sur l'amitié dans le contexte du portrait et de l'autoportrait, c'est non seulement poser la question de la représentation de l'ami vivant (celui qui n'existe que par moitié de l'autre) dans le contexte de l'ami mort (celui dont on est à jamais coupé), mais tresser aussi les brins de l'apprentissage dans les *Essais*. D'abord, l'homme qui, voulant dire quelque chose sur soi, découvre qu'il est étranger à lui-même, reste obsédé par l'idée de réduire la distance qui le sépare de ses propres actions :

[c] Il y a plusieurs années que je n'ay que moy pour visée à mes pensées, que ne controlle et estudie que moy ; et si j'estudie autre chose, c'est pour soudain le coucher sur moy, ou en moy, pour mieux dire. Et ne me semble point faillir, si, comme il se faict des autres sciences, sans comparaison moins utiles, je fay part de ce que j'ay apprins en cette-cy : quoy que je ne me contente guere du progrez que j'y ai faict. Il n'est description pareille en difficulté à la description de soi-mesme, ny certes en utilité. Encore se faut-il testoner, encore se faut-il ordonner et renger pour sortir en place (II : 6 : 378).

Ensuite le peintre qui peint son portrait sur le patron d'un autre, donne à ce portrait la différence subtile, énigmatique, le voile qui jamais ne cesse de stimuler le spectateur :

[b] Qui que ce soit, ou art ou nature, qui nous imprime cette condition de vivre par relation à autruy, nous faict beaucoup plus de mal que de bien. Nous nous defraudons de nos propres utilitez pour former les apparences à l'opinion commune. Il ne nous chaut pas tant

quel soit nostre estre en nous et en effaict, comme quel il soit en la cognoissance publique (III : 9 : 955).

Enfin l'écrivain, qui cherche encore dans le récit de l'amitié l'illustration parfaite du même, va bientôt se lancer lui-même dans une dissertation sur l'autre, le *barbaron* des cannibales dans le chapitre 31 du premier livre : « [a] Car cette parfaicte amitié, dequoy je parle, est indivisible : chacun se donne si entier à son amy, qu'il ne luy reste rien à departir ailleurs (I : 28 : 191) [...] C'est une nation [...] en laquelle [...] il n'y a [...] nul respect de parenté que commun » (I : 31 : 206). Ce qui relie toutes ces expériences, c'est que dans chacune d'entre elles, le sujet, l'écrivain ou le peintre, demeure conscient du besoin, de la nécessité de représenter et de concrétiser ce qu'il est en train de discuter. Cependant, à chercher l'image qui représente l'objet idéal, ce moi insaisissable, l'écrivain et le peintre, tous deux, admettent que leur figuration littéraire ou artistique est seulement empêtrée dans les mailles du désir qui active la représentation. Ce qu'ils veulent montrer, c'est quelque chose de similaire, ou d'identique à ce qu'ils voient, ce qu'ils ressentent, mais le portrait qu'ils produisent est seulement une approximation de leur expérience. En ce sens, des références à des amitiés fameuses de l'antiquité ne sont qu'une indication, et de plus, incomplète, de l'amitié qui unissait Montaigne et La Boétie : « [a] Car les discours memes que l'antiquité nous a laissé sur ce subject, me semblent lâches au pris du sentiment que j'en ay » (I : 28 : 192). Billebaubant une excuse, Montaigne n'en trouve aucune et se résigne à une image imparfaite. En attendant, La Boétie ne ressuscite pas, et de cette merveilleuse amitié, il ne reste que souvenir et douleur :

> [a] [...] si je la compare, dis-je, toute aux quatre années qu'il m'a esté donné de jouyr de la douce compagnie et société de ce personnage, ce n'est que fumée, ce n'est qu'une nuit obscure et ennuyeuse (I : 28 : 193).

Ironiquement, la peinture que Montaigne nous fait de l'ami idéal, et qui reste imparfaite, parce que, de deux amis, un ne peut être décrit sans l'autre, pose le même problème que la peinture de portrait qui cherche à appréhender le personnage connu de tous, sans toutefois perdre l'unicité, l'intériorité qui reste pour jamais le secret privilège du modèle.

Or il est tout à fait intéressant que la plupart du texte du chapitre 28 date de la première édition des *Essais*. La Boétie meurt en 1563, et la première édition des *Essais* paraît en 1580. Entre la première et la troisième édition (1588), Montaigne a changé son texte seulement dans le plus mince des détails. Il n'y a que deux additions en 1582, et l'une d'entre elles est une citation. Toutes les autres additions furent publiées dans l'édition posthume en 1595. La plus fameuse de ces additions est, bien sûr, la déclaration par laquelle, faute de pouvoir s'exprimer, Montaigne cherche à caractériser son extraordinaire commerce avec La Boétie : « [c] [qu'en respondant :] parce que c'était lui, parce que c'était moy » (188). Lisons le texte dans lequel cette remarque est insérée :

> *[a] Au demeurant, ce que nous appellons ordinairement amis et amitiez, ce ne sont qu'accoinctances et familiaritez nouées par quelque occasion ou commodité, par le moyen de laquelle nos ames s'entretiennent. En l'amitié de quoy je parle, elles se meslent et se confondent l'une en l'autre d'un mélange si universel, qu'elles effacent la cousture qui les a jointes. Si on me presse de dire pourquoy je l'aimoys, je sens que cela ne se peut exprimer, [c] qu'en respondant : Par ce que c'estoit luy, par ce que c'estoit moy. [a] Il y a, au-delà de tout mon discours, et de ce qu'en j'en puis dire particulièrement, ne sçay quelle force inexplicable et fatale, mediatrice de cette union* (I : 28 : 188).

L'édition de Bordeaux montre que Montaigne n'avait point inventé la formule d'entrée de jeu. Remarquons aussi que toute l'addition qui tient une ligne ne fait que reprendre sans effort le fil tissé par le texte de 1580 : [a] « Si on me presse de dire pourquoy je l'aimois, je sens que cela ne se peut s'exprimer » (I : 28 : 188). Ce que le texte d'après 1588 ajoute est un essai d'exprimer exactement ce qui ne se peut exactement exprimer. La correction que tente Montaigne ne fait que prouver ce que le texte de 1580 avait déjà soupçonné : l'expérience de l'amitié ne peut être décrite. Il faudrait une langue capable d'exprimer à la fois la différence et la similarité pour rendre ce que Montaigne ressent, à présent que son ami est maintenant défunt. La parataxe, qui juxtapose les deux partenaires, rend l'union encore plus mystérieuse. Dans le passage qui précède immédiatement celui que je cite, Montaigne avait suggéré que la raison pour laquelle l'expérience de l'amitié est si bouleversante est qu'elle efface les distinctions entre individus : « [a] [...] qu'elles effacent et ne retrouvent plus la cousture qui les a jointes » (I : 28 : 188). Parce que chaque individu perd son individualité dès qu'il entre en confédération avec un ami, le décès de La

Boétie reste incompréhensible : l'association ne peut plus exister dès que l'un des associés manque, et pourtant cette mort, toute extraordinairement douloureuse qu'elle est, prend une signification plus large dans le vaste champ de l'amitié. La disparition de La Boétie prouve que l'individu, qui avait déjà perdu son individualité quand l'amitié était encore vivante des deux amis en chair et en os, cet individu doit à présent retrouver les racines de sa propre individualité séparée, et survivre tout seul. En d'autres termes, l'amitié de Montaigne et de La Boétie paraît encore plus significative maintenant que La Boétie est mort, parce que cette mort permet à Montaigne de réaliser qu'il ne pourra jamais vraiment plus être à lui-même. Il n'est plus que la moitié d'un être double qui n'était pas deux copies, et qui unissait sans réduire.

Le paragraphe qui nous amène à la fameuse parataxe commençait sur le devis d'une phrase de 1580 : « [a] je sens que cela ne se peut exprimer ». Montaigne insère sa fameuse addition d'une ligne entre son aveu d'impuissance (« [a] *je sens que cela ne se peut exprimer* »), et un commentaire par lequel il tente de s'absoudre de son impuissance :

> [a] *Il y a, au-delà de tout mon discours, et de ce que j'en puis dire partiellement, ne scay quelle force inexplicable et fatale, mediatrice de cette union* (I : 28 : 188).

La référence à la destinée indique le désir d'en finir avec la dualité insurmontable, mais néanmoins constitutive de l'union des amis (*luy/moy*). *Inepte,* parce qu'il reste prisonnier d'un discours où il est plus facile d'avoir recours à des différences pour décrire ce qui, en fin de compte, apparaît comme une représentation destinée à mettre fin à toutes les différences, l'écrivain cherche, en nommant une force extérieure, à transgresser les limites qui lui interdisent l'effacement de la fameuse *cousture* entre amis.

Aussi bien est-il frappant que le texte d'après 1588 ait recours à des exemples qui mettent en valeur la *couture* de différence entre les associés, soit en comparant l'amitié de Montaigne et de La Boétie aux fameuses amitiés de l'Antiquité, soit en soulignant le jeu de prendre et de donner qui fait de cette amitié un contrat idéal (« [c] nous nous trouvasmes si prins, si cognus, si obligez entre nous » (188). Le texte de 1580 non seulement s'étonnait d'une amitié miraculeuse, il tentait aussi de définir les termes d'une union, dans laquelle les limites entre deux volontés, deux intentions, serait complètement dissoutes :

> *[a] En ce noble commerce, les offices et les bienfaits, nourrissiers des autres amitiez, ne meritent pas seulement d'estre mis en compte : cette **confusion** si pleine de nos volontez en est cause* (I : 28 : 190) *[...] [a] chacun se donne si entier à son amy, qu'il ne luy reste rien à departir ailleurs* (I : 28 : 191).

Dans le texte d'après 1588, par contre, l'écrivain revient sur ses pas. Quelque temps s'est écoulé, et sans doute faut-il penser qu'il lui est maintenant loisible de se pencher sur le passé, et de chercher à comprendre comment cette amitié, qui ne pourra jamais plus fonctionner, est née, comment elle s'est développée, à partir de deux êtres entièrement différents. Montaigne, laissé pour compte, se retrouve cherchant tout seul les traces de son être séparé dans les débris de la mémoire. Après avoir insisté sur une union que rien ne restreignait, il trouve qu'il est particulièrement difficile de se décrire et l'acompte qu'il pensait avoir réglé, revient maintenant le hanter : ils étaient vraiment deux personnes, deux individus entièrement différents. A présent, il peut seulement répondre en montrant du doigt son propre moi, intraitable, indescriptible tout seul : quelque chose qui, parce qu'elle représente l'unité fondamentale de toute comptabilité humaine, reste inaccessible à cette comptabilité même :

> *[c] [...] C'est un assez grand miracle de se doubler ; et n'en cognoissent pas la hauteur, ceux qui parlent de se tripler. Rien n'est extreme, qui a son pareil. Et qui presuposera que de deux j'en aime autant l'un que l'autre, et qu'ils-s'entr'aiment et m'aiment autant que je les aime, il multiplie en confrairie la chose la plus une et unie, et dequoy une seule est encore la plus rare à trouver au monde* (I : 28 : 191).

C'est donc bien clair. Les méandres de sa méditation sur son amitié perdue ont mené Montaigne d'une perspective synthétique, dans laquelle, embrassant son histoire privée d'un seul coup d'œil, il n'a aucune difficulté à tisser un texte symbolique, ou plutôt, une figure emblématique de son amitié avec La Boétie, à une perspective analytique plus détaillée, fondée sur la chronologie de cette amitié.

Tandis qu'il revient sur le texte publié, ajoutant à sa guise et comme de coutume, il remet en question le mode artificiel de cette première synthèse (« [a] la besongne d'un peintre que j'ay » (183)), et découvre qu'il se doit à lui-même un compte plus rigoureux de cette association, pour bien des raisons, mais surtout parce qu'il est seul à rester derrière, à ramasser les morceaux d'une pièce brisée. Mais l'effet de la reconstitution n'est pas mince. *En corrigeant et en ajoutant, Montaigne voile et dévoile deux couches de texte de la même façon que les portraitistes de son temps voilent la nudité de leur modèle, pour mieux attirer l'attention sur le modèle lui-même.* Ce détour du modèle à l'image, l'installation d'un emblème au-delà des mots, dont la fonction est d'indiquer, de mettre en perspective la spécificité du moi en cours de représentation, ce détour qui cherche, non pas le référent, mais son leurre au cœur de l'image, constitue, on l'a déjà montré, une structure fondamentale de la représentation à l'époque[27].

4. Lecture/écriture : l'effet-La Boétie

Si Montaigne est encore intéressé à expliquer sa relation à La Boétie, c'est parce que de ce commentaire il attend aussi une modification de sa relation au lecteur. Lui qui cherche partout chez les Anciens une confirmation de ses moindres opinions, il ne tire, on l'a vu, que peu de profit des vignettes du temps passé. Pire. Le commerce des Anciens lui fait craindre toujours une comparaison défavorable avec son propre temps : « [a] A l'adventure que le commerce continuel que j'ay avec les humeurs anciennes, et l'Idée de ces riches âmes du temps passé me dégouste et d'autruy et de moy-mesme » (II : 17 : 658). Il fait œuvre pionnière, et c'est un nouveau lecteur qu'il lui faut : quelqu'un qui sache de quoi il parle, lui, l'auteur des *Essais* :

> [c] Ay-je perdu mon temps de m'estre rendu compte de moy si continuellement, si curieusement ? Car ceux qui se repassent par fantaisie seulement et par langue quelque heure, ne s'examinent pas si primement, ny ne se penetrent, comme celuy qui en faict son estude, son ouvrage et son mestier, qui s'engage à un registre de durée, de toute sa foy, de toute sa force (II : 18 : 665).

Or, justement, ce dont il parle ne se trouve pas dans les livres. Il cherche quelqu'un qui ait *essayé* ce dont il a lui-même fait l'expérience :

> [b] Outre ce profit que je tire d'escrire de moy, j'en espere cet autre que, s'il advient que mes humeurs plaisent et accordent à quelque

27. *L'emblème à la Renaissance,* textes réunis par Yves Giraud, Paris (Sedes), 1982, p. 10.

honneste homme avant que je meure, il recerchera de nous join-
dre ; je luy donne beaucoup de pays gaigné, car tout ce qu'une lon-
gue connoissance et familiarité luy pourroit avoir acquis en plusieurs
années, il le voit en trois jours en ce registre, et plus exactement
(III : 9 : 981).

L'exigence de l'amitié : une alliance sans couture, une union des esprits à l'exclusion des corps — s'est déplacée. S'il est vrai que la décision d'écrire les *Essais* est en partie due à la mort de La Boétie et au désir de Montaigne de perpétrer par l'écriture le portrait de l'ami, le mystère de l'amitié devient, au fil de la constitution des *Essais,* celui de leur lecture. Qui va lire son œuvre ?

Il disait le nom de son ami, et c'était toute leur relation qui y était incluse : « [a] nous nous embrassions par noz noms (188) ». Mais, le lecteur, quel est-il, quel est son nom ? Comment et où le saisir ? Et qu'a-t-il saisi de l'auteur ? Sait-il même de quoi il parle : « [a] je souhaiterais aussi parler à des gens qui eussent essayé ce que je dis » (I : 28 : 192). Cette réflexion inquiète qui sourd dans le chapitre sur l'amitié revient affleurer dans le chapitre 40 du livre I (« Des considérations sur Cicéron ») :

> *[b] Sur ce subject des lettres, je veux dire ce mot, que c'est un ouvrage*
> *auquel mes amys tiennent que je puis quelque chose. [c] Et eusse*
> *prins plus volontiers ceste forme à publier mes verves, si j'eusse eu*
> *à qui parler* (I : 40 : 252).

Parce que La Boétie n'est plus, nous avons vu que l'absence de l'ami défunt devient pour Montaigne emblématique du projet de l'écriture du livre, de la distance du sujet à lui-même. Qui plus est, la jouissance de l'unité parfaite n'est possible qu'à travers l'expérience de la distance et de la séparation inscrites dans le désir du désir de l'autre, comme si, jouissant de la distance qui le sépare de l'objet désiré, le sujet tirait satisfaction de cette séparation même. De la théorie de cette séparation (« [b] J'ay tiré autrefois usage de nostre esloingnement et commodité » (III : 9 : 977)), Montaigne recueille aussi une leçon morale : « [b] Cette faim insatiable de la presence corporelle accuse un peu la foiblesse en la jouyssance de nos ames » (III : 9 : 977). C'est parce que La Boétie jouissait de la véritable image de Montaigne, et qu'il l'a emportée, que Montaigne se déchiffre désormais si « [a] curieusement » (« [a] Voyla pourquoy, pour juger d'un homme, il faut suivre longuement et curieusement sa trace » (II : 1 : 336)). Starobinski, suivant Freud, note que le deuil est jouissance, puisque Montaigne ne cesse toute sa vie de penser à l'ami défunt, et pour se rendre cette pensée plus facile, de souhaiter la plus ample illustration du nom de La Boétie, tout en insistant sur le fait que lui, Montaigne, est le seul vrai dépositaire de la foi et de la renommée dudit La Boétie[28]. Or c'est ce même mouvement d'expansion vers les autres, pour leur communiquer une image de La Boétie dont il garde l'exclusivité, qui anime Montaigne dans les recherches des *Essais*. Amené à conserver toujours unique et présente l'image de l'ami défunt, il cherche à la communiquer à d'autres, tout en se présentant comme l'unique garant de cette peinture de l'ami, et forçant ainsi ses lecteurs à détourner leur attention sur lui. Dans le contexte de l'écriture des *Essais,* le fait qu'il se sert constamment des livres des autres pour écrire sur lui est aussi partie du même système de jouissance médiée. Si, en suivant Starobinski, on ajoute que Montaigne, dans sa dernière dédicace, recommande à sa femme de lire le traité de Plutarque sur la consolation après la mort de leur fille deux ans après sa naissance, on comprend que le renvoi aux livres, initié du vivant de La Boétie (il avait lu son *Contr'Un* avant de le rencontrer : « [a] car elle me fut montrée longue pièce avant que je l'eusse veu » (I : 28 : 84)), continué dans un hommage curieux au défunt La Boétie (Montaigne s'imagine, en quelque sorte, écrire le livre que La Boétie aurait pu écrire tant mieux que lui : « [a] et si, en l'aage que je l'ay conneu, plus avancé, il eut pris un tel desseing que le mien, de mettre par escrit ses fantasies, nous verrions plusieurs choses rares et qui nous approcheroient bien pres de l'honneur de l'antiquité » (I : 28 : 184)) — est finalement devenu un réflexe intégral de l'existence montaignienne[29]. Et si la relation aux livres est fondamentale chez Montaigne, puisque c'est dans sa « [a] librairie » qu'il s'est réfugié du monde et qu'il écrit :

> [a] Chez moy, je me destourne un peu plus souvent à ma librairie, d'où tout d'une main je commande à mon mesnage. Je suis sur l'entrée et vois soubs mon jardin, ma basse court, ma court, et dans la pluspart des membres de ma maison. Là je feuillette à cette heure un livre, à cette heure un autre, sans ordre et sans dessein, à pieces descousues ; tantost je resve, tantost j'enregistre et dicte, en me promenant, mes songes que voicy (III : 3 : 828)

28. Jean Starobinski, *Montaigne en mouvement,* Paris (Gallimard), 1984, pp 53 sq.

29. Starobinski, *op. cit.,* p. 62.

— on comprend que la retraite est en harmonie avec le deuil qu'il continue de porter, puisqu'aussi bien La Boétie lui a laissé *ses* livres. En se retirant du monde, Montaigne se coupe des autres, et il fait à nouveau l'expérience de la séparation qui est aussi constitutive de son expérience de l'amitié :

> *Je vous supplie pour signal de mon affection envers vous, vouloir estre successeur de ma Bibliothecque et de mes livres, que je vous donne,* « *Fragment d'une lettre que Monsieur le conseiller de Montaigne escrit à Monseigneur de Montaigne son père, concernant quelques particularitez qu'il remarqua en la maladie & mort de feu Monsieur de La Boétie*[30].

On a vu que l'absence est partie intégrante de l'amitié : « [c] Nous remplissions mieux et estendions la possession de la vie en nous separant » (III : 9 : 977). Mais écrire des livres, c'est aussi prendre conscience d'une absence (de rapport entre l'écrivain et son lecteur) et d'une mort (celle de tout écrivain face à la postérité) ; et les lire, c'est essentiellement faire de cette absence le principe de la lecture : suivre un auteur comme si son texte ne lui appartenait plus. Dans le chapitre « Des livres », Montaigne prend sa distance vis-à-vis des « [a] maistres du mestier » (II : 10 : 407), en déclarant que c'est de lui qu'il parle dans son livre : « [a] C'est icy purement l'essai de mes facultés naturelles, et nullement des acquises : et qui me surprendra d'ignorance, il ne fera rien contre moy » (*ibid.*). Mais, ajoutant qu'il ne veut pas plus être tenu pour responsable de son livre qu'il n'en tient les autres des leurs, il ajoute : « [a] [...] à peine respondroy-je à autruy de mes discours, qui ne m'en responds point à moy » (*ibid.*). Si on lit les *maîtres du métier*, c'est pour y apprendre autre chose que ce qu'ils ont voulu mettre dans leurs ouvrages. La lecture est donc l'occasion d'une recherche qui se fait dans le corps de l'autre, mais qui s'en décolle. Il s'agit d'une double substitution. Le texte produit à la lecture un effet que le lecteur n'aurait pu produire lui-même, et dont l'appréciation le mène à reconstruire, tout imparfaitement, une intention, une visée d'auteur.

Cette problématique de la lecture n'est pas entièrement nouvelle. On trouve bien chez Rabelais, par exemple, l'idée d'un sens

---

30. *Montaigne : Œuvres complètes,* p. 1352.

caché à découvrir par le lecteur. Mais l'auteur, qui a déjà mis son lecteur en garde par la fameuse admonition de la « substantifique mouelle », démontre son autorité absolue en recouvrant tous les champs sémantiques possibles par un excès toujours contrôlé du vocabulaire. Dans les *Essais,* au contraire, le lecteur est livré à lui-même — comme si Montaigne refusait même d'assumer la responsabilité d'un texte propre :

> [b] *Il n'est lieu où les fautes de la façon paroissent tant qu'en une matiere qui de soy n'a point de recommendation. Ne te prens point à moy, Lecteur, de celles qui se coulent icy par la fantaisie ou inadvertance d'autruy* (III : 9 : 965).

Or le mouvement par lequel le livre constitue son lecteur autonome est le même qui finit par constituer l'ami inséparable en la figure unique des *Essais.* Il y a, par étapes, un glissement du livre sur l'ami au livre sur soi. Au départ, il s'agit d'un ouvrage dans lequel l'œuvre de La Boétie devait apparaître en tête. Mais, peu à peu, l'introduction de l'ami défunt amène Montaigne à considérer la possibilité d'un livre indépendant. Le premier motif de cette évolution, c'est peut-être, on l'a bien dit, la difficulté de publier l'œuvre de La Boétie, mais il apparaît bientôt que le projet original, fondé sur le testament de l'ami (« [c] moi qu'il laissa, d'une si amoureuse recommandation, la mort entre les dents, par son testament, héritier de sa bibliothèque et de ses papiers » (I : 28 : 184)), n'est pas aussi réalisable que Montaigne l'aurait voulu[31]. Starobinski a bien montré comment la question de la « place » de La Boétie dans l'œuvre. (« Lors entre autres choses il se print à me prier avecques une extreme affection de luy donner une place ») a pu poser un problème à Montaigne, dans la mesure justement où il n'était pas sûr de la requête du mourant (« de sorte que j'eus peur que son jugement fust esbranlé »)[32]. L'hésitation sur la *place* est en fait une hésitation sur la manière de traiter l'ami. S'agira-t-il de lui construire un mausolée ? Une bonne partie du chapitre sur l'amitié, sinon l'ensemble des *Essais,* font œuvre dans ce sens. Mais ce gardiennage de la *sainte* amitié risque de prêter à confusion, si tant est qu'on se rappellera aussi bien l'architecte du mausolée que celui

31. Voir Butor, *op. cit.*, pp. 33-41.

32. Lettre de Montaigne à son père racontant les derniers moments de La Boétie (cité in Starobinski, *op. cit.*, pp. 63-64).

à qui il est destiné. Le même Montaigne qui rejette les livres une
fois qu'il les a lus, pour mieux jouir de ses propres cogitations, est
celui qui risque, peignant le portrait de La Boétie, de faire son autoportrait. Ce qu'il dit plus tard des livres qui ne lui servent plus pourrait ici servir de nouvel emblème :

> [b] Quand j'escris, je me passe bien de la compaignie et souvenance
> des livres, de peur qu'ils n'interrompent ma forme. Aussi que, à
> la vérité, les bons autheurs m'abattent par trop et rompent le cou-
> rage. Je fais volontiers le tour de ce peintre, lequel, ayant miserable-
> ment representé des coqs, deffendoit à ses garçons qu'ils ne laissas-
> sent venir en sa boutique aucun coq naturel (III : 5 : 874).

D'abord Montaigne rassemble tous les effets de La Boétie,
dont, il nous le rappelle au chapitre 28, il reste l'exécuteur testa-
mentaire. En écrivant un chapitre sur l'amitié il s'acquitte de son
devoir. Mais son monument n'est pas fait d'un éloge. Il ne nous
parle guère de son ami, ne nous en fait pas le portrait et nous relate
seulement les circonstances de son amitié. Première perte : l'homme
s'est évanoui, au profit de l'ami, et ce qui reste de l'ami, c'est le
sentiment d'un vide. L'écriture met alors en place le scénario de
cette perte dans les marges du discours, comme l'annonçait le début
du chapitre « De l'amitié ». Or le propre d'un mausolée, c'est justement que le centre en est vide : ironiquement pour l'homme que
son ami suppliait de lui faire *place,* c'est le lieu, la *place* du non-
être. De ce vide Montaigne commence à apprécier toutes les possibilités, et au troisième livre, il reconnaîtra que cette obsession de
construire traverse tout le discours :

> [b] Nostre discours est capable d'estoffer cent autres mondes et d'en
> trouvers les principes et la contexture. Il ne luy faut ny matiere ny
> baze ; laissez le courre : il bastit aussi bien sur le vuide que sur le
> plain, et de l'inanité que de matiere (III : 11 : 1027).

Or la mort de La Boétie a cet effet qu'elle oblige l'ami, non
point tant à se la remémorer — Montaigne le fait surtout dans ses
lettres —, mais à prendre l'aune d'une propre distance à soi. Dire
qu'une fois l'ami mort, on se sent comme privé d'une moitié, c'est
aussi dire que, *de toutes façons,* ce moi échappe, puisque l'amitié,
qui l'enserre dans une union parfaite avec l'autre, se trouve au-
delà des mots. Montaigne découvre alors que parler de l'autre, c'est
aussi bien parler d'un moi absent. Les *Essais* constituent prompte-

ment un simulacre de présence, un objet en soi, exactement comme
l'histoire le prouve : de garniture au *Contr'Un,* ils sont devenus
ouvrage en titre. Mais ce dont ils parlent, c'est quelque chose qui
échappe au discours, et que le discours a déjà perdu.

5. « *L'escorce* », les « *fueilles* », les « *plumes* »

Le thème de la perte et de l'absence est multiple chez Montaigne. La perte de La Boétie n'est pas sans rappeler cette autre perte
de la langue. C'est au collège de Guyenne qu'il perd son latin, et
l'unité qu'il avait avec son monde à la fois de culture (son pédago-
gue, ses livres, ses parents qui avaient appris des bribes de Latin
pour pouvoir le lui parler). De tout cela il ne reste aujourd'hui que
des bribes : un latin dont il se sent coupé (« [b] Le langage latin
m'est comme naturel, je l'entends mieux que le François, mais il
y a quarante ans que je ne m'en suis du tout poinct servy à parler » (III : 2 : 810)), et même un Français, un Grec ou un Gascon
qui lui paraissent hors de contrôle, comme ces historiens de « [a]
l'entredeux [...] qui obmetent, pour choses incroyables, celles qui
n'entendent pas, et peut estre encore telle autre chose, pour ne la
sçavoir dire en bon Latin ou François » (II : 10 : 417). En déplorant ces pertes, le livre cherche à fixer au moins la trace du temps
des symbioses parfaites, à la repérer. Mais ce ne pourrait être sur
le mode historique :

> [b] *Je crains que nostre cognoissance soit foible en tous sens, nous
> en voyons ny gueres loin, ny guere arriere : elle embrasse peu et vit
> peu, courte, et en estandue de temps et en estandue de matiere*
> > *Vixere fortes ante Agamemnona*
> > *Multi sed omnes illachrimabiles*
> > *Urgentur ignotique longa*
> > *Nocte*
> *[Il y a eu bien des héros avant Agamemnon, mais nous ne les pleu-
> rons pas et une nuit profonde nous les cache].* (III : 6 : 907).

Et puis, ce n'est pas de mémoire, mais de conscience qu'il
s'agit : « [a] Nous ne travaillons qu'à remplir la memoire, et laissons l'entendement [c] et la conscience [a] vuide » (I : 25 : 136).
Aussi bien Montaigne ne nous parle-t-il guère de La Boétie lui-
même. Il reconstruit une œuvre qui a *affaire* avec La Boétie — un
La Boétie dont la disparition soudaine, mettant fin à une relation
et interdisant une connaissance plus profonde, correspond assez

bien au « [a] vuide » des « [a] crotesques » (I : 28 : 183) dans le chapitre sur l'amitié : « Le vray suc et moëlle de sa valeur l'ont suivy, et ne nous en est demeuré que l'escorce et les fueilles »[33]. Montaigne continue donc à hésiter entre une vision complète, à laquelle il tient (« [...] il se loge encore chez moy si entier et si vif que je ne le puis croire ny si lourdement enterré, ny si entierement esloigné de nostre commerce »)[34], et une vision partielle, dans laquelle de La Boétie défunt, il ne reste plus que des fragments, à l'image des livres dont l'essayiste a hérité la tradition :

> [a] C'est ce qui a faict valoir plusieurs choses de neant, qui a mis en credit plusieurs escrits, et chargé de toute sorte de matiere qu'on a voulu : une mesme chose recevant mille et mille, et autant qu'il nous plaist d'images et considerations diverses (II : 12 : 586).

L'ami qui se plaint de ce qu'il ne lui reste que l'écorce d'un ami défunt, est aussi le lecteur qui, sentant que la tache dépasse ses besoins, choisit de s'arrêter à l'écorce : « [a] [mon jugement] Il s'en prend à soy, et se condamne, ou de s'arrester à l'escorce, ne pouvant penetrer jusques au fons, ou de regarder la chose par quelque faux lustre » (II : 10 : 410). Il est remarquable que la problématique de l'écriture et de la lecture s'exprime comme celle de l'amitié en termes d'identité et d'altérité, et que le vocabulaire choisi pour communiquer ces antinomies soit dans les deux cas emprunté au monde organique et pictural : feuilles, écorce et lustre, dans la tradition du grotesque pictural. Mais si l'amas des fragments implique une langue bigarrée, dont Montaigne se veut friand, il regrette aussi fréquemment qu'au lieu de ces décorations dont il a affublé son œuvre, il n'ait pas trouvé, dans la clarté de la relation défunte, une langue qui sache faire la part de l'ombre et de la lumière, du principal et des accessoires, du corps et des vêtements :

> [c] Car je fay dire aux autres ce que je ne puis si bien dire, tantost par foiblesse de mon langage, tantost par foiblesse de mon sens [...] J'aimeray quelqu'un qui me sçache desplumer, je dy par clairté de jugement et par la seule distinction de la force et beauté des propos. Car moy, qui, à faute de memoire, demeure court tous les coups

33. « Lettre à Monsieur de l'Hospital », in Montaigne : Œuvres complètes, p. 1364.

34. « A Monsieur, Monsieur de Mesmes », in Montaigne : Œuvres complètes, op. cit., p. 1362.

à les trier, par cognoissance de nation, sçay tresbien sentir, à mesu-
rer ma portée, que mon terroir est aucunement capable d'aucunes
fleurs trop riches que j'y trouve semées, et que tous les fruicts de
mon creu ne les sçauroient payer (III : 10 : 408).

Il voudrait une langue qui le fît nu. Il ne s'agit plus, comme
dans l'« Avis », et, pas encore, comme, plus tard, chez les cannibales, d'en revenir à une simplicité de bon sauvage avant la lettre.
La nudité est ici symbolique d'un état dans lesquels les mots, la
mémoire, les figures dont elle s'aide, n'auraient plus d'utilité, parce
que les corps, l'extérieur de l'âme ne pourraient faire obstacle à
ce qui aurait continué d'être l'intimité des amis, si du moins La
Boétie avait survécu. Bien après la mort de l'ami, Montaigne poursuit donc le rêve d'un dénuement qui fait que si les corps se tou-
chent, ce n'est pas par l'extérieur, mais de l'intérieur, et par « [a]
les entrailles » (« [a] Nos âmes ont charrié si uniment ensemble,
elles se sont considérées d'une si ardante affection, et de pareille
affection descouvertes jusques au fin fond des entrailles l'une à
l'autre [...] (I : 28 : 190)). Un corps nu est alors proche de l'âme,
comme le montre l'exemple de l'homosexualité grecque, où la fonction du corps était « [c] accidentale et seconde » (I : 28 : 187). Mais,
d'un autre côté, cette réduction au corps nu ne saurait satisfaire,
puisqu'elle ne saurait passer dans les mœurs : « [a] Que si j'eusse
esté entre ces nations qu'on dict encore sous la douce liberté des
premieres loix de nature, je t'asseure que je m'y fusse tres-volontiers
peint tout entier et tout nu (« Avis », p. 3). Montaigne a recours
à l'effet contraire : l'extension, la dispersion. Il essaye de recou-
per ce qui manque par la fantaisie de quelque kinesthésie :

> *[b] Il y a des naturels particuliers, retirez et internes. Ma forme essen-*
> *tielle est propre à la communication et à la production : je suis tout*
> *au dehors et en évidence, nay à la société et à l'amitié. La solitude*
> *que j'ayme et que je presche, ce n'est principalement que ramener*
> *à moy mes affections et mes pensées, restreindre et resserrer non*
> *mes pas, ains mes desirs et mon soucy, resignant la solicitude estran-*
> *gere et fuyant mortellement la servitude et l'obligation, [c] et non*
> *tant la foule des hommes que la foule des affaires. [b] La solitude*
> *locale, à dire vérité, m'estand plustost et m'élargit au dehors : je*
> *me jette aux affaires d'estat et à l'univers plus volontiers quand je*
> *suis seul. Au Louvre et en la foule, je me resserre et me contraincts*
> *en ma peau : la foule me repousse à moy, et ne m'entretiens jamais*
> *si folement, si licencieusement et particulierement qu'aux lieux de*
> *respect et de prudence ceremonieuse* (III : 3 : 823).

On aura remarqué la contradiction : d'un côté, « [a] tout au dehors », en évidence, avec tous les artifices de la montre, et, de l'autre, une amitié qui est mise dos-à-dos avec la solitude. D'un côté, la réduction au moi singulier, et, de l'autre, la volonté de « [a] société ». Mais cette hésitation que l'essayiste ne parvient jamais à réduire, elle travaille et gonfle son texte. Hésiter entre l'un et le multiple, c'est condamner le livre à un procès de remords et d'ajouts. Chercher sa propre image dans les traces de l'autre implique aussi bien le dévidage constant du texte se cherchant dans la référence externe, que l'essayiste se doit alors de justifier par une explication, un commentaire, une glose — et cette glose elle-même produit son commentaire de deuxième niveau[35]. L'*allongeail* montaignien est ainsi un effet direct de l'amitié.

Le mot *allongeail* évoque la cadence sereine et nonchalante du troisième livre : « [b] Laisse, lecteur, courir encore ce coup d'essay *et ce troisiesme allongeail du reste des pieces de ma peinture.* J'ajoute mais je ne corrige pas » (III : 9 : 963). Mais, après 1588, dans les lignes qui suivent, Montaigne *ajoute* des accessoires « [c] supernumeraire[s] ».

> *[c] Mon livre est tousjours un. Sauf qu'à mesure qu'on se met à le renouveller, afin que l'acheteur ne s'en aille les mains du tout vuides, je me donne loy d'y attacher (comme ce n'est qu'une marqueterie mal jointe), quelque embleme supernumeraire. Ce ne sont que surpoids, qui ne condamnent point la premiere forme, mais donnent quelque pris particulier a chacune des suivantes par une petite subtilité ambitieuse* (III : 9 : 964).

Le texte tire des deux côtés. D'un côté, Montaigne affirme l'unité de son livre dans un contexte vital : « [b] De telles gens [ceux qui reviennent à leur livre après qu'il a été publié] il ne faudroit rien acheter qu'apres leur mort », et dans des termes qui rappellent la description de son union avec La Boétie. Mais, d'un autre côté, le livre qui s'écrit est aussi un livre mort, jusqu'au moment où Montaigne se met à corriger, si bien que le désir de préserver l'unité vivante, la cohérence du texte et son adhérence au sujet écrivant, est en contradiction avec celui de continuer à écrire dans le mouvement quotidien. Celui qui écrit maintenant regarde celui qui a écrit, ajoute et récrit. L'unité du sujet est en balance :

---

35. André Tournon. *Montaigne : la glose et l'essai,* Lyon (Presses Universitaires), 1983, pp. 124-131.

> *[b] Secondement que, pour mon regard, je crains de perdre au change : mon entendement ne va pas toujours avant, il va à reculons aussi. Je ne me deffie guiere moins de mes fantaisies pour estre secondes ou tierces que premieres, ou presentes que passées. Nous nous corrigeons aussi sottement souvent comme nous corrigeons les autres. [c] Mes premieres publications furent l'an mille cinq cent quatre vingts. Depuis d'un long traict de temps je suis envieilli, mais assagi je ne le suis certes pas d'un pouce. Moy à cette heure et moy tantost sommes bien deux ; mais quand meilleur, je n'en puis rien dire* (III : 9 : 964).

On aura noté l'enchevêtrement des niveaux, la dialectique de l'unité et de la dualité (« [b] secondement »), et comme la pratique de l'écriture recoupe la problématique du livre hérité de l'amitié. En fin de compte, on doit se demander combien de personnages sont peints dans le portrait des *Essais*.

Ce que La Boétie représentait vif, c'était la possibilité d'une union, dans laquelle ni les mots ni l'image n'avaient de place. Ce qu'il représente gisant, c'est la possibilité de faire référence à une présence, par laquelle l'altérité qui sépare le sujet de sa propre image pourrait être modulée : assignée à quelqu'un d'autre. Par ce biais, le projet de se voir seul est ainsi détourné sur l'ami, dont la mémoire reste à jamais vivante, et le sujet écrivant peut se justifier de la recherche d'un moi authentique, puisqu'il est maintenant discret, séparé d'un *alter ego* qui en fonde et autorise la vision. L'opérateur de vision est distinct du sujet qui regarde, et Montaigne se donne ainsi en objet à lui-même, tout en se dissociant de cette personne qu'il étudie et décrit. Le moi qu'il décrit est alors autre, indépendant, légitime. Il n'est pas si proche qu'il ne puisse être vu par quelqu'un d'autre, mais pas si éloigné qu'il ne puisse se rappeler à lui-même. Montaigne dit bien d'ailleurs que la mémoire de La Boétie l'accompagne comme une présence. C'est une voix : « [a] Il n'est action ou imagination où je ne le trouve à dire, comme si eut-il bien faict à moy » (I : 28 : 193). C'est un regard, dont l'échange existait déjà (« [b] Il vivoit, il jouissoit, il voyoit pour moy, et moy pour luy, autant plainement que s'il y eust été » (III : 9 : 977)), mais qui, après la mort de La Boétie, devient exclusivement celui d'un nouveau sujet. C'est La Boétie qui constitue la véritable image de Montaigne, et qui, seul, serait capable de la dire, puisque c'est lui qui l'a emportée. C'est lui le seul lecteur possible : celui pour qui Montaigne écrit. C'est donc pour ce lecteur absent que le portrait est peint. Lui seul serait capable de préserver au portrait son unité. Or, s'il n'est pas là, Montaigne en indique la trace dans son texte. Ce sont les citations, les références à autrui, en même temps que ses propres ajouts, et corrections.

C'est ainsi qu'il faut comprendre la relation de Montaigne aux textes cités d'une part, et à ses corrections, d'autre part. La relation à La Boétie laisse des traces dans le texte, et y produit des effets. Dans la mesure où la présence de l'ami est nécessaire à l'écriture, c'est par la marque de l'absence, la référence au *vide,* que l'écrivain réalise son projet de monument au mort. Le texte se présente alors comme un ornement, dont l'*escorce* et les *fueilles* sont la représentation. Mais dans la mesure où cette absence est dynamique, le texte doit aussi rendre compte du manque : il lui donne forme. En se peignant sur le mode fragmentaire, Montaigne implique une référence à l'unité perdue, et les corrections et suppressions qu'il impose à son texte ne font que reprendre au niveau de chaque phrase, de chaque page, la dialectique entre ce qui est plein et ce qui est incomplet, entre ce qui est ajouté et ce qui est retranché. Un des exemples les plus intéressants de cette inscription de l'absent et de l'effet qu'elle produit se trouve au chapitre 9 du livre III. Montaigne est préoccupé de l'image qu'il va laisser de lui. Projetant le futur, il s'imagine déjà ses lecteurs tâchant de découvrir derrière le texte les indications qui le révèlent malgré lui. Mais dans ce fantasme, c'est, bien sûr, l'image de l'ami qui réapparaît. On peut voir qu'au cours des éditions, Montaigne joue un jeu qui consiste à modeler son tableau sur l'image de celui qui est parti, cependant qu'au fil de l'écriture, le souvenir de l'ami déplace à nouveau sa propre image :

> [b] *Je ne veux pas apres tout, comme je vois souvent agiter la memoire des trespassez, qu'on aille debatant : Il jugeoit, il vivoit ainsin ; il vouloit cecy ; s'il eust parlé sur sa fin, il eust dict, il eust donné ; je le connoissois mieux que tout autre* (III : 9 : 982-3).

Ce qui est visé par ce texte c'est la fin du privilège accordé au lecteur de la famille, celui qui, dans l'« Avis au lecteur », devait retrouver, dans les pages du livre, l'image de l'homme qu'il avait connu. Mais à cette dénégation il y a aussi un avantage. Le cercle des lecteurs est infiniment agrandi, sans que le descripteur soit préoccupé d'avoir à se fabriquer un langage, une médiation nouvelle. La relation au lecteur anonyme est pratiquement indexique

— et cela Montaigne en est sûr dès l'édition de 1588 puisqu'il dit :
« [b] Ce que je ne puis exprimer, je le *montre au doigt* » (III : 9 :
983).

Que cette évolution d'une théorie de la réception chez Montaigne lui-même soit liée à la modification de sa relation au personnage et au symbole de La Boétie, le texte ne permet pas d'en
douter. L'auteur, qui s'est garanti un lecteur universel, joue pour
ce dernier le jeu que le souvenir de La Boétie avait pendant si longtemps joué pour l'entrepreneur des *Essais*. Montaigne avait d'abord
fait suivre le dernier passage cité du texte suivant, dans lequel il
se voit, comme l'image de La Boétie l'avait constamment fait pour
lui, *revenir de l'autre monde*. Il se voit, présence pour un temps
oubliée, requérir et corriger son image accaparée par le lecteur, et
il ajoute que le sort des vivants (lui, le sujet en chair et en os des
Essais) est aussi important que celui des défunts. Il doit défendre
son nom, déjà sa *memoire,* des attaques de ses contemporains :

> *[b] Si on doibt s'en entretenir, je veus que ce soit veritablement et
> justement. Je reviendrois volontiers de l'autre monde pour démen-
> tir celuy qui me formeroit autre que je n'estois, fut ce pour m'hono-
> rer. Des vivans mesme, je sens qu'on parle autrement qu'ils ne sont.
> Et si à toute force je n'eusse maintenu un amy que j'ay perdu, on
> me l'eust deschiré en mille contraires visages* (III : 9 : 983).

Mais, dans les dernières années, le texte de 1588 est modifié.
Montaigne retranche le texte suivant :

> *[b] Je sçay bien que je ne lairray apres moy aucun respondant si
> affectionné bien loing et entendu en mon faict comme j'ay esté au
> sien. Il n'y a personne à qui je voussisse pleinement compromettre
> de ma peinture : luy seul jouyssoit de ma vraye image, et l'emporta.
> C'est pourquoy je me deschiffre moy-mesme, si curieusement* (III :
> 9 : 983, n.) *[ajout de 1588 retranché].*

La correction est d'importance. Villey suggère dans la note
(983) que ce texte a été retranché de l'édition de 1588, parce que
Montaigne ne voulait pas offenser Mademoiselle de Gournay, en
lui laissant à penser qu'il avait encore place dans son cœur pour
une autre amitié que celle qui l'unissait à sa fille d'alliance. Mais
il me paraît plus intéressant d'assigner ce retranchement à l'évolution d'une problématique de l'écriture. Étant parvenu à occuper
vis-à-vis du lecteur, la place que La Boétie occupait vis-à-vis de
lui, il est normal que Montaigne décide que c'est lui qu'on voit

maintenant au portrait. Vivant, mort, il se veut unique, et d'un seul *visage*. D'autant plus que le langage est le même. De même que l'union avec La Boétie était au-delà des mots, et ne pouvait se représenter que dans le fantasme d'une symbiose, d'une représentation par laquelle un sujet se substituait à l'autre, Montaigne est maintenant à la recherche d'une description sans médiation du langage : « [b] Ce que je ne puys exprimer, je le *montre au doigt* ». Ce n'est pas sans rappeler le « [c] [...] par ce que c'estoit luy, par ce que c'estoit moy » (I : 28 : 188). Alors que le texte retranché affirme une dédicace éternelle à celui défunt qui lui emprisonne sa propre image et l'empêchait sans doute de l'illustrer, de la publier, le texte d'après 1588 offre une vision plus sereine et plus libre des choses. C'est Montaigne qui reste sur la scène, sûr de ses moyens, puisqu'il est à la fois le protecteur du souvenir de La Boétie, et le garant de sa propre image. Livré à lui seul, les mots qui manqueraient peut-être. Qu'à cela ne tienne. Il se *montrerait du doigt*, comme plus tard, les grammairiens de Port-Royal qui affirment que seule une relation indexique permet au spectateur de dire d'un portrait qu'il est effectivement la personne qu'il dépeint.

6. « *Transplanter* » *et* « *confondre* »

Si l'amitié avec La Boétie sert de cause et patron à l'entreprise des *Essais,* c'est, dans le cours des additions et des citations, par un constant procès de dédoublement dans l'unité. Que Montaigne ait été aidé par sa lecture des textes antiques sur l'amitié, aucun doute. Mais le besoin de référer, d'être partie d'un tout, de renvoyer à quelque chose d'autre dans lequel on puisse être retrouvé, c'est aussi, purement et simplement, un autre effet-La Boétie. Emprunter, mais que l'emprunt soit masqué. Comme le dit un texte, lui aussi retranché, de 1588 :

> [b] *Ce que je desrobe d'autruy, ce n'est pas pour le faire mien, je ne prens ici nulle part, que celle de raisonner et de juger : le demeurant n'est pas de mon rolle. Je n'y demande rien, sinon qu'on voie si j'ai sçeu choisir ce qui joignoit justement à mon propos. Et ce que je cache parfois le nom de l'autheur à escient és choses que j'emprunte, c'est pour tenir en bride la legereté de ceux, qui s'entremettent de juger de tout ce qui se presente, et n'avans pas le nez capable, de gouster les choses par elles mesmes, s'arrestent au nom de l'ouvrier et à son crédit. Je veux qu'ils s'eschaudent à condamner Ciceron ou Aristote en moy* (II : 10 : 408).

Cacher ses sources, c'est bien mentir. Mais Montaigne se sert de ce voile comme d'une stratégie. Il s'agit d'empêcher ceux qui ne peuvent juger des textes que par le nom de l'auteur de condamner un texte anonyme. De même qu'il se sentait protégé par la communauté de son amitié avec La Boétie, de même qu'il avait projeté de fuser les textes de son ami dans les siens, Montaigne se pare des plumes des grands écrivains, comme le souligne le texte d'après 1588 : « [c] J'aymeray quelqu'un qui me sçache deplumer, je dy par clairté de jugement, et par la seule distinction de la force et de la beauté des propos » (408). Mais, s'il est vrai que l'écriture de soi recouvre toujours une relation à celle des autres, la stratégie a ici pour but avoué de *montrer du doigt,* non la figure de l'autre, mais, à travers elle, celle, toute personnelle, de l'auteur. Refusant toujours de se soumettre à un ordre des mots, dans lequel la différence entre moi et l'autre serait claire, mais sans importance, Montaigne décide que ce qui compte, c'est moins de faire des distinctions, de citer des noms : il nous dit, dans le texte d'après 1588, que les grands noms « [c] semblent se nommer assez sans moi » (II : 10 : 408). L'important n'est pas de citer, mais de « [c] transplanter », voire de « [c] confondre » (*ibid.*) : « [c] Ez raisons et inventions que je transplante en mon solage et confons aux miennes, j'ay à escient omnis parfois d'en marquer l'autheur » (*ibid.*) — d'évaluer : « [c] Je ne compte pas mes emprunts, je les poise » (*ibid.*). La vérité est en profondeur : dans le jeu même qui consiste à se couvrir de l'image de l'autre et à s'en découvrir. Or, que Montaigne ait décidé, après 1588, de retrancher de son texte le passage ci-dessus est significatif. Le texte qu'il substitue, où se trouve justement la référence aux *plumes* du paon, remplace la déclaration timide d'une œuvre sur soi, qui n'est personnelle qu'à demi (« ce n'est pas pour le faire mien, je ne pretends ici nulle part ») par une réaffirmation de la stratégie du voile et de la décoration, cependant que, comme une femme belle et modeste, il minaude sur le visible et l'invisible, le naturel et l'artificiel, le propre et l'emprunté :

> *[c] Il faut musser [cacher, voiler] ma foiblesse sous ces grands crédits. J'aymerai quelqu'un* **qui me sçache deplumer** *[...] car moy [je] sçay tresbien sentir, à mesurer ma portée, que mon terroir n'est aucunement capable d'aucunes fleurs trop riches que j'y trouve semées, et que tous les fruicts de mon creu ne les sçauroient payer* (II : 10 : 408).

Le recours au vocabulaire géorgique : les fleurs, les fruits, le
terroir, les plumes, comme plus haut, les feuilles, l'écorce, transplanter et semer, donne au texte un caractère organique que les abs-
tractions (les noms, les raisons, les inventions, et jusqu'à la « [a]
temerité de ces sentences hastives » (*ibid.*)), n'avaient jusqu'alors
pu communiquer. C'est sans doute un des derniers, et plus puis-
sants effets d'une problématique de l'amitié. Car ce serait une erreur
de s'en tenir aux simples proclamations de modestie. Par-delà des
pirouettes de la politesse : *ne ultra crepidam,* (« [a] Ainsi je ne
pleuvy aucune certitude, si ce n'est de faire connoistre jusques à
quel poinct monte, pour cette heure, la connoissance que j'en ay »
(I : 28 : 408)), Montaigne réarticule le travail de sa forme et met
son lecteur en demeure de le suivre : « [c] J'aymerai quelqu'un qui
me sçache *deplumer* » (*ibid.*). Au contact quotidien de La Boétie
défunt, travaillant le souvenir de l'ami absent, Montaigne est passé
d'un stade où, pour les ramener à la vie, on croyait encore qu'il
fallait prononcer le nom des choses défuntes, comme on pronon-
çait le nom de l'ami parfait, de l'auteur érudit et sage, de ce « [a]
garçon de seize ans » (I : 28 : 194) — à un autre stade, dans lequel
les noms qui, de La Boétie, ou des grands héros ou lettrés de l'antiquité, servaient à les désigner à travers leurs textes, à les ramener
à une vie discursive, mais officielle, sont désormais remplacés par
les signes d'un texte officieux, hybride et sans limites, mais riche
terroir dont les productions ne sauraient plus être assignées. En un
sens, la parfaite union du « [c] [...] par ce que c'estoit luy, par ce
que c'estoit moy » (I : 28 : 188), dans laquelle l'absence de distinction (« nous nous embrassions par nos noms » (I : 28 : 188)) était
une marque de perfection, est maintenant remplacée par les productions d'une écriture dont le prestige est qu'elle mêle les traces
des auteurs au livre. Comme l'unité des amis reste infrangible, le
principe continue d'en jouer, et c'est sur le mode fragmentaire, col-
lant ses propres moments sur ceux de La Boétie, que Montaigne
se saisit dans le moment.

    Paradoxalement, ce qui l'incite à écrire est aussi ce qui l'empê-
che de décrire. Faut-il voir là l'indice d'une dichotomie entre peinture et écriture ? Il s'agit, en tous cas, d'une problématique où les
réquisits du dire (« [b] le *fais-je de bouche* ») le disputent à ceux
du voir (« [b] Ce que je ne puis exprimer, je le *montre au doigt* ») :

    [b] Je ne veux pas apres tout, comme je vois souvent agiter la

> *memoire des trespassez, qu'on aille debatant : Il jugeoit, il vivoit*
> *ainsin ; il vouloit cecy ; s'il eust parlé sur sa fin, il eust dict ; il eust*
> *donné ; je le connoissois mieux que tout autre. Or, autant que la*
> *bienseance me le permet, je faicts icy sentir mes inclinations et affec-*
> *tions ; mais plus librement et plus volontiers le fais-je de bouche à*
> *quiconque desire en estre informé. Tant y a qu'en ces memoires, si*
> *on y regarde, on trouvera que j'ay tout dict. ou tout designé. Ce que*
> *je ne puis exprimer, je le montre au doigt.*
>   *Verum animo satis haec vestigia parva sagaci*
>   *Sunt, per quae possis cognoscere coetera tute.*
>   *[Mais ces brèves indications suffisent à un esprit pénétrant,*
>   *à leur lumière tu pourras découvrir le reste par toi-même]*
> *Je ne laisse rien à désirer et deviner de moy. Si on doibt s'en entre-*
> *tenir, je veux que ce soit veritablement et justement. Je reviendrois*
> *volontiers pour démentir celuy qui me formeroit autre que je n'estois,*
> *fut ce pour m'honorer. Des vivans mesme, je sens qu'on parle tous-*
> *jours autrement qu'ils ne sont. Et si à toute force je n'eusse main-*
> *tenu un amy que j'ay perdu, on me l'eust deschiré en mille contrai-*
> *res visages [...] Pour achever de dire mes foibles humeurs [...]* (I :
> 28 : 982-3).

Le lien est profond entre l'amitié et les livres. Mais c'est faute
d'expression. Laissé pour compte d'une union qui n'existe plus,
l'ami restant cherche à justifier sa solitude, son indépendance, tout
en se rappelant que le plaisir d'une existence propre n'existe que
par relation à un autre — un mort, un absent, mais, en tous cas,
pas soi-même. Il s'agit donc de reconstituer un commerce avec les
livres qui soit équivalent, et symbolique à la fois, de l'amitié, et
d'une amitié défunte. Sur ce *vide,* qui n'est pas seulement du
tableau, mais de la vie, Montaigne construit les *Essais.* Au fond,
le livre sur soi qu'on nous annonce n'est que le substitut d'un livre
sur un autre, absent — cependant qu'on s'attache à un moi qui
n'est pas assez vrai pour n'être pas assez autre :

> [b] *La vie est un mouvement inegal, irregulier et multiforme. ce n'est*
> *pas estre amy de soy, et moins encore maistre, c'este en estre esclave,*
> *de se suivre incessamment, et estre si pris à ses inclinations qu'on*
> *n'en puisse fourvoyer, qu'on ne les puisse tordre* (III : 3 : 819).

Les femmes et la conversation, qui sont les deux autres *com-*
merces, ont au moins l'avantage qu'ils procurent un face-à-face.
Les livres, eux, sont éloignés, sublimes. Le plaisir qu'on en tire est
mêlé de servitude. Il hante, il s'évanouit, mais on y revient toujours, d'autant plus que le lieu de ce retour, c'est, chez Montaigne, la bibliothèque du défunt. Au livre s'inscrivent donc les restes,

les « [a] rappiecez » (I : 28 : 183), et c'est de ces restes que l'auteur, le peintre prétend maintenant faire un ensemble. Mais c'est après coup, un peu comme l'amitié qui prend toute son ampleur après la mort de l'ami, et une fois donc qu'il n'est plus possible de la décrire. Montaigne bricole. Et d'ailleurs ce bricolage, il n'est pas comme il le sera chez Lévi-Strauss une mythologie des moyens du bord. Il est surtout, comme dans un travail de marqueterie, l'utilisation de morceaux, de bribes et de fragments, parce qu'ils ont, ils retiennent quelque chose d'une unité disparue, et dont l'amitié était, comme tant d'autres choses, le symbole, mais dont elle n'est plus que l'ombre. Lors que La Boétie était vivant, un des deux amis n'était que l'ombre de l'autre : chacun n'existait que dans une relation avec l'autre. Maintenant que La Boétie est mort, Montaigne se plaint d'avoir à mener une vie sans intérêt : « [a] Ce n'est que fumée, ce n'est qu'une nuit obscure et ennuyeuse » (193). La thématique de l'ombre est venue renforcer celle des grotesques feuillus du cadre vide. Mais c'est parce qu'elle y trouve naturellement sa place. La référence au tableau dont les bords sont remplis de peintures fantastiques, mais dont le centre est vide, continue de hanter Montaigne. Le portrait de l'ami proche est impossible parce qu'un ami n'est que l'ombre d'un autre qui est son ami, et la peinture qui en résulte reste donc étonnement vide. « *De l'amitié* » *cache en fait un texte sur la peinture, et dans ce dernier, affleure aussi, on va le voir, un texte sur la politique.*

II. LA QUESTION DE L'INDIVIDU

1. Politique de la représentation

L'incapacité de peindre au centre la figure de l'un est compréhensible, si on se rappelle que La Boétie est l'auteur d'un pamphlet politique : le *Contr'Un*. Or un des effets du discours politique est de jeter un deuil sur la considération de l'individu seul, puisque, déclare le *Contr'Un*, l'homme n'existe qu'en communauté, qu'en *confederation*, et que le souverain ne saurait aliéner sa volonté au désir tyrannique d'un seul homme régnant par-dessus les autres. On ne peut obéir à un seul qui s'arrogerait le droit de régner à cause du lien indissoluble qui unit l'homme à la communauté de ses semblables. Le *Contr'Un* pose la question du pouvoir autoritaire et la présente comme un mystère : il est impossible d'expliquer comment une assemblée d'individus libres accepte l'autorité dictatoriale d'un seul sans avoir préalablement consenti au fait de cette autorité, parce qu'il est impossible de représenter cette autorité sans l'acceptation de la représentation qui la fonde. Il est plausible de rechercher cette fondation dans l'amitié, mais la *confederation* offerte par l'amitié n'est pas exactement autoritaire :

> *Nostre nature est ainsi que les communs devoirs de l'amitié emportent une bonne partie du cours de nostre vie : il est raisonable d'aimer la vertu, d'estimer les beaus faicts, de reconnoistre le bien d'où l'on l'a receu, & diminuer souvent de nostre aise pour augmenter l'honneur & avantage de celui qu'on aime et qui le merite. Ainsi doncques, si les habitans d'un pays ont trouvé quelque grand personnage qui leur ait monstré par espreuve une grande prevoiance pour*

*les garder, une grande hardiesse pour les defendre, un grand soing
pour les gouverner, si, de là en avant, ils s'apprivoisent de lui obéir
& s'en fier tant que de lui donner quelques avantages, ie je sçay si
ce seroit sagesse, de tant qu'on l'oste de là où il faisoit bien, pour
l'avancer en lieu où il pourra mal faire ; mais certes ne pourroit
il faillir d'y avoir de la bonté, de ne craindre point mal de celui duquel
on n'a receu que bien*[36].

Dans le contexte purement individuel des *Essais* comme livre
du moi, la représentation du sujet individuel est liée à la question
du politique, puisque cette représentation n'est possible qu'une fois
exécutée, sans préjudice du livre, la critique du privilège attaché
au pouvoir absolu du sujet écrivant : le pouvoir impérial que Montaigne se donne de tout mesurer à l'aune de son propre portrait.
Il se défend certes du péché d'amour-propre : « [a] Je n'ay point
cette erreur commune de juger d'un autre selon que je suis » (I :
37 : 229). Mais un autre passage du livre III révèle dans la bou-
tade moins le désir de se connaître exclusivement que celui de rendre cette connaissance immédiate et nécessaire, en en subtilisant
le modèle. Seul un roi, un empereur, un homme d'état a le pouvoir de se faire voir comme patron de ceux qu'il gouverne, tout
en leur retirant, par l'autorité qui lui est conférée, la possibilité de
partager cette autorité avec lui. Dans le passage suivant, le choix
de Persée, « [c] Roy de Macedoine », est tout à fait approprié.
D'abord, c'est une des dernières additions ([c]) qui vient s'insérer
dans un contexte propice à l'amitié que Montaigne développe plus
avant avec des considérations sur le « [b] singulier effect de l'amitié » : la capacité de « [b] s'ouyr franchement juger » (III : 13 :
1077). Ensuite le roi Persée est le modèle parfait de l'autoportrai-
tiste inconnaissable : connu de tous, il est inconnaissable, précisément parce que son patron n'appartient à personne d'autre qu'à
lui — et les critiques ont, depuis longtemps, remarqué que le passage est une description transparente de Montaigne lui-même, littéralement reprise dans le cours du chapitre :

> [c] *Ce qu'on remarque pour rare au Roy de Macedoine Perseus,
> que son esprit, ne s'attachant à aucune condition, alloit errant par*

---

36. Étienne de La Boétie, *Le discours de la servitude volontaire ou Contr'Un*,
texte établi par Malcom Smith, Genève (Droz), 1987, p. 35. Le texte le plus intéressant sur le *Contr'Un* reste *La question du politique* par P. Clastres et C. Lefort,
Paris (Payot), 1976 (avec reproduction du texte dans l'édition de P. Léonard).

> *tout genre de vie et representant des mœurs si essorées et vagabon-*
> *des qu'il n'estoit cogneu ny de luy ny d'autre quel homme ce fust,*
> *me semble à peu près convenir à tout le monde. Et par-dessus tout*
> *j'ai veu quelque autre de sa taille à qui cete conclusion s'applique-*
> *roit plus proprement encore, ce croy-je : nulle assiette moyenne,*
> *s'emportant tousjours de l'un à l'autre extreme par occasions indi-*
> *vinables, nulle espece de train sans traverse et contrarieté merveil-*
> *leuse, nulle faculté simple ; si que, le plus vraysemblablement qu'on*
> *en pourra feindre un jour, ce sera qu'il affectoit et estudioit de se*
> *rendre cogneu par estre mescognoissable* (III : 13 : 1077).

L'effet du *Contr'Un* est donc clair. La critique du politique
inhibe le portrait de l'un, dans la mesure où le pouvoir est d'abord
question de la liberté de chercher et d'imposer aux autres une image
qui les séduit et à laquelle ils se croient forcés de s'identifier, sans
pour autant perdre leur distance et leur quant-à-soi. La Boétie
l'avait déjà dit :

> *Grand'chose certes, & toutesfois si commune qu'il s'en faut de tant*
> *plus douloir & moins s'esbahir voir un million d'hommes servir mise-*
> *rablement, aiant le col sous le joug, non pas contrains par une plus*
> *grande force, mais aucunement (ce semble) enchantes & charmes*
> *par le nom seul d'un, duquel ils ne doivent ny craindre la puissance,*
> *puis qu'il est seul, ny aimer les qualites, puis qu'il est en leur endroit*
> *inhumain et sauvage*[37].

— et Montaigne le reconnaît tout aussi bien, qui s'affaire toujours
à démontrer en quoi ses rapports aux autres ne sont, comme sa
lecture des autres, que l'occasion de prendre distance ; de procla-
mer donc une individualité qui s'accommode bien de la norme et
de la coutume, mais qui se porte en faux des communautés. Toutes, excepté celle de la véritable amitié. Mais on a vu que celle-là,
Montaigne n'avait, après la mort de La Boétie, aucun espoir de
la reconstituer avec d'autres. Laissé pour compte, et songeant, on
l'a vu aussi, à reconstituer avec son lecteur une tradition d'intimité
perdue, Montaigne se doit d'expliquer en quoi sa « [b] forme universelle » (III : 2 : 813) ne se déploie que sur une plage moyenne,
celle où un seul homme a besoin pour être vu, non de l'*imperium*
et de l'*aura* des chefs d'état, mais de l'assentiment de la communauté à laquelle il s'offre en partage.

Quel droit Montaigne se reconnaît-il d'écrire, et qui plus est,
de parler de lui ? Il plaide d'abord le souvenir de l'ami perdu. Mais

---

37. La Boétie, *Discours*..., p. 34.

de cette réalité passée, il reste, outre l'image qui ne cesse de l'obséder, celle d'une association, d'une *confederation* modèle, qui fonctionnait comme un régime d'utopie : ce que je voulais, il le voulait aussi, et réciproquement. Il ne s'agissait que d'une âme, d'une volonté pour deux corps. La Boétie défunt, il reste, outre le souvenir, dont Montaigne est seul à posséder la forme spécifique, le signe de cette amitié, sous lequel il écrit son livre : l'autorité qu'il en retire. Autrement dit, cette vie et cette mort de l'ami qui ne se peuvent représenter, elles ont pour lui une fonction psychagogique : La Boétie le guide encore. Mais, aussi et surtout, une fonction politique. C'est de cette amitié qu'il dérive son autorité. Le texte le dit, et les exemples empruntés à l'histoire ne permettent pas d'en douter. Aussi bien, quand il s'adresse au lecteur, Montaigne peut bien affirmer que la vie privée de l'auteur n'est pas l'affaire du lecteur, mais la référence qu'il donne est celle de la norme et du droit : il se peint autant que la « [a] reverence publique » (« Avis », p. 3) le lui a permis, et tient à rester fidèle aux lois qui régissent son pays. En Europe, on ne se peint pas nu, parce qu'il y a une distinction entre moi et l'autre, entre le roi et ses sujets, entre l'auteur et son lecteur (« [a] [...] je n'y ai eu nulle consideration de ton service » (« Avis », p. 3)) ; mais, chez les cannibales, être chef, avoir l'autorité, c'est autre chose, puisque le capitaine n'est que le premier sur le sentier de la guerre (I : 31 : 214). Et c'est cette reconnaissance d'une signification dans le pouvoir, transcendant en même temps que justifiant la représentation, qui rend possible au siècle suivant le passage d'une écriture autobiographique latente comme celle de Montaigne, fonctionnant encore dans le contexte de la distanciation entre personne et personnage, à une autre écriture, narrative et historique, comme celle de Pellisson ou de Racine. Dans le chapitre sur l'amitié, le portrait reste donc une expérience-limite. Il dépeint un individu qui cherche sa propre image, sans être sûr d'avoir droit à une représentation non partagée avec son modèle, son *auctor,* d'une part (comment être soi-même, et non la copie, la moitié d'un autre ?), et avec son public, ses lecteurs, d'autre part (comment se donner à voir sans perdre dans ce partage, cette communication, rien qui constitue cette individualité ?).

Entre le monde de la peinture, celui du livre, et le référent politique, la série est d'ailleurs continue. Dans la perspective des *Essais,* livre bricolé sur d'autres livres, la problématique de représentation devient la problématique de l'écrivain qui cite, mais sans toujours citer ses sources, et celle de l'ami qui accepte la *confederation*, mais sans perdre son « [c] bout » (« [a] Aux confederations qui ne tiennent que par un bout, on n'a qu'à prouvoir qu'aux imperfections qui particulierement interessent ce bout là » (I : 28 : 192)). En peinture, tous les portraits de la première moitié du siècle, surtout les huiles, projettent l'*aura* de la fonction, la majesté du personnage dans des poses qui se répètent, et où les traits du visage, où les proportions du corps sont moins importantes que la représentation d'une fonction identifiable par le spectateur. Car si tout portrait, faisant le vide autour d'une figure, l'impose au monde, ce portrait n'est pas indépendant des regards auxquels il s'expose. Il invoque l'autorité du spectateur, en laissant le personnage glisser un regard vers son public. François Ier, dont le cheval est de profil, fait face, et Henri II et Charles IX, dont le corps est légèrement incliné vers la gauche du spectateur, lui parlent aussi (pl. 1, 2, 3). C'est comme s'il s'agissait de poser, sans admettre qu'on fût peint[38]. Ce *faire*, dont l'héritage est lourd, va s'imposant à mesure que le siècle avance. On y retrouve les principes de Machiavel : traiter le public qui vous regarde comme si vous le regardiez aussi, et laisser passer dans ce regard ce que le spectateur, ou, comme c'est la plupart des cas, le sujet, y recherchent, sans que les principes qui gouvernent vos actions transpirent dans la représentation qu'on donne de vous. La préface du *Prince* était déjà significative :

> [...] *car comme ceux qui dessinent les paysages se tiennent en bas dans la plaine pour contempler l'aspect des montagnes et leux hauts, et se juchent sur celles-ci pour mieux considérer les lieux bas, de même pour bien connaître la nature des peuples, il convient d'être Prince, et pour celle des Princes, être populaire. Reçoive donc Votre Magnificence ce petit don de tel cœur que je le lui envoie ; en le lisant et considérant avec attention, elle y apercevra l'extrême désir que j'ai qu'elle parvienne à la grandeur que la fortune et ses autres qualités promettent. Et si Votre Magnificence, du comble de sa hautesse, tourne quelquefois les yeux vers ces humbles lieux, elle connaîtra combien indignement je supporte une grande et continuelle malignité de fortune*[39].

38. Le portrait de François Ier est attribué à Jean Clouet et se trouve aux Offices à Florence, comme celui de Henri II par François Clouet. Le portrait de Charles IX, également par François Clouet, se trouve au Louvre.

39. Machiavel, *Le Prince*, texte annoté et présenté par Edmond Barincou, introduction de Jean Giono, Paris (Gallimard : Pléiade), 1964, pp. 289-90.

On dira qu'une des raisons qui font justement que le portrait machiavélien, ou du moins, son principe, a été si mal pris, est, non seulement qu'il ne tient aucun compte des clichés par quoi le *vulgus* des spectateurs se reconnaît dans son monarque (il en donne une parodie), mais qu'il interdit toute association possible avec le modèle en rendant les signes sur lesquels cette association se fonde inopérants. Il attend seulement du spectateur une reconnaissance, une soumission, qu'il rend séduisante par les prestiges de la couleur et du trait. C'est de cette distance que Machiavel parle à Lorenzo. Mais, cela dit, il est impossible de voir le roi de près : il ne se donne à voir que de loin, même si le portrait est en pied. Le portrait machiavélien propose une dichotomie entre un extérieur mouvant et sans importance, et un intérieur impénétrable. C'est le sens de la fable d'Esope reprise dans le *Prince* : le monarque n'est pas lion. Il est aussi renard[40]. De loin, les deux images s'accommodent dans le regard du spectateur. Comme dans le portrait de Charles IX, on a l'impression que le personnage attend de savoir ce qu'on va dire, ce qu'on pense de lui, pour laisser apparaître sur son visage les marques d'une décision quelconque. On serait ainsi bien en peine de dire ce que les portraits des rois mentionnés plus haut révèlent sur la personnalité des rois. Le peintre a laissé de côté les minuties (que le torse de François Ier est trop haut, que le corps de Charles IX est tourné d'un angle trop fort vers le spectateur), pour s'intéresser à ce qui n'est précisément pas discutable, et pas représentable, et constitue donc le roi *au-delà* de toute *confederation* : sa fonction monarchique.

2.*Le portrait vide*

Mais on voit aussi bien comment à la version politique de l'amitié de La Boétie, cimentée par le *Contr'Un* et illustrée par les portraits de fonction de l'époque, Montaigne préfère tout aussi bien une version artistique, qui estompe dans les prestiges de l'art les contradictions de la théorie. A l'envers d'un portrait d'apparat se love un portrait plus intime, mais encore mystérieux : le tableau vide mais entouré de « [a] crotesques » (I : 28 : 183). Le modèle du portrait vide, mais ombragé, fait son apparition à l'époque où

40. *Le Prince, op. cit.,* p. 341.

la peinture développe justement une perspective sur l'apparat. On trouve ainsi, dans les recoins de la galerie François Iᵉʳ à Fontainebleau et ailleurs, des exemples de fresques aux alentours d'un grand *vide* en guise de portrait — sans qu'on puisse dire qu'il s'agisse là d'une section inachevée de l'œuvre (pl. 4)[41]. On trouve aussi, dans les grands portraits *à sujet,* une décoration et un cadrage qui rappellent la mode dispendieuse de la description baroque : des riches tentures de damas dénotent ainsi, dans les portraits des dames au bain de l'école de Fontainebleau, le goût de la mise en scène. Mais des branches et de l'ombrage, on passe aussi, dans les albums au crayon ou à la craie qui font fureur à l'époque, à l'ombre tout court. Car on perçoit que ce qui fait bien l'image, ce sont les ombres, si on peut sentir que la substance de l'individu, sa face, sa personnalité sont à la fois cachés et révélés par le portrait. C'est seulement dans la mesure où l'ami s'estompe que Montaigne prend mieux conscience de la présence obscure de son lecteur : absent, lointain, inconnu, mais, mystérieusement proche dans son éloignement même. L'aparté mélancolique : « [c] La plus part de ceux qui me hantent, parlent de mesme les Essais : mais je ne sçay s'ils pensent de mesmes » (I : 26 : 172) semble faire écho, bien des années après, au discours philosophique : « [a] L'ancien Menander disoit celuy-là heureux, qui avoit peu rencontrer seulement l'ombre d'un amy » (I : 28 : 193). La peinture, et, en particulier, le portrait dessiné, ont ceci en commun avec l'absence et la mort que leurs prestiges, les ombres, les couleurs, impliquent un jeu même sur l'absence, un rite, dont Montaigne évoque les fondements religieux dans l'« Apologie » : « [a] Dieu a faict l'homme semblable à l'ombre ; de laquelle qui jugera, quand, par l'esloignement de la lumière, elle sere esvanouye ? » (II : 12 : 499). Si le concept d'ombre, du moins au sens moderne, n'apparaît pas chez Montaigne, et que le mot *ombre* fonctionne essentiellement dans le contexte métaphorique de l'opposition vie/mort, l'implication d'absence dans le texte est assez forte pour suggérer une référence aux techniques de la peinture et du dessin, et la référence symbolique à l'absence du trait ou de la couleur dans la description déses-

---

41. Mignon, d'après le Primatice : interprétation des encadrements conçus par le Primatice pour les peintures de la Chambre de la duchesse d'Estampes à Fontainebleau (Paris : B.N.).

pérée de l'ami perdu, dont l'image fuit sans cesse, ne laisse pas de
doute sur le désir d'un portrait libéré de son négatif :

> [b] *Comme quelqu'un pourroit dire de moy que j'ay seulement faict
> icy un amais de fleurs estrangeres, n'y ayant fourny du mien que
> le filet à les lier. Certes j'ay donné à l'opinion publique que ces pare-
> ments empruntez m'accompaignent. Mais je n'entends pas qu'ils
> me couvrent, et qu'ils me cachent : c'est le rebours de mon dessein,
> qui ne veux faire montre du mien, et de ce qui est mien par nature ;
> et si je m'en fusse creu, à tout hazard, j'eusse parlé tout fin seul.*
> [c] *Je m'en charge [d'emprunts] de plus fort tous les jours outre
> ma proposition et ma forme premiere, sur la fantaisie du siecle et
> enhortements d'autruy* (III : 12 : 1055).

Starobinski donne une interprétation existentielle de ce passage : le souvenir de La Boétie fortifie Montaigne dans un projet
qui affirme l'autonomie du sujet dans la constante reconnaissance
de sa dette à l'autre[42]. Mais cette affirmation n'est possible que sur
le mode métaphorique de la peinture, où, comme Montaigne le suggère lui-même : de son *dess(e)in*. Il est vrai que la distinction entre
dessein et *dessin,* qui date du dix-septième siècle, n'est pas encore
établie dans la graphie, et le dictionnaire de la langue du seizième
siècle de E. Hughet ne mentionne aucun exemple d'un *dessin* : seul
le verbe *desseigner* intègre les deux sens, et le mot *dessein* n'est compris que dans le sens de *avoir dessein.* Mais la métaphore est déjà
présente sous le couvert de la métonymie, comme on peut voir dans
cet autre texte : « [c] De faire ce que j'ay descouvert d'aucuns, se
couvrir des armes d'autruy, jusques à ne montrer pas seulement
le bout de ses doigts, conduire son dessein sous les inventions anciennes rappiecées par cy par là […] » (I : 26 : 147). Montaigne glisse
de l'abstrait au concret de la représentation. Dans les lignes qui
précèdent le texte que j'ai cité, il parle de ses défauts, et ajoute :
« [a] Si sçay-je bien combien audacieusement j'entreprens moy mesmes à tous coups de m'esgaler à mes larrecins, d'aller à pair quand
et eux, non sans une temeraire esperance que je puisse tromper les
yeux des juges à les discerner ». Déjà chez Montaigne, comme chez
les portraitistes du temps, l'*ombre* commence à désigner ce qui, effet
de l'art et de la lumière, est *donné à voir,* et n'existe que dans le
contexte d'une spécularité, d'une représentation agencée par

42. Starobinski, *op. cit.*, pp. 79-80.

l'ouvrier, le sujet peintre de lui-même, et comme dans le texte ici-même, l'*ouvrier* qui accomplit des actions comme si elles n'existaient que pour être données à voir : des peintures :

> *[b] A mesure qu'un bon effet est plus esclatant, je rabats de sa bonté le soupçon en quoy j'entre qu'il soit produict plus pour estre esclatant que pour estre bon : estalé, il est à demy vendu. Ces actions là ont bien plus de grâce qui eschapent de la main de l'ouvrier nonchalamment et sans bruict, et que quelque honneste homme choisit apres et releve de l'ombre, pour les pousser en lumière à cause d'elles mesmes* (III : 10 : 1023).

Or, ce que le texte figure, le dessein le représente. Le procès d'une représentation, non pas *étalée,* mais s'autorisant des rapports entre ombre et lumière, laisse entrevoir l'évolution du dessein au seizième à partir d'un tracé purement dénotatif. Comme le note Dimier, le tracé de la figure dans les portraits du maître IDC est totalement renouvelé par l'attention portée aux yeux, et la figure est maintenant le produit d'un rapport entre ses parties, et non plus l'effet imposé par un tracé, un contour (pl. 5)[43]. Les ailes du nez, les creux et les pleins des joues, le tracé des cheveux qui abandonne la technique du *poil à poil* pour faire jouer des reflets, donnent au spectateur une image inchoative. L'œil hésite entre différentes relations, et de cette hésitation naît le sentiment, la jouissance d'une présence en train de se constituer. Le portrait, dont le tracé est multiple, inégal, mérite donc, comme ce livre, une lecture multiple. La langue des *Essais* exprime souvent la nostalgie d'une communication immédiate :

> *[a] J'y viens tout preparé du logis ; il ne me faut point d'alechement ny de sause : je menge bien la viande toute crue ; et, au lieu de m'esguiser l'apetit par ces preparatoires avant-jeux, on me le lasse et affadit* (II : 10 : 414).

Et, de même que les amis pouvaient se comprendre et s'embrasser en se nommant, la perspective du livre, de l'œuvre fixée par l'écriture offre l'espoir d'une image nette. Du moins en est-il ainsi avec les livres des autres : « [c] Je demande en général les livres

---

43. Le portrait d'un inconnu (environ 1588) est au cabinet de l'Ermitage à Léningrad ; le portrait de la femme inconnue (environ 1585), au Louvre (on ne sait qui désigne le monogramme IDC ; voir : Louis Dimier, *Histoire de la peinture de portrait en France au seizième siècle,* Paris (van Oest), 1925, II, p. 270).

qui usent des sciences, non ceux qui les dressent » (II : 10 : 414).
Quant à son livre à lui, Montaigne nourrit certes le fantasme d'une
représentation idéale sur le modèle des autres : « [b] J'entends que
la matiere se distingue soy-mesmes. Elle montre assez où elle se
change, où elle conclud, où elle commence, où elle se reprend, sans
l'entrelasser de paroles, de liaisons et de cousture [sic] [...] (III :
9 : 995). Mais il est aussi vrai que la notion d'une image claire et
nette, qui anticipe chez Montaigne l'obsession classique, est problématique : le lecteur qui condamnait au chapitre des livres (chapitre consacré à la lecture, et non à l'écriture) les « [c] dialogismes
trainans » de Platon (II : 10 : 414), est l'écrivain qui, après s'être
flatté d'une écriture anomale (« [c] Cette farcissure est un peu hors
de mon theme [...] Mes fantasies se suyvent, mais parfois c'est de
loing [...] » (III : 9 : 991)), — avoue se délecter de la vision que
lui procure l'auteur du *Phèdre* : « [c] J'ay passé les yeux sur tel
dialogue de Platon, my party *d'une fantastique bigarrure* [...] »
(*ibid.*). Trop de netteté peut suggérer une absence de naturel. *Retou-
cher au contraire le dessein, c'est pour le peintre, comme pour l'écrivain qui sans cesse reprend son texte, pour en réduire ou en gau-
chir le tracé, donner l'idée d'une plénitude dont le crayon ou la
plume ne communiquent que l'extérieur.*

Que Montaigne est au moins conscient du contexte métaphorique du portrait, la citation qui suit la référence au portrait de René
de Sicile en fait foi (*se peindre d'un crayon*). Mais la relation allu-
sive entre portrait de plume et portrait au crayon va plus loin. Elle
recoupe, par le jeu de l'absence et de l'ombre, celles entre présence
et absence, nature et art qui traversent tous les *Essais*. D'un côté,
l'écrivain admet que son travail de marqueterie, la collation des
ouvrages des autres lui a permis d'affirmer sa production :

> [a] *Je les produisis crues et simples, d'une production hardie et forte,
> mais un peu trouble et imparfaicte ; depuis je les ay establies et for-
> tifiées par l'authorité d'autruy, et par les sains discours des anciens,
> ausquels je me suis rencontré conforme en jugement ; ceux là m'en
> ont assuré la prinse, et m'en ont donné la jouyssance et la posses-
> sion plus entiere* (II : 17 : 658).

Mais, de l'autre, il est conscient du fait que son œuvre n'est
que représentation. Il manque la chair, et la citation suivante souligne, dans sa *Verneinung* ironique d'une représentation qui coû-
terait trop — de corps et d'intimité —, le désir de la réalité

ombreuse, absente : la plume n'est trempée que [...] d'encre : « [b]
C'est assez de tramper nos plumes en ancre, sans les tramper en
sang » (III : 1 : 802). Or une des fonctions du portrait est justement de combler, et d'excéder, par la *re*présentation — non seulement, substitut et indice de la chose représentée, mais encore son
multiple, qui répète et prolifère l'image —, le manque inhérent au
donné à voir, même si le surplus de cette représentation rend l'original plus mystérieux et plus désirable, et donc plus insaisissable :

> [c] *Les philosophes, avec grand raison, nous renvoyent aux regles
> de la Nature ; mais elles n'ont que faire de si sublime cognoissance :
> ils les falsifient et nous presentent son visage peint trop haut en cou-
> leur et trop sophistiqué, d'où naissent tant de divers pourtraits d'un
> subject si uniforme* (III : 13 : 1073).

Montaigne parle des nombreux portraits qu'il a fait faire à différentes époques de sa vie, et ce n'est pas non plus un hasard si
cette vogue du portrait est due à une vogue de reproduction : « [b]
J'ay des portraits de ma forme de vingt et cinq et de trente cinq
ans » (III : 13 : 1102). Les portraits s'échangeaient entre monarques, amis et amants, comme le rappelle la fameuse scène du vol
du portrait dans la *Princesse de Clèves*[44]. On a déjà remarqué que,
dans la colonie des artistes italiens que Charles VIII ramène d'Italie, il n'y avait pas de peintre. Les inventaires montrent surtout des
tapisseries et des meubles. L'irruption du portrait, aux côtés de la
décoration proprement dite, correspond à une modification du
goût. Les succès de la cour de France produisent une représentation politique en peinture, dans laquelle le roi est à la fois sujet
et objet, destinateur et destinataire de la représentation. Par là le
pouvoir se donne en spectacle. Mais si le portrait d'apparat commence à apparaître au seizième siècle, et si sa problématique même
n'est pas insignifiante dans le contexte des *Essais,* et de leur auteur
qui hésite constamment entre une représentation officielle qui le
justifierait en tant qu'auteur, vis-à-vis de ses lecteurs, et une autre,
plus intime et privée, qui raviverait son souvenir chez ses parents
et amis, — son histoire, qui culmine en France avec les Mansart
et les Lebrun, se place sous le signe de la copie et de la répétition.

---

44. *La Princesse de Clèves,* tome deuxième, Mme *de La Fayette : Romans et
nouvelles*, édition de E. Magne, introduction de Alain Niderst, Paris (Garnier), 1970,
pp. 301-2.

Parce que les portraits à la craie ou au crayon étaient facilement reproductibles, les figures des personnages les plus illustres de la cour passent dans le public, et les nobles échangent entre eux des copies. La fortune de l'album, dans lequel des copies de qualité souvent inférieure satisfont le désir d'appropriation visuelle du collectionneur, et orientent son goût vers une production typologique, n'est pas pour rien dans la constitution du portrait d'apparat. Ajoutons à cela les grands travaux décoratifs à Fontainebleau, et nous pouvons conclure à l'importance d'une représentation que fonde le double principe d'une reconnaissance immédiate et d'une large diffusion : rêve que Montaigne poursuit lui-même et pour La Boétie dans la publication des *Essais*. Or, ce que les portraits au crayon rendaient inévitable, c'était la référence, indéfiniment reproductible à un système de représentation dans lequel l'individu est constamment en quête d'image et prêt à être représenté. Que ce système sous-tend la production picturale, mais aussi la production littéraire, les *portraits* du milieu du siècle, en particulier ceux de la *Parfaicte Amye* ne permettent pas d'en douter[45]. Mais, dans cette représentation, la visée de l'artiste frappe par son caractère officiel, sa dignité : comme dans le tableau de François Ier à cheval déjà mentionné, où l'objet du peintre est, ostensiblement, d'affirmer la majesté royale[46]. On n'est, dit Montaigne, jamais aussi bien qu'à cheval : « [a] Je ne démonte pas volontiers quand je suis à cheval, car c'est l'assiette en laquelle je me trouve le mieux » (I : 48 : 289). Il y a dans cette affirmation, en plus d'une remarque sur le confort du soldat et du gentilhomme, le sentiment d'un équilibre, d'un pouvoir, que seul un accident pourrait bouleverser, comme dans le récit de la fameuse chute de cheval au chapitre « De l'exercitation » (II : 6 : 372-77), ou celui de la chute de l'Inca à bas de la litière qui le menait au combat au chapitre « Des coches » (III : 6 : 915).

Une autre particularité du tableau d'apparat est que le personnage qui y paraît en fonction, y paraît seul. Partie d'un établissement, d'une communauté, mais seul. Et c'est à la fois cette solitude, et ce lien qui l'unit à d'autres qui lui donnent son autorité, voire sa majesté. Il est, en effet, frappant qu'à une époque où échan-

45. L'ouvrage d'Antoine Héroët, *La Parfaicte Amye de cour,* publié en 1542, eut un succès énorme, et fut réédité plus de vingt fois.

46. Voir supra, p. 72.

ger portraits est un signe d'amitié et de convivance, comme dans l'épisode du roi René à Bar-le-Duc, ce même échange serve la diplomatie et les relations d'état à état, entre personnages qui ne se connaissent pas, mais ne manquent pas d'échanger leur *figure*. Aussi bien le portrait de François Ier que celui de ses deux successeurs sont marqués plus par le désir de représenter la majesté du modèle que les caractères propres de la personne. Il s'agit de mettre en valeur ce qui n'est pas de la personne même, mais fait partie du discours de tous sur cette personne, de produire un effet en créant une béance entre personne et personnage. Dans les trois tableaux mentionnés, les monarques sont à la fois en fonction de roi, c'est-à-dire donnant à voir la royauté par le cérémonial de leur pose, et simples modèles, dont le peintre veut rendre une semblance, l'allure générale, qui oriente le portrait. Or, pour des raisons diverses, qui sont dues aux conditions d'exécution du tableau-portrait (d'une part, les tableaux à l'huile ne sont généralement pas peints d'après nature, mais sur des esquisses au crayon ou à la craie ; et, d'autre part, la diffusion des portraits au crayon ou à la craie empêche une attention soutenue au détail), l'objectif de la représentation est restreint. Faute de pouvoir se concentrer sur les détails, le peintre recherche l'effet d'ensemble. Et c'est plus dans une prose, dont il s'agit de communiquer le principe au spectateur que dans un sentiment (aucun des trois portraits ne communique une émotion définie) que le travail du peintre se remarque. Autant dire que la peinture, qui met en scène, met à distance. Au spectateur qui contemple le tableau fini, ce n'est pas l'intimité de la personne qui est communiquée, mais sa fonction.

Est-ce à dire que la peinture, comme ailleurs l'écriture, a sa propre forme, qui échappe au contrôle du peintre ? Est-ce à dire aussi que, dans la communication de ce qu'il doit « [c] universellement » au public (III : 5 : 887), Montaigne ressent la difficulté impassable de la représentation ? L'amitié avait prévenu cet échec, puisqu'elle avait permis de conjoindre le sentiment de la forme intime avec celui de la fonction. L'épisode de Blosius et de Tiberius Gracchus au chapitre 28 démontre que pour deux amis à l'antique, la distance entre l'être et le paraître, l'individu et le pouvoir, est nulle. Bien mieux : la question du pouvoir ne se pose pas, puisque, comme dit Montaigne, il est impossible qu'un des amis exige de l'autre quelque chose qu'il ne ferait pas lui-même ; les amis se comportent dans la vie de tous les jours comme ils se comportent dans la relation :

> [c] Au demeurant [a] cette responce [[a] Et quoy, s'il t'eust commandé de mettre feu à nos temples ?] ne sonne non plus que feroit la mienne, à qui s'enquerroit à moy de cette façon : Si vostre volonté vous commandoit de tuer vostre fille, la tueriez-vous ? et que je l'accordasse. Car cela ne porte aucun tesmoignage de consentement à ce faire [...] (I : 28 : 189).

Mais une fois, qu'on est seul, sans ami, dans un cabinet, une *librairie* ou un atelier, la dichotomie éclate : l'union, la *confederation* est dissolue qui existait entre la personne et la fonction — ou plutôt, dans l'affirmation du statut politique ou social de la personne, c'est la complexité et la richesse du caractère qui est oblitérée. On doit donc choisir : ou bien le portrait est d'apparat, ou il est intime. Mais Montaigne, qui clame partout son dégoût pour les affaires d'état, et défend une œuvre privée, est bien obligé, pour convaincre son lecteur, d'user de son autorité *royale* : la dénégation même qui clôt l'« Avis au lecteur » (« [a] Si c'eust été pour rechercher la faveur du monde [...] Je suis moi-mesmes la matiere de mon livre : ce n'est pas raison que tu employes ton loisir en un subject si frivole et si vain ») n'est qu'une des nombreuses parades, qui lui permettent, tout au fil de son livre, de prouver au lecteur que sa [a] « forme naïfve » est en harmonie avec la « reverence publique » (« Avis », p. 3). Il n'est donc pas étonnant que, fasciné, comme La Boétie, par un pouvoir qu'il se refuse à représenter publiquement, il ait fait sienne l'idée du Roi René : se peindre de la plume, comme d'un pinceau, pour se livrer à ses lecteurs, comme le Roi de Sicile se livre au Roi de France.

Or s'il est vrai que le portrait que Montaigne nous donne de La Boétie est un portrait privé au milieu des affaires publiques ; que l'amitié entre les deux hommes fonctionne à part d'une vie politique et sociale dans laquelle ils sont tous les deux engagés ; que c'est justement le désir de mettre en valeur une vie privée à l'intérieur d'une vie publique qui anime Montaigne dans sa lecture des *res gestae,* puisque, dans les livres il cherche avant tout des portraits, ou au moins des vignettes, on peut aussi dire que le mode descriptif des *Essais* est en relation avec l'évolution du portrait dans un sens plus intime, que l'appel au spectateur, tel l'appel au lecteur des *Essais,* rendait déjà urgent. La deuxième partie du siècle voit l'essor du portrait au crayon, qui se généralise, et déplace le portrait à la craie du début du siècle. Quant Montaigne pose la question de savoir s'il n'est pas tout aussi loisible de se peindre à la plume qu'au crayon, la question n'est pas seulement théorique et politique, mais témoigne aussi d'une évolution du goût. S'il est vrai que le crayon est aussi facilement reproductible que la craie, il permet néanmoins une meilleure délinéation des traits, et par l'usage des crayons de couleur, une approximation encore plus frappante des surfaces. Dimier rapporte que les portraits au crayon prennent toute leur vogue dans un contexte à la fois politique et intimiste, et non plus seulement d'apparat, comme dans au temps de François Ier. Plus tard, on l'a vu, alors que les guerres de religion divisent la France et l'Europe, les portraits des chefs de parti s'échangent. On voulait connaître la figure des rebelles, comme celle des Ligueurs. Le portrait contient alors la prémisse d'une sympathie, d'une communion entre le spectateur et le modèle. L'image qui est donnée dans le dessein produit un effet de reconnaissance, qui va plus loin que la simple représentation d'une majesté, sur laquelle il y a peu à dire, parce que les sentiments ne sont pas en cause. Le portrait implique que la représentation est marquée par certains traits à nuls autres pareils, dans le cadre d'un genre qui reste tout de même très typologique.

C'est bien le cas des portraits de François Quesnel (pl. 6). Le modèle est de trois-quarts, mais les yeux regardent de face. On ne saurait dire que la masse des détails est supérieure à celle qu'on trouve dans les portraits des Clouets. Dans les deux cas, le crayonnage fait ressortir la silhouette, l'extérieur par quoi se délimite un visage. La différence est que, par une indication subtile d'ombre sur les parties du visage, les joues pour M. de Malevirade, la bouche pour la femme inconnue, même si, comme le pense Dimier, la facture de ces portraits n'est pas aussi habile que celle du maître IDC, Quesnel a su donner l'impression d'une hauteur ou d'une profondeur qui complémente le regard : le modèle paraît attentif[47]. C'est donc que, dans sa portraiture, le crayonneur a su isoler, non

47. Les portraits de François Quesnel sont, dans le sens des aiguilles d'une montre, celui de Henri de Gondi, au Cabinet des Estampes, celui d'une femme inconnue, catalogué par Dimier lors de la vente Wickert, celui de M. de Malevirade et celui de Henriette d'Entragues, tous deux au Cabinet des Estampes.

seulement un modèle, mais un sujet pour qui l'acte de poser signifie autre chose qu'une disponibilité : la « maladresse » et la grosse
simplicité, dénoncées par Dimier, sont dues à la rapidité et l'insistance avec lesquelles le peintre recherche un effet de présence, qui
aurait pu être du goût de Montaigne. Ce qui passe dans l'image,
c'est le sentiment d'une occupation, d'une intention qui rend chaque portrait différent du suivant, et qui, dans l'ignorance où l'on
est bien de l'original, ne permet pas de douter que l'artiste a exécuté une œuvre authentique. Quesnel représente donc assez bien
le compromis auquel on arrive à la fin du seizième siècle. Alors
que la question se posait d'une relation entre image croquée sur
le vif et portrait terminé en studio, d'une relation entre imitation
selon nature et imitation selon les règles de l'art (on sait que le maître
lançait une esquisse que les disciples finissaient dans l'atelier, en
mêlant au portrait final des traits empruntés à d'autres esquisses),
les portraits de Quesnel, comme ceux du maître IDC, donnent
l'espoir d'une relation plus directe entre modèle et artiste, dans la
mesure où le trait de crayon utilise des procédés généraux (l'ombre,
le tracé des différentes parties du visage), pour communiquer justement une impression plus spécifique de la personne. Le dilemme
que s'était posé Dürer d'une figure répondant à des règles générales transcendant l'objet de la représentation, et qui semblait pour
toujours éloigner la possibilité d'une représentation spécifique, est
ici résolu au profit d'une œuvre partielle (un dessin, un visage),
dans laquelle les détails deviennent moins importants que la présence que l'image transmet au spectateur, et qui semble antécéder
ou supplanter le besoin de reconnaissance même.

   Au fond, la promesse de l'amitié, c'était le sentiment d'une
existence sous un mode double, qui rendait superflu le besoin de
reconnaissance. Que serait donc un portrait qui, comme dans le
cas des portraits du maître IDC ou de Quesnel, donnerait à voir
une figure inconnue (Montaigne n'est ni le parent ni l'ami du lecteur), mais proche et familière, un patron qui paraît obéir aux règles
d'un art secret, tout en révélant bien les raisons toutes actuelles de
sa justesse ? Le fameux passage du chapitre « Du démentir », dans
lequel Montaigne se targue d'avoir écrit un livre « [c] consubstantiel » (II : 18 : 665), un livre, donc, qui serait l'équivalent de l'âme
et du corps de l'ami perdu, et par lequel il pourrait communiquer
avec un nouvel ami inconnu et anonyme, le lecteur, est intéressant

justement par la comparaison qu'il suggère avec l'art du portrait.
Montaigne se flatte et se plaint à la fois d'avoir tiré un portrait
exact, parce qu'infiniment recommencé (« [c] [...] dresser et recom-
poser » (I : 28 : 190)), mais, dans l'effort pour produire un moule
exact, il a découvert une production plus exacte par le *faire* que
par le détail. Finalement, il admet que l'image donnée par le livre
vit de sa propre vie, et sans référence à un modèle extérieur, lui-
même, qui continue de résider hors les marges du tableau qu'il transcende et déplace. Montaigne se plaît mieux à lui-même par un effet
de l'art (« [c] de couleurs plus nettes que n'estoyent les miennes
premieres » (*ibid.*)). Dans ces quelques lignes, on reconnaît aussi,
dans la référence à ceux qui ne peignent que des esquisses, et que
Montaigne rabaisse ironiquement au niveau de ceux qui ne décrivent qu'avec des mots (« [c] par langue » (*ibid.*)), une critique de
ceux pour qui l'art du portrait n'est qu'un passe-temps. Les termes dans lesquels il décrit sa propre peinture (« [c] de toute sa foy,
de toute sa force » (II : 18 : 665)) sont ceux-là mêmes qu'il avait
utilisés pour décrire la représentation du double portrait de l'amitié : jusqu'au fond des « [a] entrailles » (I : 28 : 190) :

> *[c] Et quand personne ne me lira, ay-je perdu mon temps de m'estre
> entretenu tant d'heures oisifves à pensements si utiles et aggreables ?
> Moulant sur moy cette figure, il m'a fallu si souvent **dresser et com-
> poser** pour m'extraire, que le patron s'en est fermy et aucunement
> formé soy-mesmes. **Me peignant pour autry, je me suis peint en moy
> de couleurs plus nettes que n'estoyent les miennes premieres.** Je n'ay
> pas plus faict mon livre que mon livre m'a faict, **livre consubstan-
> tiel à son autheur,** d'une occupation propre, membre de ma vie ;
> non d'une occupation et fin tierce et estrangere comme tous autres
> livres. Ay-je perdu mon temps de m'estre rendu compte de moy si
> continuellement, si curieusement ? Car ceux qui se repassent par
> fantaisie seulement **et par langue** quelque heure, ne s'examinent pas
> si primement, ny ne se penetrent, comme celuy qui en faict son
> estude, son ouvrage et son mestier, qui s'engage à un registre de
> durée, de toute sa foy, de toute sa force* (II : 18 : 665).

Qu'en est-il de cette peinture pour « [a] autry » qui n'est en
fait qu'une peinture faite à sa propre finalité ? Comment cela est-
il possible ? Même s'il y avait une réponse à cette question, Montaigne ne saurait en être satisfait. L'inquiétude qui suscite l'interrogation concerne l'individualité, la singularité de toute personne,
et l'auteur des *Essais* avait déjà eu l'occasion de réfléchir sur ses
causes profondes dans le chapitre « Des noms » (I : 46). Rêvant

sur le destin des armoiries, il s'était demandé en quoi la « [b] figure » de blason (I : 46 : 279), « [b] armée de gueules, mise en face » (*ibid.*), donnait de lui sa juste image. Mais après tout, il en est des armoiries comme des titres, et des noms : « [a] Ce sont traicts de plume communs à mill'hommes [...] Qui empesche mon pale-frenier de s'appeler Pompée le grand ? » (279-80). Ailleurs, il affirme aussi que les noms les plus significatifs sont justement ceux qui ont le moins de *voix* et de *figure,* et que la peinture n'a d'utilité que de nous donner la métaphore et l'approximatif des choses : « [c] [une action que nous avons mise en la franchise du silence] [...] Ny n'osons la fouëtter *qu'en périphrase et peinture* » (III : 5 : 848). Le problème de l'autoportrait cristallise donc pour Montaigne la souffrance d'un sujet privé de l'altérité qui l'aidait à se passer de représentation, puisqu'ami, il pouvait être entièrement soi-même pour un autre. A présent, les couleurs dont il userait sont plus vives que de nature, pour compenser ce manque, et quoiqu'il soit maintenant redevable à l'image qu'il s'est peinte, imprimée encore mieux « [c] en papier qu'en la chair vifve » (II : 18 : 665), et où personne, sinon lui, ne peut voir le reflet de son ami, il se demande si c'est bien lui ou un autre qui figure au livre, la copie d'un original à jamais débouté de son propre tableau : « [c] Les plus délicieux plaisirs, si se digerent-ils au dedans, fuyant à laisser trace de soy, et fuyent la veue non seulement du peuple, mais d'un autre » (II : 18 : 665).

Montaigne laisse donc son livre au lecteur comme une œuvre équivoque. Ce qu'il avait composé comme reflet de l'autre, et qui n'avait de sens que dans le contexte de son amitié avec La Boétie, et malgré les difficultés politiques d'une mise en représentation, doit maintenant prendre sens dans le contexte d'une relation au lecteur. Autrement dit, l'écrivain, qui regardait au *speculum* du papier, et qui n'y trouvait que son image, et donc la trace de l'autre, écrit maintenant pour un lecteur qui ne trouve dans les lignes des *Essais* que sa propre image d'un Montaigne le regardant, mais lui déniant toute familiarité, tout rapport intime, puisque c'était pour un autre, La Boétie, et ce dernier défunt, pour lui l'auteur, image double de l'ami perdu, que le livre est écrit. Dans ce quiproquo, cette substi-tution par laquelle celui qui se regarde au miroir de son œuvre ne se voit plus tout seul, mais est vu par d'autres se voyant, l'auto-portrait prend, comme le suggère Bonafoux, une mesure bizarre, fantastique[48]. Le livre, substitut parfait d'amitié, n'est plus qu'un indice de relation. C'est un objet d'art. Que la problématique du vrai et du faux recoupe à la fois celle du portrait et de l'autoportrait n'est pas douteux, puisque c'est dans le même chapitre « De la praesumption » où il débat de ce qui lui est propre et de ce qui lui vient des autres (« [a] [la] capacité de trier le vray, quelle qu'elle soit en moy » (II : 17 : 658)), que l'idéal du portrait parfait se mêle au souvenir de La Boétie :

> [a] Et le plus grand que j'aye conneu au vif, je di des parties naturelles de l'ame, et le mieux né, c'estoit Estienne de La Boétie : c'estoit vraiment un'ame pleine et qui montroit un beau visage à tout sens (659).

Avec La Boétie, l'image était parfaite, puisque son portrait eût incorporé toutes les vertus. Mais l'auteur, laissé seul aux prises avec sa *matière,* voit dans le miroir de son œuvre une image qui non seulement pâlit au souvenir de l'ami perdu, mais dont l'artifice est apparent. Montaigne a clairement le sentiment de se faire passer pour un autre, et, à la différence de La Boétie, dont l'image faisait encore ressortir ce que l'étude et la science avaient ajouté à l'original (« [a] ayant beaucoup adjousté à ce riche naturel par science et par estude » (659)), il a peur que sa propre image s'efface derrière la référence à l'autre, et il s'en tire par une coquetterie. Son œuvre est de peu, et il se targue de ses limites :

> [a] Comme un artisan tesmoigne bien mieux de sa bestise en une riche matiere qu'il ait entre les mains, s'il l'accommode et mesle sottement et contre les regles de son ouvrage, qu'en une matiere vile, et s'offence l'on plus du defaut en une statue d'or qu'en celle qui est de plastre. Ceux-cy en font autant lors qu'ils mettent en avant des choses qui, d'elles mesmes et en leur lieu, seroyent bonnes : car ils s'en servent sans discretion, faisans honneur à leur memoire aux depens de leur entendement : ils font honneur à Ciceron, à Galien, à Ulpian et à saint Hierosme, et eux se rendent ridicules (II : 17 : 659).

Or, cette fausse modestie n'est pas sans justification. L'exercice d'une représentation politique, dans laquelle le roi constituait la référence, ne saurait empêcher le développement d'une peinture de portrait intime dans laquelle le roi pose en tant qu'individu. A

---

48. P. Bonafoux, *Portraits of the Artist : the Self Portrait in Painting.* New York (Skira-Rizzoli), 1985, pp. 22-3.

ce développement, deux raisons. La première est une raison technique : le dessein au crayon devient, on l'a vu, un médium de plein droit, et le portrait n'est pas réservé à la seule peinture. L'autre raison est purement politique. De même que le roi comptait sur une représentation privée, en même temps que publique, pour authentifier son règne, de même, les nobles et les bourgeois commencent, par imitation, à rechercher une image privée et indépendante, qui communique le sentiment d'une individualité spécifique dans l'apparat de la fonction. Des portraits qui servaient d'abord, selon la tradition hollandaise, de témoignages ou de preuves juridiques, et qui n'avaient donc pas besoin d'être travaillés, deviennent, surtout s'ils sont couchés dans un médium préparatoire, le crayon, des représentations en soi. C'est cette privatisation de la représentation, en même temps que l'utilisation d'un médium provisoire comme le crayon, qui rend les portraits de la fin du siècle contemporains de Montaigne particulièrement intéressants. Le thème de l'intimité sévère, encore bien *royale,* mais, certes, plus personnelle, qu'ils cherchent à communiquer est d'ailleurs bien vite repris par la peinture à l'huile. L'individu, le particulier, a droit de regard et au regard. Il n'est plus temporaire. Dans le « Portrait d'un inconnu » par Pierre Corneille, au Metropolitan, on saisit, par exemple, le transfert au sujet individuel d'une majesté qui ne devait appartenir qu'au monarque. Mais parce que ce modèle, même de qualité, n'est qu'un simple particulier, et non plus le roi ou même un grand, il lui reste dans l'expression quelque chose qui échappe au stéréotype des monarques en pied ou à cheval. Cette transformation est aussi un effet des conditions d'exécution. Comme l'artiste exécute un portrait à la craie, et bientôt plus souvent, au crayon, qui va lui servir d'esquisse préparatoire à la peinture qu'il compose dans la solitude de son atelier, une fois séparé du modèle, le portrait retient donc une individualité, une exactitude et une fraîcheur, que la peinture, officielle, éloignée, sinon aliénée, ne saurait avoir. Parce que ces esquisses sont inachevées, elles ont aussi une qualité de devenir et de possibilité que le fini du tableau a perdue. D'un côté, elles retiennent l'idée d'une image privée, prise sur le vif, intime, et que le spectateur peut ensuite lire dans le secret de son cabinet. Mais, de l'autre, comme le portrait devient, on l'a vu, une monnaie d'échange, aussi bien au privé qu'en politique, on comprend l'attrait d'un médium qui combine les prestiges de la représentation traditionnelle avec les secrets d'une jouissance individuelle.

C'est donc un mélange de vrai et de faux, d'universel et de singulier que le portrait propose. D'un côté, il est plus vrai parce que croqué sur le vif, et, d'autre part, il est moins vrai, parce qu'il suggère une attitude entre d'autres. Mais le manque de vérité est aussi plus profond et plus angoissant. Si on change tout le temps, la forme est abondante, et, pour en revenir au thème du peintre du début du chapitre sur l'amitié, on ne sait pas qui est peint. Le texte des *Essais,* qui affirme l'unicité du portrait de soi, contient le germe d'une anxiété profonde. Montaigne répète trop souvent que le centre est vide, et, comme ici, que ce ne sont là qu'*inepties,* et on sent la peur que le spectateur voie dans le cadre du portrait, non pas l'auteur, mais un type. Le portrait, surtout le portrait à la craie et au crayon, est donc vrai, mais il est plus que le portrait d'un individu. Il représente un type dans sa vérité générale. C'est dans le type que se reconnaissent les individus. D'où, à nouveau, l'idée d'échanger les portraits. Cet échange peut se faire à deux niveaux. A un premier niveau, il s'agit de l'échange entre hommes d'état, comme lorsque Montaigne a vu le portrait du roi René. A un deuxième niveau, figuré, il s'agit du portrait que l'écrivain confie à ses lecteurs : portrait véridique, malgré le vide central :

> [a] Quoy qu'il en soit, veux-je dire, et quelles que soyent ces *inepties,* je n'ay pas délibéré de les cacher, non plus qu'un mien pourtraict chauve et grisonnant, où le peintre auroit mis, non un visage parfaict, mais le mien (I : 36 : 148).

A ce niveau, la critique des portraits publics et d'apparat est claire. Montaigne déclare qu'il a résolu de ne pas « [c] se couvrir des armes d'autruy » (I : 26 : 148). Il a déjà dit dans l'« Avis » qu'il vise ses « [a] parents et amis » (p. 3), comme les nobles qui collectionnaient les portraits au crayon et en faisaient des albums de famille. Mais ce que l'idée du portrait crayonné suggère, et ce qui est développé dans le chapitre sur l'amitié, c'est l'idée d'une certaine imprécision dans l'attribution. D'un côté, Montaigne refuse les armes des autres, mais de l'autre, il reconnaît que c'est dans l'étude des autres qu'il peut se découvrir : « [c] Je ne dis les autres, sinon pour d'autant plus me dire » (I : 26 : 148). Non seulement, l'identité que Montaigne recherche est mêlée à celle de La Boétie, mais le portrait de La Boétie est difficile à rendre, surtout depuis

qu'il est mort, et que les éditions pirates ont rendu caduque la publication originale qu'escomptait Montaigne. Il avait escompté de faire
paraître le *Contr'Un* à la place d'honneur. Il se voit maintenant
obligé d'y substituer un autre ouvrage : « [a] Or, en eschange de
cet ouvrage serieux, j'en substitueray un autre, produit en cette
mesme saison de son aage, plus gaillard et plus enjoué ç (I : 28 :
195). Le cercle des substitutions est donc de plus en plus étendu.
Il s'agit toujours de la même référence, mais le portrait est différent, comme dans ces albums de portraits où les mêmes traits, les
mêmes attitudes sont assignées à des personnages distincts. Par économie, et parce que le peintre n'arrivait jamais à produire tous les
portraits à l'huile qu'on lui commandait, ses esquisses au crayon
passaient entre les mains, et vite reproduites. Dans le cas présent,
la reproduction, assurément impossible — puisqu'une amitié telle
ne vient qu'une fois en plusieurs siècles —, est rendue automatique par le fait que le défunt continue à revenir dans le cadre de
l'ami présent, et que ce qui se présente au lecteur, c'est donc la
peinture d'une amitié typique, comparable à celle des anciens, dans
l'album des familles antiques que Montaigne ne cesse de feuilleter.
Mais cette hésitation sur l'autre ou le même chez l'artiste qui cherche toujours vérité et authenticité dans la représentation, c'est la
même qui rend équivoque l'offre d'un portrait tantôt du moment,
ramassant des traits uniques au vif de l'instant, et tantôt cherchant
dans une pose étudiée l'exemple de l'humaine condition, type s'il
en est. Du chapitre sur l'amitié, qui affirme l'unicité et la non-
reproductibilité de l'expérience montaignienne, au chapitre « De
l'expérience », qui affirme l'universalité du modèle montaignien, il
n'y a qu'un pas, rendu possible par l'inexactitude du portrait.

III. LA POSTÉRITÉ DE L'AMITIÉ

1. Un nouvel effet-La Boétie

S'il y a un effet — La Boétie dans les *Essais,* c'est surtout, on l'a vu, parce que sa mort est prétexte à Montaigne d'une exploration de soi que la relation avec l'être vivant avait *masquée.* Or c'est ici que la conjonction des topiques classiques de l'amitié et d'un procès de deuil et de mélancolie prend toute son importance : le chapitre 28 du livre I instaure une pragmatique de l'être et de l'autre, parce qu'il permet de retrouver dans la tradition une trace du passage de l'autre à travers l'ami, à la connaissance médiée de soi. Il s'agit de faire saisir le portrait de l'ami par une référence à la topique qui lui donne d'abord un sens. La Boétie-Montaigne, c'est d'abord Scipion-Laélius, et l'amitié qui unit les deux hommes doit autant aux modes du discours antique sur l'amitié qu'aux images, aux *casus* développés par ce discours. Il s'agit de faire passer la petite histoire au niveau d'une histoire tout court. A un premier niveau, la fréquentation des modèles antiques amène Montaigne à considérer l'amitié dans le contexte des livres et des discussions des philosophes. Or, quelles que soient les différences qui séparent les grands textes sur l'amitié d'Homère à Sénèque et à Plutarque, il est une constante qui les rassemble : parler de soi et parler de l'autre ou des autres n'implique pas une reconnaissance fondamentale de l'altérité qui différencie entre un sujet et le reste du monde. Quel que soit le degré de dépendance effective entre un sujet et le monde qui l'entoure (son *autarcie*), ce sujet est toujours en mesure d'œuvrer pour son bonheur propre, sans préjudice de l'existence des autres, parce que le lien qui relie un sujet au monde n'est pas existentiel, mais objectif et rationnel. Le problème d'une dichotomie entre un monde personnel et celui d'autrui n'a pas cours. Comme l'ont montré Voelke et d'autres, les concepts qui articulent les institutions transcendant l'individu sont les mêmes que ceux définissant les relations d'individu à individu[49]. Aussi bien chez Aristote que chez les Stoïques, les rapports humains sont analysés du point de vue de la finalité des conduites individuelles (quels sont les moyens qui permettent au mieux à l'homme de réaliser son être ?) et des effets de ces conduites sur les autres, sans que ni l'une ni les autres ne mettent en question le lien métaphysique qui unit un homme à tous les autres hommes au sein de communautés politiques et restreintes auxquelles il participe[50]. L'amitié est fondamentalement sur le même plan que la justice qui règle tous échanges et représentations. Montaigne avait ainsi pu lire dans l'*Éthique à Nicomaque,* dont il possédait un exemplaire : « Chacune des constitutions politiques donne naissance, c'est évident, à une amitié qui lui correspond, dans la même mesure où elle donne aussi naissance à une justice qui lui correspond »[51]. La différence entre l'amitié et la justice est que l'amitié, du moins l'amitié de premier ordre, entre hommes vertueux, concerne le partage de la vie, du savoir, des joies et des peines avec un autre, et qu'elle remplit donc une fonction spéciale dans l'ordre civique et familial. Elle est ce qui permet à l'homme, non seulement de vivre dans un ordre où les échanges sont réglés, mais aussi de jouir des effets de ces règles et le distingue donc des animaux : quand des animaux paissent dans le même pré, ils ne sont pas pour autant amis[52].

C'est ce même sentiment d'une amitié réglée sur un mode transcendant, *démiurgique,* que conçoivent, dans des mondes entièrement différents, Stoïciens et Épicuriens. Pour les Stoïciens, il s'agit moins du plaisir que procure l'association avec un autre que d'une

---

49. André-Jean Voelke, *Les rapports avec autrui dans la philosophie grecque d'Aristote à Panétius,* Paris (Vrin), 1961, pp. 168 sqq.

50. Voir : Victor Goldschmidt, *Le système stoïcien et l'idée de temps,* Paris (Vrin), 1953, pp. 145-210.

51. Aristote, *Éthique à Nicomaque,* 1161 a, texte, traduction et commentaire de R.A. Gauthier, Louvain (Publications universitaires), 1958, p. 237.

52. Aristote, *Éthique à Nicomaque,* IX, 1170.

symbolique par laquelle l'homme *vertueux* d'Aristote ou l'*homme de bien* de Cicéron, devenu *le sage,* se soumet avec les autres sages, dont il est automatiquement l'ami, à l'ordre du monde. Ici aussi, l'expérience de l'amitié pâlit derrière le réquisit d'un souci de soi qui rend toute relation humaine sujette à un rapport moral. Pour les Épicuriens, la *philia* récupère le sens original du mot grec : il s'agit de redécouvrir, en marge de la cité, dans une communauté indifférente aux biens extérieurs, ce qui appartient à l'homme et qui risque de lui être ravi dans le flux universel des choses. Comme le souligne Montaigne, dans sa période stoïque :

> [a] [...] il n'est aucune si douce consolation en la perte de nos amis que celle que nous aporte la science de n'avoir rien oublié à leur dire et d'avoir eu avec eux une parfaite et entiere communication (II : 8 : 396).

Dans l'amitié, les amis découvrent le pouvoir collectif que leur donne le partage de ce sentiment et poursuivent ensemble la culture d'un moi qui n'est plus exactement individuel. Mais si l'amitié est un plaisir pur, la connaissance de soi n'est qu'un des effets de l'amitié, et non ce plaisir même, et dans la mesure où, pour se connaître, on ne peut se laisser distraire par les autres et on doit s'isoler d'eux, le retour à l'individualité travaille à contre-courant d'une « exigence indifférenciée de bonheur », qui ne peut être satisfaite qu'à condition que l'homme saisisse les limites de son pouvoir[53]. L'amitié est donc une exigence a priori, que l'histoire ne fait que vérifier : les hommes se font amis pour pallier la misère de leur destin. Comme l'ordre du monde chez les Stoïciens, la nature des Épicuriens impose une amitié conditionnelle, où l'expérience du sentiment est secondaire. Et Montaigne qui cite Lucrèce en est conscient. Le *De Natura Rerum* est presque cynique : l'amitié est question d'évolution et d'utilité :

> *Tunc et amicitiem coeperunt jungere arentes*
> *Finitimi inter se nec laedere nec violari*
> *Et pueros commendarunt muliebreque saeclum [...]*[54].
> [Alors aussi l'amitié commença à nouer ses liens entre voisins désireux de s'épargner toute violence mutuelle ; ils se recommandèrent et les enfants et les femmes].

53. Jean-Claude Fraisse, *Philia : la notion d'amitié dans la philosophie antique,* Paris (Vrin), 1961, p. 322.

54. Lucrèce, *De natura rerum,* édition A. Ernout, Paris (Les Belles-Lettres), 1960, tome II, chant V, 1019-1021.

2. « *De vieilles traces en la memoire* » de l'Antiquité

La Boétie représente l'idéal de vertu et de sagesse antique :

> [a] *Et le plus grand que j'aye conneu au vif, je di des parties natu-relles de l'ame, et le mieux né, c'estoit Estienne de La Boitie : c'estoit vrayement une'ame pleine et qui montroit un beau visage à tout sens ; un'ame à la vieille marque et qui eut produit de grands effects, si la fortune l'eust voulu, ayant beaucoup adjousté à ce riche naturel par science et estude* (II : 17 : 659).

Mais, s'efforçant de décrire son amitié avec lui, Montaigne se voit aussitôt obligé de rejeter les textes comme incomplets. Examinant la relation de Tiberius Gracchus et de Blosius, décrite dans le « Tiberius et Gaius » de Plutarque, il discute l'interprétation selon laquelle l'amitié ne doit pas l'emporter sur les sentiments pour la patrie ou pour les dieux : « [c] Ils estoient plus amis que citoyens, plus amis qu'amis et qu'ennemis de leur païs, qu'amis d'ambition et de trouble […] je ne suis point en doute de ma volonté, et tout aussi peu de celle d'un tel amy » (I : 28 : 189). L'amitié véritable est essentiellement vertueuse, et, comme on doit aimer la vertu plus que tout, c'est uniquement dans les limites d'une conduite vertueuse que la relation à l'autre s'inscrit : politique, et même religion et tradition, auxquelles Montaigne a maintes fois proclamé son attachement, passent à l'arrière-plan. D'ailleurs le *Contr'Un* avait fait de l'amitié moins une entité psychologique que la référence conceptuelle d'une relation irréprochable entre deux individus : « L'amitié, c'est un nom sacré, c'est une chose sainte ; elle ne se met jamais qu'entre gens de bien, & ne se prend que par une mutuelle estime ; elle s'entretient non tant par bienfaits que par la bonne vie »[55]. Relation à l'antique, qui cherche sa perfection dans la réalisation d'un modèle, elle veut paraître comme celles qui sont décrites dans les livres. Or, cette recherche d'une amitié *livresque,* et qui tient à la grande tradition humaniste, elle risque d'être incomplète, justement parce que l'Antiquité ne nous a laissé que des restes :

> *Mon frere, dit-il, que j'ayme si cherement & que j'avois choisy parmy tant d'hommes, pour renouveller avec vous ceste vertueuse & sincere amitié, de laquelle l'usage est par les vices dès si long temps*

---

55. La Boétie, *Discours...*, p. 73.

> *esloigné d'entre nous, qu'il n'en reste que quelques vieilles traces*
> *en la memoire de l'antiquité [...][56].*

En se mirant aux livres des Anciens, elle se place au niveau le plus exigeant : celui des hauts-faits. Elle est « sublimis, rccta et stabilis » : sublime, droite et immovible[57]. Mais elle est aussi une imitation, dont le destin est d'être à jamais séparée du modèle. Ou bien les vertus à l'exercice desquelles La Boétie convie Montaigne sont sublimes, et en ce cas son amitié s'essouffle à les poursuivre, ou bien les exemples qu'a laissés l'Antiquité sont les « vieilles traces en la memoire », et la question se pose à l'essayiste : doit-il redorer le blason d'une *amicitia,* toujours imparfaite, par comparaison à l'image qu'en donnent les textes, ou bien, La Boétie défunt, cette restauration peut-elle se faire sur un autre mode, celui de l'*allongeail,* du décor, et de la peinture de portrait grotesque à laquelle l'auteur des *Essais* nous a maintenant habitués ? Des textes de La Boétie à ceux de Montaigne, ce qui a changé, c'est le concept même du modèle. Dans le contexte du *Contr'Un,* de La Boétie et de son œuvre, l'amitié propose une héroïsation du sujet écrivant, et, en ce sens, il n'est pourtant pas étonnant que ce soit d'abord par ses écrits que La Boétie ait suscité l'enthousiasme de Montaigne. Mais dans la perspective générale des *Essais,* l'amitié suggère une étude de ses effets, des hommes et des émotions qu'elle met en branle, et dont elle invite le portrait. Alors que La Boétie parle au mieux de la vertu et du compagnonnage auquel il désire convier Montaigne :

> *Si liceat, Montane, tibi ! Experiamur uterque :*
> *Quod ni habitis potiemur, at immoriamur habendis !*
> *[Puisses-tu, Montaigne, les cueillir aussi bien !*
> *Tentons-le tous deux : et si nous n'en devenons les possesseurs, mou-*
> *rons en cherchant à les posséder][58].*

Montaigne, lui, parle de La Boétie, et cherche à retrouver, à désintriquer dans la vieille trace de l'être mort il y a vingt ans, le contour de sa propre image (« [a] [...] il ne s'en voit aucune trace

56. Lettre de Montaigne à son père, in : *Montaigne : Œuvres complètes,* p. 1352.

57. La Boétie, *Œuvres complètes,* éd. P. Bonnefon, Genève (réimpression Slatkine), 1967, p. 235.

58. Épître à Montaigne cité dans Starobinski, *Montaigne en mouvement,* p. 75.

en usage » (I : 28 : 184)). On peut donc affirmer que la mort de l'ami est pour Montaigne symbolique, en ce qu'elle lui permet de changer de modèle. Il ne s'agit plus de vivre à l'ancienne, mais, vivant dans le présent de l'écriture du livre, de faire remonter à la surface ce que justement les livres ont pu laisser de côté.

Or, Montaigne a fait lui-même l'expérience et l'historique de cette règle dans ses lectures des Anciens : ayant lu les grands textes sur la théorie de l'amitié, il choisit de mettre en valeur la pratique qui lui semblait manquer dans ces derniers. En fait, le legs que lui a fait La Boétie de sa bibliothèque sur son lit de mort lui est un présent ambigu. Les livres représentent, mais non pas dans le sens d'une performance, d'une *Darstellung,* l'*idée* de l'amitié, qui fonde la communication entre les deux amis, qui leur confère une identité en les faisant participer à un discours, à une tradition. Ces livres sont les *traces* qu'il faut que l'essayiste reconstitue — et en cela, du moins, elles s'insèrent assez bien dans le projet des *Essais.* Mais, d'un autre côté, ils sont aussi le témoignage d'une référence à l'autorité d'un tiers, d'une vision de l'extérieur, qui, même si elle pouvait jamais devenir complète, serait toujours dépendante d'un certain discours pour s'exprimer, se faire saisir. Or c'est justement de la *trace* de cette amitié que Montaigne va s'autoriser, non pour reconstruire le passé, mais pour présenter sa propre image fragmentaire. Ce que la mort de La Boétie et le legs de ses livres rendent possible, c'est donc le passage d'une vision synthétique, dans laquelle toute association entre hommes n'est qu'un des aspects d'une philosophie et d'une morale, à une vision fragmentaire, dans laquelle cette association est la trace ou l'origine, voire le *supplément,* d'une écriture de soi. La problématique est donc inversée. Dans les livres, deux lecteurs recherchaient ensemble le modèle d'une conduite vertueuse qu'ils ne pensaient pouvoir émuler que par leur coopération. A présent, l'écrivain solitaire se sert de l'amitié pour se justifier d'une écriture qui ne concerne que lui. On a déjà vu plus haut que Montaigne, après avoir renoncé à publier lui-même le *Contr'Un,* paru dans une édition pirate, excise des éditions finales des *Essais* les poèmes de La Boétie qui devaient constituer le chapitre 29 du premier livre. Dans le contexte d'une amitié médiée par la *bibliothecque,* l'incapacité de donner à voir les livres de l'ami n'est pas seulement motivée par les circonstances historiques. Elle est aussi le signe d'un auteur cherchant à particulariser l'ensei-

gnement des grands textes et à leur donner une résonance plus pratique que philosophique. Il est symptomatique que Montaigne ait
choisi d'illustrer sa conception de l'amitié par son commentaire
négatif sur la fameuse histoire de Tiberius Gracchus et de Blosius
dans le *De Amicitia*. On a déjà vu que le texte de Cicéron avait
paru incomplet à Montaigne, parce qu'il lui semblait réduire les
termes de l'amitié à ceux d'un contrat d'inclusion ou d'exclusion.
Mais c'est que Cicéron était encore pris dans le débat sur les limites de l'amitié et sa comptabilité dans une pratique de la justice
qui fonde toute société. A la question de savoir s'il ferait tout ce
que lui commanderait son ami, même s'il s'agissait de quelque chose
d'illégal, Blosius, enthousiaste, répond par l'affirmative. Et Montaigne de critiquer Cicéron sur deux points. D'abord l'amitié est
au-dessus de la justice : « [c] Ils estoient plus amis que citoyens »
(I : 28 : 189). Et ensuite — le plus important —, l'amitié ne saurait être définie en des termes hypothétiques (« [a] Si vostre volonté
vous commandoit de tuer vostre fille, la tueriez-vous ? » (189)).
Elle est affaire de connaissance interpersonnelle : « [a] [...] je con-
noissois la sienne [son ame] comme la mienne » (192).

Il n'est plus question des devoirs du genre humain tout entier.
Il s'agit des sentiments et des bienfaits échangés entre deux être spécifiques. C'est ici qu'on voit combien le *De Amicitia* a pu jouer
un rôle dans la constitution d'une conscience *non* livresque de l'amitié. Le débat sur Blosius avait mis en valeur l'importance de la connaissance de soi dans les rapports à l'autre : je ne pourrais jamais
faire quelque chose d'injuste ou d'illégal parce que je me connais
trop bien et que je connais mon ami comme moi-même. Mais ce
comme moi-même n'est plus celui de l'Antiquité. Ce que Montaigne a découvert chez Cicéron, et qui peut d'ailleurs lui servir de
guide dans sa relation à tous les livres, c'est que la relation à l'autre
pose la question de la qualité de la connaissance qu'on en peut avoir,
et que, pour les Anciens, cette connaissance est essentiellement limitée par une perspective qui ne saurait séparer un autre spécifique
de tous les autres qui constituent avec moi la communauté. Le mouvement par lequel le lecteur-essayiste réinscrit dans le texte de Cicéron l'intimité caractérisant une communauté véritable des conscien-
ces est en fait le même par lequel il tente, dans le chapitre II : 10
« Des livres » de définir sa relation personnelle aux textes institu-
tionnalisés de la tradition. Dans les deux cas, c'est la recherche

d'un nouveau sens à donner à l'expression *connaître l'autre comme soi-même* qui le guide, et, en ce sens, lire un livre et connaître son ami mettent en jeu le même principe : celui d'une relation entre la connaissance de soi et celle des autres. Dans les deux cas, ce nouveau sens débouche, non pas sur une métaphysique des rapports humains : place de l'homme dans l'univers, sa place dans la cité, caractéristiques essentiellement humaines et humanistes de l'amitié — mais sur une problématique de la différence entre le même et l'autre. En ce sens, pratiquer les livres pose la question fondamentale de l'amitié : se connaître soi-même. Or si les *Essais* produisent un déplacement dans la tradition, c'est bien dans le principe même de cette tradition : au niveau des *auctores* et de l'autorité qui la rend responsable de la culture et de tous discours qu'on peut tenir sur les autres et sur soi. Certes, Montaigne est aussi respectueux de cette tradition et de ces grands auteurs qu'il l'est de la prééminence intellectuelle de La Boétie. De même qu'il reconnaît la supériorité incontestée de ses maîtres à penser, la distance qui le sépare d'eux : « [c] noms si fameux et anciens qu'ils semblent assez se nommer sans moy » (II : 10 : 408) — il ne manque pas de souligner l'incomparable vertu, le savoir de La Boétie : « [a] J'estois desja si fait et accoustumé à estre deuxieme par tout » (I : 28 : 193). C'était son aîné et son guide, comme les philosophes, les historiens et les poètes dont il lit les propos. Et il est vrai que le *connais-toi-toi-même* delphique, qui était devenu le mot de Socrate, et dont Montaigne avait aussi voulu faire son principe, retient toute son importance dans les textes de l'Antiquité pratiqués par la Renaissance. Mais le commandement d'une connaissance du sujet par lui-même était essentiellement d'ordre éthique, et non pas existentiel. Il s'agissait plus, dans un contexte auquel pouvaient souscrire à la fois les Stoïciens et les Épicuriens de rappeler à l'homme sa place dans le monde et devant les dieux, que de spéculer ce que pouvait représenter pour lui le souci de soi[59].

Autre est le réquisit de Montaigne. La lecture, du moins celle qu'il pratique, et dont il nous dit qu'elle n'est pas dans la tradition du respect à l'auteur autoritaire, distant, impersonnel, est connaissance intime à la fois de l'autre et de soi. En d'autres mots : lire

59. Michel Foucault, *Histoire de la sexualité (3) : le souci de soi*, Paris (Gallimard), 1968, pp. 54 sqq.

entre les lignes, comme parler de l'amitié, c'est exprimer ce qui ne
se peut. La lecture, et celle du *De Amicitia* en a donné l'exemple,
est l'occasion de faire l'expérience d'un manque à la représentation. Il s'agit de mettre en valeur, au moins de montrer du doigt
l'opération par laquelle s'établit l'équivalence entre moi et les autres,
mon discours et celui des autres. C'est mettre l'accent sur la problématique même du signe. Si celui dont je parle comme mon ami
ne peut être connu sans référence à moi, suis-je un pur référent,
une réalité en dehors du signe qui n'est pas concernée par le jeu
de renvoi produisant une équivalence entre mon image et la sienne,
ou bien suis-je uniquement cette image qui n'existe que pour être
substituée à celle de l'autre ? S'il est vrai que la pratique de l'amitié implique une similitude entre le sujet et l'autre, cette similitude
implique d'abord fondamentalement une différence, car la similitude dont il s'agit n'est pas une simple identité, et ne saurait être
définie dans le contexte d'un ordre métaphysique ou cosmologi-
que qui la dépasse. Elle implique une équivalence, ou plutôt un ajustement constant des identités. De même qu'il aime à lire les exploits
des grands hommes pour connaître leurs pensées intimes, leur ges-
tualité quotidienne, Montaigne aime dans l'ami ce qui lui donne
une aperception vitale de l'autre. Que cette problématique du signe
de l'autre recoupe à la fois celle du portrait du moi en peinture
et dans l'écriture du livre, le début du chapitre « Du démentir »
en fait foi. Dans les deux cas, *aussi bien dans la peinture que dans
l'écriture,* on découvre que l'autre n'est pas seulement l'être réel
dont on souhaiterait pénétrer l'intimité, mais celui qui vous ressemble parce qu'il est capable de vous lire : il est votre témoin. On
remarquera, dans le passage suivant, le chevauchement des éditions.
Au fil des lectures, le sentiment que la décision sur la différence
à faire entre soi et les autres n'est pas immédiate, mais requiert le
placement et l'ajustement des opérateurs (s'agit-il d'un *voisin,* d'un
parent, d'un *amy* ?), fait ressurgir les débats traditionnels sur les
critères de l'amitié. Finalement, le vrai ami, c'est encore celui qui
sait vous lire :

> [a] *Je ne dresse pas icy une statue à planter au carrefour d'une ville,
> ou dans une Église, ou place publique* [Et Montaigne d'ajouter en
> 1582 une citation de Perse qui souligne son désir de ne pas se per-
> dre dans les dédales d'un style impersonnel, ampoulé *(« nugis tur-
> gescat »)* et d'avoir un tête-à-tête avec son lecteur réel].

[b] *Non equidem hoc studeo, bullatis ut mihi jugis / Pagina turgescat. / Secreti loquimur [Je ne vise pas à enfler ces pages de billevesées ampoulées : c'est un tête-à-tête].* [a] *C'est pour le coin d'une librairie, et pour en amuser* **un voisin, un parent, un amy, qui aura plaisir à me racointer et repratiquer en cett'image.** *Les autres ont pris cœur de parler d'eux pour y avoir trouvé le subject digne et riche ; moy, au rebours, pour l'avoir trouvé si sterile et si maigre qu'il n'y peut eschoir soupçon d'ostentation.* [c] *Je juge volontiers des actions d'autruy ; des miennes, je donne peu à juger à cause de leur nihilité.* [b] *Je ne trouve pas tant de bien en moy que je ne le puisse dire sans rougir.* [a] *Quel contentement me seroit ce d'ouir ainsi quelqu'un qui me recitast les mœurs,* [c] **le visage, la contenance, les paroles communes** [a] *et les fortunes de mes ancestres ! Combien j'y serois attentif ! Vrayement cela partiroit d'une mauvaise nature, d'avoir à mespris* **les portraits mesmes de nos amis et predecesseurs,** [c] **la forme de leurs vestements et de leurs armes.** *J'en conserve l'escriture, le seing, des heures et un'espée peculiere qui leur a servi [...]* [a] *Si toutes-fois ma posterité est d'autre appetit, j'auray bien dequoy me revencher : car ils ne sauroient faire moins conte de moy que j'en feray d'eux en ce temps là* (II : 18 : 664-5).

3. L'amitié déchue et le conflit mélancolique

L'expérience du livre comme miroir indécis où l'image d'un sujet autonome se fond dans celle du lecteur ou du spectateur ne se fait pas seulement dans le contexte d'un réajustement aux textes classiques sur l'amitié. Parce que la réflexion sur l'amitié est aussi le produit d'une quête de l'absent, et parce que cet absent n'est pas seulement le défunt La Boétie, mais la part de Montaigne qui a disparu avec lui, le portrait de Montaigne en ami est forcément voilé de crêpe : en deuil. Mais s'agit-il de deuil ou de mélancolie ?

Freud a montré que le procès du deuil inclut non seulement une réalisation de la perte de l'objet aimé, mais aussi une rébellion contre l'abandon de l'investissement libidinal dans cet objet. La période que les cultures assignent à un deuil ritualisé n'a d'autre but que de permettre à l'inconscient de récupérer progressivement ses investissements. Et on peut penser que l'écriture des *Essais* n'a été possible qu'une fois La Boétie dûment enterré et cette période écoulée. Or le principe d'un deuil *réussi* est non seulement que l'endeuillé soit capable de redonner libre cours à ses énergies, mais aussi que cette réassignation se fasse en toute connaissance, non seulement de qui a été perdu, mais, comme le souligne la *Métapsy-*

chologie, de *ce* qui a été perdu[60]. Dans la relation que la mort de
La Boétie a brutalement interrompu, l'image du « [a] garçon de
seize ans » (I : 28 : 194) s'est, malgré les rappels, assez vite estom-
pée. Montaigne continue sa vie au Parlement et dans les affaires.
Un examen de sa correspondance, un furetage dans les *Essais,* ne
laissent pas de doute sur la clarté du souvenir. La délinéation du
personnage, insipide aujourd'hui, si tant est qu'on juge La Boétie
à l'aune de Montaigne, est claire et nette : « [a] Je ne fay nul doubte
qu'il ne creust ce qu'il escrivoit, car il estoit assez conscientieux
pour ne mentir pas mesmes en se jouant » (I : 28 : 194). Bientôt,
cependant, Montaigne décide faire retraite. C'est dans sa tour, là
aussi où il a recueilli les exemplaires que lui a légués La Boétie,
qu'il nous dit vouloir passer le plus clair de son existence. Or, que
les livres aient été, sinon le prétexte, du moins l'occasion, de cette
retraite, en dit long sur le déplacement de l'objet perdu. Les livres,
nous dit bien fort Montaigne tout au début de son chapitre II : 10
« Des livres », sont le lieu de l'autorité du discours :

> [a] Je ne fay point de doute qu'il ne m'advienne souvent de parler
> de choses qui sont mieus traictées chez les maistres du mestier, et
> plus veritablement (II : 10 : 407).

Mais, d'un autre côté, ils sont aussi source d'un plaisir qui ne
doit rien à la règle de l'institution, de l'éducation. « Des livres »
est un des chapitres où l'énonciation de la jouissance est la plus
nette. Alors que « De l'amitié » entraînait le lecteur vers un idéal
sublime, où les plaisirs habituels perdent leur intensité (« [c] La
jouissance corporelle le [l'amour] perd, comme ayant la fin corporelle et sujecte à sacieté » (I : 28 : 186)), les livres permettent une
jouissance tranquille et sûre :

> [a] Je ne cherche aux livres qu'à m'y donner du plaisir par un hon-
> neste amusement ; ou, si j'estudie, je n'y cherche que la science qui
> traicte de la connoissance de moy mesmes, et qui m'instruise à bien
> mourir et à bien vivre (II : 10 : 409).

Mais dans cette jouissance se profile bien quelque douleur.
Montaigne se targue aussi d'apprécier, mieux, d'aimer jusqu'à
l'obsession, les défauts qui lui rappellent son état d'homme impar-

60. Sigmund Freud, « Deuil et mélancolie », in *Métapsychologie,* Paris (Gallimard), 1968, pp. 147-174.

fait — réflexe souvent interprété dans le cadre restreint de l'« Apologie » —, et maintenant d'ami déchu[61]. Le texte est surchargé de ces bravades par quoi l'essayiste exhibe ses faibles. Ce dont il avait amèrement reconnu le manque, dans son éloge de La Boétie (qui suis-je, moi qui ne lui arrivait pas à la taille ? comment survivre dans ma faiblesse intellectuelle et morale ?), il s'en fait maintenant un motif de gloire : « [a] Je veux qu'on voye mon pas naturel et ordinaire, ainsi détraqué qu'il est. Je me laisse aller comme je me trouve... » (II : 10 : 409). Souvent il tâche de tourner à son avantage les défauts qu'il embellit comme des qualités : « [c] mon terroir n'est aucunement capable de fleurs trop riches » (II : 10 : 408) [...] « [b] Si je m'y plantois, je m'y perdrois, et le temps : car j'ay un esprit primsautier » (II : 10 : 409). La liste est longue et on pourrait faire un trésor des dénégations par lesquelles Montaigne explique en fait qu'il se veut peindre comme il est, avec tous ses défauts, *tout nu,* imparfait — mais libre au moins de simulation. En fait la critique de Pascal et de Rousseau sur un Montaigne moins candide qu'il ne paraît n'est pas à mettre au seul compte de la jalousie. Ce qu'ils disent tous deux, c'est que Montaigne se targue de ses défauts. Or cette critique, prise dans un contexte religieux étroit, laisserait entendre que Montaigne est le précurseur de la libre-pensée. Il n'y aurait qu'un pas de celui qui, comme Montaigne, se déclare *Roi* de sa *matière,* et se veut entièrement responsable de son œuvre, à un Cyrano de Bergerac qui s'enferme « dans une maison de campagne assez escartée ou apres avoir flaté [ses] resveries de quelque moyen capables de [s']y porter [à la lune] », et se lance dans un voyage astral[62]. Mais pour étroite que soit la critique de l'apologue de la religion chrétienne ou celle du défenseur d'une nature sans artifice, elle n'en concerne pas moins les manques du sujet écrivant seul, sans amis, et, on voudrait presque dire, sans livres. Montaigne ne se fait pas de cadeaux, même s'il s'est déjà gratifié par sa décision d'écrire sur lui-même. Et à y regarder de près, la liste fanfaronne des incapacités montaigniennes n'est pas aussi joyeuse qu'il le paraît :

61. Hugo Friedrich, *Montaigne,* tr. R. Rovini, Paris (Gallimard), 1967, pp. 104-155 ; Géralde Nakam, *Les Essais de Montaigne, miroir et procès de leur temps (témoignage historique et création littéraire),* Paris (Nizet), 1984, pp. 101 sqq.

62. Cyrano de Bergerac, *L'autre monde : la lune, Œuvres complètes de Cyrano de Bergerac,* édition Jacques Prévot, Paris (Belin), 1977, p. 360.

> *[b] Publiant et accusant mes imperfections, quelqu'un apprendra*
> *de les craindre. Les parties que j'estime le plus en moy tirent plus*
> *d'honneur de m'accuser que de me recommander. Voilà pourquoi*
> *j'y retombe et m'y arreste plus souvant. Mais, quand tout est conté,*
> *on ne parle jamais de soy sans perte. Les propres condemnations*
> *sont tousjours accruës, les louanges mescruës* (III : 8 : 922).

— Et d'ajouter, dans une veine quelque peu masochiste :

> *[a] J'ayme une société et familiarité forte et virile, une amitié qui*
> *se flatte en l'aspreté et vigueur de son commerce, comme l'amour,*
> *és morsures et esgratignures sanglantes* (III : 8 : 924) *[...] [b] Je cer-*
> *che à la verité plus la fréquentation de ceux qui me gourment que*
> *de ceux qui me craignent [...] Je me sens bien plus fier de la victoire*
> *que je gaigne sur moy quand, en l'ardeur mesme du combat, je me*
> *faicts plier soubs la force de la raison de mon adversaire, que je*
> *ne me sens gré de la victoire que je gaigne sur luy par sa foiblesse*
> (III : 8 : 925).

Ce dont l'essayiste se vante, c'est donc, paradoxalement, de
ne pas être à la hauteur de ses patrons : La Boétie, d'abord — cela
on le savait déjà : « *[a] J'estois desjà si fait et accoustumé à estre*
deuxiesme par tout, qu'il me semble n'estre plus qu'à demy » (I :
28 : 193) —, mais aussi les livres dont il s'inspire :

> *[a] Voire mais on me dira que ce dessein de se servir de soy pour*
> *subject à escrire, seroit excusable à des hommes rares et fameux qui,*
> *par leur reputation, auroient donné quelque desir de leur cognois-*
> *sance [...] Caesar et Xenophon ont eu dequoy fonder et fermir leur*
> *narration en la grandeur de leurs faicts comme en une baze juste*
> *et solide. Ainsi sont à souhaiter les papiers journaux du grand*
> *Alexandre, les commentaires qu'Auguste, [c] Caton, [a] Sylla, Brutus*
> *et autres avoyent laissé de leurs gestes. De telles gens on ayme et*
> *estudie les figures en cuyvre mesmes et en pierre. Cette remontrance*
> *est tres-vraie, mais elle ne me touche que bien peu* (II : 18 : 663).

A l'en croire, Montaigne n'a rien à offrir qui puisse servir au
public de modèle. Il se demande même, si, n'ayant rien à enseigner, il n'a pas perdu son temps (« [c] *Et quand personne ne me*
lira, ay-je perdu mon temps de m'estre entretenu tant d'heures oisi-
ves à pensements si utiles et aggreables ? » (II : 18 : 665)). Ce doute,
même s'il est couché en termes ironiques et protectifs — l'ironie
vient surtout à la relecture, quand l'auteur, ayant pris sa distance,
se refuse à lâcher l'œuvre commencé : « [c] *j'empescheray peut-*
estre que quelque coin de beurre ne se fonde au marché » (664)
—, ne peut être mis au compte d'une conversation débonnaire

où Montaigne se poserait calmement des questions rhétoriques auxquelles il n'aurait pas besoin de répondre. *Se poser, au contraire,
la question du livre-modèle,* n'est pas seulement pour l'essayiste
contredire le livre des autres par le livre sur soi, l'ouvrage *consubstantiel.* C'est retracer, dans la translation des livres au Livre, le péri-
ple qui mène le sujet endeuillé de la déploration du moi perdu dans
la mort de l'autre jusqu'au lieu où, suivant les méandres de son
écriture quotidienne, il ne peut s'empêcher de rejouer en public à
la fois l'oubli et la remémoration de cette scène unique. Au travers
de toutes les humeurs qui le *tiennent,* il est, tel un maniaque-
dépressif, prisonnier de ces deux extrêmes :

> *[a] Maintenant je suis à tout faire, maintenant à rien faire ; ce qui
> m'est plaisir à ceste heure, me sera quelque fois peine. Il se faict
> mille agitations indiscretes et casuelles chez moy. Ou l'humeur
> melancholique me tient, ou la cholerique ; et de son authorité pri-
> vée, à cet'heure le chagrin predomine en moy, à cet'heure l'alegresse.
> Quand je prens des livres, j'auray apperceu en tel passage des gra-
> ces excellentes et qui auront feru mon ame ; qu'une autre fois j'y
> retombe, j'ay beau le tourner et virer, j'ay beau le plier et le manier,
> c'est une masse inconnue et informe pour moy* (II : 12 : 566).

Pas étonnant donc que la *consubstantialité* entre l'auteur et
son livre préfigure celle entre le lecteur et le livre. Ce que l'amitié
avait rendu possible, une union si complète que les deux âmes pouvaient s'embrasser, mais que la mort de La Boétie a rendu *impossible,* l'auteur tout seul, et dégoûté des amitiés communes (« [b]
une amitié seule et parfaicte, m'a à la verité aucunement desgouté
des autres » (III : 3 : 821)), le réalise avec son livre et ses lecteurs, plaçant la lecture entre le commerce des hommes (amitié) et
des femmes (amour), et celui de la conversation. Ce faisant, il réalise aussi des fantasmes. D'abord, l'amitié avec La Boétie l'avait
possédé jusqu'au « [a] fond des entrailles » (I : 28 : 190), et, n'était-
ce qu'il en avait rejeté absolument tout soupçon d'homosexualité,
il lui eût accordé, en plus de l'enthousiasme spirituel, la même
ardeur qu'il reconnaît aux amoureux et décline à la « [b] Vénus
maritale » de Virgile (III : 5 : 849). Aussi bien, libre de Faux-Fuyants
(« [c] extravaguer au vent » (II : 18 : 665)), il se félicite d'avoir
pu « [c] donner corps et mettre en registre tant de menues pensées
qui se presentent à elle [ma fantaisie] » (*ibid.*). Qui plus est, il prétend maintenant avoir dépassé, par la fiction de sa représentation,
la réalité du passé. Citant des vers de Marot, il est tout à fait

persuadé qu'ils « [c] s'impriment encore mieux en papier qu'en la chair vifve » (*ibid.*), et il est, de toutes façons, décidé à entrer en commerce avec les livres. Quant à l'autre fantasme, c'est celui de la dénudation : celui de se découvrir sans vergogne : « [c] Quant de fois, estant marry de quelque action que la civilité et la raison me prohiboient de reprendre à descouvert, m'en suis je icy *desgorgé* [...] » (*ibid.*)[63] — sur lequel je reviendrai. Disons, pour l'instant, *que l'écriture du livre, qui sert à Montaigne à confectionner une figure, un tombeau à l'ami défunt, et, ce faisant, à se représenter masqué sous les traits de l'acolyte, de l'assistant, est le procédé qui lui procure aussi bien l'occasion et sa chance de donner à ceux qui l'épient, cannibales, plus que du fard, le goût de sa chair consubstantielle et invisible sous la peau :* « [c] c'est un SKELETOS où, d'une veuë, les veines, les muscles, les tendons paroissent » (II : 6 : 379).*

Il lui importe avant tout d'être connu ; mais, si d'être célèbre ne lui chaut, il sait bien que proposer l'image d'un homme *commun* ne lui garantit pas l'œil du public (« [a] et sçay bien que, pour voir un homme de la commune façon, à peine qu'un artisan leve les yeux de sa besogne » (II : 18 : 663)). C'est ici que le deuil fait place à un tempérament mélancolique. La Boétie a été remplacé par cette partie « [a] deuxieme » (I : 28 : 193), qui ne vivait qu'en symbiose[64]. Écrire, c'est décider de remplacer les textes des autres par son œuvre propre, présente : « [c] Je tiens moins hazardeux d'escrire les choses passées que presentes : d'autant que l'escrivain n'a à rendre compte que d'une verité empruntée » (I : 22 : 106). C'est là un principe connu, que l'auteur met à mort ses prédecesseurs, cherchant à se donner lui-même la paternité d'une œuvre, qui n'appartient qu'à lui, — et on a bien montré l'importance de cet *engendrement,* dans la séquence qui mène aussi bien Montaigne à traduire l'« Apologie » qu'à en faire ensuite le commentaire dans les *Essais,* cherchant à la fois à obéir au père, et à se donner

---

63. Villey (665) interprète *desgorgé* par *soulager* (il veut dire *vomir*). Mais le sens littéral est plus intéressant, en relation avec *descouvert* il s'agit d'une mise à nu. Sur la problématique de cette mise à nu, voir plus bas : chapitre III.

64. Freud, (« Deuil et mélancolie », p. 173), souligne l'état *ambivalentiel* qui s'oppose à la renonciation à l'objet (La Boétie) : « L'accumulation d'un investissement qui est d'abord lié puis qui devient libre après la terminaison du travail de la mélancolie et rend possible la manie, cette accumulation doit être en relation avec la régression de la libido au narcissisme ».

un nom propre[65]. Mais la question de la paternité du livre est aussi
plus immédiate et plus simple que celle de l'inscription de l'amitié
au livre. D'abord, écrire un livre sur soi, est-ce bien se libérer de
l'« [a]emprunt » (II : 16 : 625) (« [a] Je veux être riche par moy,
non par emprunt » (*ibid.*)) ? La question de l'originalité du texte
égocentrique est partie intégrante de la composition des *Essais,*
moins parce que Montaigne a conscience des restrictions imposées
par l'institution des genres, que parce que son écriture même est
mise en jeu. Elle focalise le conflit mélancolique de l'amitié déchue :
ou abandonner l'ami, et dans cet acte s'accuser d'être imparfait,
incapable, incompétent, ou bien écrire — mais par le fait même
d'écrire, s'accuser aussi, d'être arrogant, unique, irremplaçable.
L'acte d'écrire est au centre du conflit : plus important que ce dont
on écrit.

Tant soit peu exhibitionniste, sans les atours qui perdent à ses
yeux ceux qui recherchent la gloire, l'auteur exige qu'on le voie dans
sa déconfiture. Il s'y complaît et c'est bien un peu cette complai-
sance qui fait la raison de son œuvre : « [c] Or je me pare sans
cesse car je me descris sans cesse » (II : 6 : 378). Il y a donc une
ambivalence latente dans cette critique chantante de l'incompétence,
ou pour reprendre le mot des *Essais,* l'*ineptie. Mais ineptie qui n'est
qu'un leurre, comme dans le tableau où le vide est rempli par les
grotesques qui pendent depuis les marges du cadre. Ce qui remplit
le vide c'est un fantasme : le désir d'être vu, immense, insatiable.*
Montaigne s'expose, mais c'est en des termes qui vont, il en est
déjà sûr, lui procurer du plaisir, tout en marquant ses imperfections : ce qui l'empêche, lui, dévoré par sa « [b] condition singe-
resse » (III : 5 : 875), d'être le parfait modèle, l'autorité qui régit
toute lecture. Le sujet déplorant ses défauts se donne à voir, mais
c'est pour qu'on le châtie tout en l'amirant : « [c] Je prends si grand
plaisir d'estre jugé et cogneu, qu'il m'est comme indifferent en
quelle des deux formes je le soys » (II : 8 : 924). Aussi bien peut-il
affirmer, comme il le fait ailleurs, que cette indécision quant à la
forme de la représentation ne met absolument pas en péril l'unité
et la stabilité de sa personne. Plus il change et plus il est le même.
C'est ce changement perpétuel, cette altérité en lui, qui lui garantit

65. Antoine Compagnon, *Nous Michel de Montaigne,* Paris (Seuil), 1980.

sa différence en même temps qu'elle lui assure qu'il est comme les autres, dans une image qui n'est jamais la même, mais qu'il revendique comme sienne : « [a] Ce n'est pas ici ma doctrine, c'est mon estude ; et n'est pas la leçon d'autruy, c'est la mienne » (II : 6 : 377). Il se corrige dans les lignes suivantes — une des dernières additions : « [c] Et ne me doibt on sçavoir mauvais gré pour tant, si je la communique. Ce qui me sert, peut aussi par accident servir à un autre » (*ibid.*). Dans ce retour au moi décentré se résout le dilemme du portrait imparfait du parfait ami.

CHAPITRE II

CANNIBALE

I. ÉPIPHANIE CANNIBALE

1. « *En une feste et compaignie de ville* »

Dans l'ordre de composition des *Essais,* le chapitre sur les cannibales est non seulement presque contigu à celui sur l'amitié, mais il en est aussi presque contemporain. A quelques pages, qui sont au plus quelques années de distance, Montaigne réfléchit sur ce que signifie pour lui une rencontre qui a pu changer sa vie. Dans les deux cas, cette rencontre est fortuite, et dans les deux cas, elle est aussi prédestinée, puisqu'aussi bien Montaigne et les cannibales ont eu chacun à souffrir de leur rencontre avec l'autre : Montaigne, pour avoir perdu l'ami cher, et les cannibales, pour s'être « [a] laissez piper au desir de la nouvelleté » (I : 31 : 213). Une « [a] [...] force inexplicable et fatale mediatrice de cette union » (I : 28 : 188) préside à la rencontre des deux amis, et à celle de Montaigne avec les cannibales : « [a] Trois d'entre eux, ignorans combien coutera un jour à leur repos et à leur bon heur la connoissance des corruptions de deça » [...] (I : 31 : 213). Le même chroniqueur qui s'est étendu sur le détail des deux hommes passés subitement de l'état d'étrangers à celui de connaissances intimes : « [c] Et à nostre rencontre qui fut par hazard en une grande feste et compaignie de ville » (I : 28 : 188) — nous apporte aussi le menu d'une rencontre identique avec les cannibales, en une autre « [c] feste et compaignie de ville » : « [a] Trois d'entre eux [...] furent à Roüan, du temps que feu Roy Charles neufiesme y estoit » (I : 31 : 213). Dans les deux cas la fête, *feste de ville* ou *feste de cour,* place la rencontre qui est à l'origine de la réflexion dans un univers où l'événement historique ou chronique est en fait, de par sa solennité même, l'occasion d'une nouvelle histoire du sujet dont il constituerait comme le préambule : face à l'ami, qu'étais-je ? et qui suis-je ? face aux cannibales, qui sommes-nous, et qui suis-je, moi, l'écrivain des *Essais* ? D'où viennent-ils ? D'où venons-nous, et par où commencer ?). Dans une pragmatique de l'énonciation, cette double série royale n'est pas sans intérêt, puisqu'elle nous invite déjà à réfléchir sur l'autorité par laquelle le texte montaignien s'approprie l'histoire tout court pour en faire une histoire personnelle. Ce n'est pas un hasard si l'*entrée* de Charles IX à Rouen légitimant l'*entrée* des cannibales à son texte, Montaigne pose à l'époque de Velazquez, la fameuse question de *la place du roi*. La réponse du cannibale — « est roi celui dont on sait qu'il l'est » — fascine un Montaigne qui se cherche encore au sortir du deuil de La Boétie :

> [a] *Sur ce que je luy demandai quel fruit il recevoit de la superiorité qu'il avoit parmy les siens (car c'estoit un Capitaine et nos matelots le nommoient Roy), il me dict que c'estoit marcher le premier à la guerre [...] si, hors la guerre, toute son authorité estoit expirée, il dict qu'il luy en restoit cela que, quand il visitoit les vilages qui dependoient de luy, on luy dressoit des sentiers au travers des hayes de leurs bois, par où il peut passer bien à l'aise* (I : 31 : 214).

Enfin, la relation avec le cannibale et celle avec La Boétie ne se recoupent pas seulement au livre. Les deux histoires *fortuites* n'ont pas seulement une structure semblable en ce qu'elles contribuent toutes deux à la constitution des *Essais* et à la délinéation d'un moi royal et autoritaire dans l'image de l'autre. Contemporaines, elles sont en même temps toutes deux médiées par d'autres livres, dont la lecture avait précédé les rencontres. Il est probable que Montaigne rencontre La Boétie en 1559, un an après l'entrée de Montaigne au Parlement de Bordeaux, et qu'il rencontre ses cannibales à Rouen, lorsqu'il y suit la cour en octobre 1562, à l'occasion du siège fait à la citadelle protestante. Sur la préhistoire d'une lecture qui aurait ensuite trouvé son illustration dans une rencontre entre *vifs,* bien que les témoignages précis nous manquent, et que ce soit surtout par recoupements à partir de mentions dans le texte qu'on puisse dater les deux chapitres, il est probable que le modèle de présentation de Montaigne et La Boétie est repris par la présentation de Montaigne aux cannibales, et que cette double présentation, elle ne devient significative que sous l'égide des livres,

et des lectures qui, tout au long de la vie de Montaigne, constituent le support et la référence des *Essais*.

Montaigne, pour qui l'amitié avec La Boétie prend, on l'a vu,
tout son sens symbolique dans le contexte d'une illustration des topiques antiques sur l'amitié, au fil des lectures qu'il a pu faire dans
son deuil, rencontre donc les primitifs à Rouen en 1562, mais c'est
probablement sans avoir eu le temps de s'instruire sur le Nouveau
Monde, dans les livres qui chroniquent la conquête, puisqu'aussi
bien on date ses lectures des grands textes coloniaux d'au moins
une douzaine d'années plus tard[66]. Sans vouloir conférer aux dates
une importance excessive, il est loisible de penser que la rencontre
avec les cannibales qui s'est faite *à froid,* sans livres, ni outil culturel d'aucune sorte (il se trouve que même l'interprète et l'interprétation, en un mot, le *truchement* font défaut), repose la question
de l'autre dans un univers où c'est la lecture des textes écrits, et
l'écriture du livre qui s'ensuit, qui donnent une réponse à l'inex-
primable de la voix : (« [a] [...] au dela de tout mon discours (I :
26 : 188) [...] j'avois un truchement qui me suyvoit si mal » [...]
I : 31 : (214)).

2. Un « petit lopin »

Les interprétations du chapitre sur les cannibales sont de deux
ordres. Pour les uns, Montaigne exprime dans son chapitre les
préoccupations de l'homme moderne, pour qui la découverte du
Nouveau Monde ouvre la voie à un réexamen complet des valeurs.
Pour les autres, « Des cannibales » commet Montaigne, non seulement à une réévaluation de son héritage Gréco-Latin, mais aussi
à un examen général des fondements de la connaissance et de
l'expérience[67]. La première tradition est historique et idéologique,
la seconde, anthropologique et structurale ; la première cherche hors
le texte une information qui est recombinée par le texte ; la seconde
cherche à définir dans le texte des modèles qui peuvent ensuite servir à reconstruire le monde. Dans le contexte d'une tradition histo-

66. Géralde Nakam, *Les essais de Montaigne [...],* pp. 329-351.

67. La première tendance est représentée par les historiens comme Nakam (*op. cit.*) ; la seconde, par les sémioticiens comme Todorov (*La conquête de l'Améri-que,* Paris (Seuil), 1982).

rique, le texte montaignien offre la possibilité de reconfigurer l'espace mental de l'époque[68]. Alors que la Renaissance tardive avait résolu quelques doutes concernant le statut des sauvages — sont-ils humains , doivent-ils être baptisés ou, au contraire, exterminés ? — en établissant une différence radicale, mais commode, entre civilisé et sauvage, Montaigne tâche de constituer les termes dans lesquels cette opposition pourrait être, non pas simplement mitigée, mais aussi repensée. Pour la tradition structurale, cependant, l'opposition entre civilisé et sauvage qui articule le chapitre sur les cannibales est seulement le produit d'une série de problématiques qui sous-tendent les *Essais* : relation entre le moi et l'autre, entre écriture et lecture, entre structure ouverte et structure fermée (ouverte, pour « Des Coches », fermée, pour l'« Apologie de Raymond Sebond »). Mais le chapitre sur les cannibales exprime à la fois plus qu'une relation à l'espace mental de l'époque ou aux fonctions épistémologiques des *Essais*. On doit se rappeler que Montaigne traite le thème du sauvage dans le contexte de sa quête continuelle de l'image parfaite de soi. Dans ce contexte, l'essai marque un effort pour récupérer dans le miroir de l'autre l'assurance qu'une recherche personnelle de l'identité n'a pas à souffrir de la découverte de l'autre, et que l'élargissement constant du domaine des connaissances, des connaissances géographiques en particulier, ne fait courir aucun risque au projet de l'essayiste : se connaître soi-même sur la base d'une compétence individuelle et limitée :

> Je voudroy que chacun escrivit ce qu'il sçait, et autant qu'il en sçait, non en cela seulement, mais en tous autres subjects : car tel peut avoir quelque particuliere science ou experience de la nature d'une riviere ou d'une fontaine, qui ne sçait au reste que ce que chacun sçait. Il entreprendra toutes-fois, pour faire courir ce petit lopin, d'escrire toute la physique. De ce vice sourdent plusieurs grandes incommoditez (I : 31 : 205).

L'objet d'un savoir est toujours une masse de données réduite à une entité connue qui peut être mesurée et examinée sans difficultés : l'aire intellectuelle, le *lopin* montaignien. La référence à la géographie et au cadastre est tout à fait appropriée, puisque Montaigne, occupé de soi dans une quête sans cesse médiée par les livres

---

68. Henri Weber, « Montaigne et l'idée de nature », in *Saggi e ricerche di letteratura francese,* V (1965), pp. 41-63.

dans lesquels il peut lire les histoires des autres, cherche avec obstination à définir les limites qui le séparent des autres et qui affirment sa différence. L'idée qu'il y a une relation en quête de soi et quête des terres nouvelles a été mise au jour par l'œuvre de Rabelais. On peut lire dans *Le Tiers livre* :

> *Je sçay homme prudent et amy mine qui sçait le lieu, le pays et la contrée en laquelle est son temple et oracle [de la Dive Bouteille] : il nous y conduira sceurement. Allons y ensemble. Je vous supply de me escconduire. Je vous seray un Achates, un Damis, et compaignon en tout le voyage. Je vous ay de long temps congneu amateur de peregrinité et desyrant tous jours veoir et tous jours apprendre. Nous voirons choses admirables, et m'en croyez*[69].

Mais les relations de voyage en pays lointains sont moins intéressantes que l'utilisation des données géographiques pour mesurer le corps du géant dans *Pantagruel*. Le narrateur y voyage à l'intérieur de la bouche de Pantagruel, à travers campagnes et forêts, passe portes et frontières, villes, montagnes et vallées, stupéfait, hagard et assailli par des brigands. S'il est vrai que l'histoire est grotesque, elle a, comme toujours chez Rabelais un côté sérieux. C'est comme si, dans la bouche du géant, aucune des distinctions qui règlent le monde extérieur n'était valide. Le voyage à l'intérieur du corps du héros est pour le narrateur l'occasion de méditer une exploration de l'étranger par le familier, de l'autre par le même. Mais dans le chapitre sur les cannibales la question n'est plus, comme dans *Pantagruel,* d'établir un étalon pour mesurer des quantités inconnues. Il s'agit, plutôt, en définissant le nouveau, de réaliser une adéquation entre le nom et la chose, la *res* et le *verbum*.

Montaigne, musant sur ses cannibales et leur nouveau monde, se demande si ces terres nouvelles ne sont pas l'ancienne Atlantide : « [a] Mais il n'y a pas grande apparence que cette Isle soit ce monde nouveau que nous venons de descouvrir » (I : 31 : 204). Qu'est-ce donc qui constitue le nouveau ? Ou trouver le concept qui permette de rendre compte d'un référent sans référence ? A cet égard, l'exemple de la Dordogne est intéressant parce qu'il démontre clairement que ce qui constitue la nouveauté est en fait une modification dans la désignation des espaces référentiels. Le creusement du lit de la

69. Rabelais, *Le Tiers Livre*, édition de M.A. Screech, Genève, (Droz), 1964, pp. 313-4.

rivière et l'érosion des terres riveraines en offrent une illustration commode :

> [b] *Quand je considere l'impression que ma riviere de Dordoigne faict de mon temps vers la rive droicte de sa descente, et qu'en vingt ans, elle a tant gaigné, et desrobé le fondement à plusieurs bastimens, je vois bien que c'est une agitation extraordinaire ; car, si elle fut tousjours allée ce train, ou deut aller à l'advenir, la figure du monde seroit renversée* (I : 31 : 204).

Mais comment reconnaître ce passage ? Où en chercher trace et confirmation ? Par définition, ce qui est inconnu demeure par-delà le périmètre de ce qui est connu, et sa *traduction* est en fait *interprétation* par un tiers. Cette limitation travaille toute l'écriture des *Essais* : dire du neuf, sans passer par l'autre. Et c'est dans ce contexte que la théorie du *lopin* articule toute compréhension : on doit se limiter à ce qu'on peut embrasser, au connaissable. En cherchant à poser les limites de la connaissance (s'en tenir à ce qu'on a vu, à ce dont on a fait l'expérience), on met au point une perspective sur l'objet de la connaissance, le *lopin* ; on réduit le vaste inconnu à une quantité bien définie, une surface qu'on peut désigner : une aire de terrain.

Le mot *lopin* (littéralement, une partie, un morceau de terrain) revient plusieurs fois dans les *Essais* dans des contextes similaires. Le mot réfère dans un sens métaphorique à une partie du tout, et spécifiquement, à des parties du corps, même à des parties du discours :

> [a] *Le parler que j'ayme, c'est un parler simple et naïf, tel sur le papier qu'à la bouche ; un parler succulent et nerveux, court et serré,*
> [c] *non tant délicat et peigné comme véhément et brusque :*
>   *Haec demum sapiet dictio, quae feriet,*
>   [L'expression sera bonne si elle frappe]
> *plustot difficile qu'ennuieux, esloingné, d'affectation, desreglé, descousu et hardy ; chaque lopin y face son corps [...]* (I : 26 : 171-2).

Dans le chapitre sur les cannibales, le mot paraît deux fois, directement, et est impliqué une fois indirectement. La première fois, c'est, comme nous l'avons vu, au début du chapitre, quand Montaigne traite de la disparité entre l'objet en discussion et le discours de la discussion. Le « [a] petit lopin » (I : 31 : 205) est perdu dans le flot des informations et de l'argumentation. La seconde fois, Montaigne note que, lorsque les cannibales mangent du corps de leurs amis, ils en envoient aussi des parties (« [a] des lopins à ceux de leurs amis » (I : 31 : 209)) à leurs amis et parents. Dans le troisième cas, Montaigne, qui rapporte son entrevue avec le chef cannibale, se rappelle que, pour signifier le nombre de gens qu'il avait sous son commandement, le chef avait montré « [a] une espace de lieu » : « [a] Il me montra une espace de lieu, pour signifier que c'estoit autant qu'il en pourroit en une telle espace » (I : 31 : 214). Mais le champ sémantique est identique : il s'agit toujours d'un plan ou d'une section de terrain. Dans les trois cas, le *lopin* ou l'aire qu'il représente sont symboliques. Il s'agit d'une aire de la connaissance :

> [a] *Il nous faudroit des topographes qui nous fissent narration particuliere des endroits où ils ont esté. Mais, pour avoir cet avantage sur nous d'avoir veu la Palestine, ils veulent jouir de ce privilege de nous conter nouvelle de tout le demeurant du monde. Je voudroy que chacun escrivit ce qu'il sçait, et autant qu'il en sçait, non en cela seulement, mais en tous autres subjects : car tel peut avoir quelque particuliere science ou experience de la nature d'une riviere ou d'une fontaine, qui ne sçait au reste que ce que chacun sçait. Il entreprendra toutes-fois, **pour faire courir ce petit lopin**, d'escrire toute la physique. De ce vice sourdent plusieurs grandes incommoditez* (I : 31 : 205).

Quand Montaigne souhaite que les géographes et les historiens fussent capables de rapporter exactement ce qu'ils auraient vu, comme s'ils décrivaient leur *lopin,* son discours est identique à celui qu'il tient quand il écrit les cannibales qui envoient des morceaux de chair cuite à leurs parents : faire voir, faire toucher, et, mieux, faire manger. Qu'en serait-il d'une science cannibale ? « [a] Cela faict, ils le rostissent et en mangent en commun et en envoient des *lopins* à ceux de leurs amis qui sont absents » (I : 31 : 209). A manger seulement une partie, un *lopin,* le cannibale partage ce corps avec les autres et il se remplit lui-même, symboliquement, du sang et de la chair de ses parents décédés. La relation qui existe entre une description limitée (le *lopin* désigne ici tout autant l'activité descriptive que l'objet décrit) et une description globale ou hyperbolique à la manière des cosmographes est symétrique de la relation entre une seule partie du corps cannibalisé et le corps tout entier. Le corps dans son entier ne peut être possédé par une seule personne, parce que la chair doit être possédée par tous, et parce que le corps de l'ennemi contient la chair et l'âme des autres, parents et amis, eux-mêmes cannibalisés dans le passé, les cannibales n'ont pas l'obligation de consommer le corps entier. De même un seul homme n'est pas capable de rendre compte de tout un univers. Mieux vaut d'abord s'assurer de l'expérience limitée d'un géographe honnête, et, seulement ensuite, extrapoler vers une définition générale de l'autre et du nouveau : le savoir n'est ni accumulation ni quantification ; il est mise en relation.

A relire le texte des *Essais,* cependant, on trouve que le *lopin,* qui est seulement une partie et un symbole du corps tout entier, et qui n'a ainsi de valeur que dans la mesure où il désigne le corps en entier, est aussi une entité séparée : un fragment, qu'on ne peut jamais connaître en soi, mais seulement en tant qu'il renvoie à la partie qui manque. Circulant dans un champ sémantique assez confus, qui comprend non seulement le *lopin,* mais aussi l'*allongeail,* l'*invention fauce* et la *piece fauce,* Montaigne rêve que les auteurs de relations ne font jamais leur rapport selon ce qu'ils ont vu, mais seulement d'après les circonstances. En d'autres termes, il ne peut jamais y avoir de connaissance complète du *lopin,* puisqu'un *lopin* isolé, sans relation à la terre qui l'entoure, n'est qu'une fiction. On essaye toujours d'insérer la partie dans le tout, même si le tout ne correspond pas à la partie. La géographie est devenue science du recel et de la fiction chez ceux qui devraient savoir dire la vérité :

> [a] [...] car les fines gens remarquent bien plus curieusement et plus de choses, mais ils les glosent ; et, pour faire valoir leur interpretation et la persuader, ils ne se peuvent garder d'alterer un peu l'Histoire : ils ne vous representent jamais les choses pures, ils les inclinent et masquent selon le visage qu'ils leur ont veu ; et, pour donner credit à leur jugement et vous y attirer, prestent volontiers de ce costé là à la matiere, l'alongent et l'amplifient (I : 31 : 205).

Ce paragraphe précède immédiatement le passage cité plus haut dans lequel Montaigne parle de ceux qui outrepassent l'objet initial de leur description (« [a] Il entreprendra toutes-fois, pour faire courir ce petit lopin, d'escrire toute la physique » (I : 31 : 205)). Quand on lit un paragraphe après l'autre, on découvre que l'usage de références géographiques, qui inclut la terre, l'eau, « [a] la nature d'une rivière ou d'une fontaine », et, dans le contexte du « [a] petit lopin », « [a] toute la physique », *est en fait sujet au mouvement des interprétations entre voilement et dévoilement* : « [a] ils les inclinent et *masquent* selon leur visage qu'ils leur ont donné » (*ibid.*).

La double référence à la géographie et au masque se poursuit dans les deux champs sémantiques. Récits de voyages en des pays lointains sont allongés et exagérés : « [a] prestent volontiers de ce costé là à la matière, l'alongent et l'amplifient » (*ibid.*), parce que personne n'est capable de faire un rapport fiable de ses expériences, ou bien parce que l'homme est devenu trop sophistiqué pour dire la vérité : « [a] [...] Il faut un homme tres fidelle, ou si simple [...] » (*ibid.*), ou parce que la connaissance de toute chose particulière ne garantit absolument pas une meilleure compréhension du monde en général : « [a] car tel peut avoir quelque particuliere science ou experience de la nature d'une riviere ou d'une fontaine, qui ne sçait au reste que ce que chacun sçait » (*ibid.*).

3. *Découvrir, imaginer, figurer*

Par ses lectures, et le gros de ces lectures concerne la littérature de l'Antiquité, Montaigne construit la scène où, spectateur lui-même, il contemple les acteurs fameux du temps jadis. Il sait parfaitement qu'il n'est pas un d'entre eux. Il se sent inférieur à la majorité d'entre eux : il est seulement un des milliers de gens dont l'histoire ne garde aucune trace, et dont l'existence, par suite, n'a aucune importance :

> [a] *De tant de milliasses de vaillans hommes qui sont morts dépuis quinze cens ans en France, les armes en la main, il n'y en a pas cent qui soyent venus à nostre cognoissance. La memoire non des chefs seulement, mais des batailles et victoires, est ensevelie* (II : 16 : 627).

En outre, en dépit de son passage comme maire de Bordeaux, il ne se considère pas comme un personnage public, et il ne désire pas non plus faire, comme François Ier à Fontainebleau, une apparition symbolique[70]. Au mieux, il espère rester spectateur dans le théâtre mental qu'il s'est constitué. Il commence par isoler un épisode d'un récit qu'il a trouvé quelque part. Par là, il interrompt, *gèle* une séquence historique, et se donne le luxe de traiter le passé comme s'il s'agissait en vérité du présent. Un bon exemple en est la référence au Roi Pyrrhus au début de l'essai sur les Cannibales :

70. Dora et Erwin Panofsky, « The Iconography of the Galerie François Ier at Fontainebleau », *Gazette des Beaux Arts,* (1958), 6e période, LII, pp. 113-190.

> *[a] Quand le Roy Pyrrhus passa en Italie, apres qu'il eut reconneu l'ordonnance de l'armée que les Romains luy envoyoient au devant : Je ne sçay, dit-il, quels barbares sont ceux-ci (car les Grecs appelloyent ainsi toutes les nations estrangieres), mais la disposition de cette armée que je voys n'est aucunement barbare. Autant en dirent les Grecs de celle que Flaminius fit passer en leur païs, [c] et Philippus, voyant d'un tertre l'ordre et distribution du camp Romain en son royaume, sous Publius Sulpicius Galba* (I : 31 : 202).

Dans cette scène toute entière tirée de Plutarque, la référence à Pyrrhus est redoublée de celle à Flaminius et à Philippe. La combinaison des trois *exempla* fait un tryptique qu'on pourrait appeler : *la rencontre des faux primitifs*. Montaigne nous sert les trois références comme instances de comportements envers l'inconnu, sans toutefois montrer un intérêt particulier pour la scène elle-même. Il ne cherche pas à écrire sur Pyrrhus ou Flaminius, car son but n'est pas d'arriver à une compréhension historique de l'Antiquité, et, comme le montre le reste du chapitre, la présence des héros antiques est symbolique. Ils sont là seulement en tant qu'ils font partie d'une fable, et pour démontrer que les Indiens découverts par les Conquistadores ne sont pas des Barbares : « [a] Or je trouve, pour revenir à mon propos, qu'il n'y a rien de barbare et de sauvage en cette nation » (I : 31 : 205). Le triptique Pyrrhus/Flaminius/Philippe est construit pour servir de contrepoint et de correctif à une image généralement négative de l'indigène : il l'intègre à une histoire traditionnelle (Plutarque et l'histoire romaine) : « [a] [...] il n'y a rien de barbare ». En d'autres termes, les métaphores contiennent leur propre clef. Une fois déchiffrée, l'image de primitifs Romains faisant face aux Grecs porteurs de culture, reste en deçà, comme un trompe-l'œil pour servir de référence à la peinture des Indiens en primitifs. Dans ce qui ne devait être apparemment qu'une révision de l'histoire coloniale, Montaigne nous offre donc aussi une indication sur la manière dont il combine et tisse la lecture dans son écriture. Dans ce contexte, le lecteur n'est plus le récipiandaire passif d'une œuvre, mais un agent indépendant, interprétant une œuvre différente de celle que l'auteur avait en tête :

> *[a] Un suffisant lecteur descouvre souvant és escrits d'autruy des perfections autres que celles que l'autheur y a mises et apperceues, et y preste des sens et des visages plus riches* (I : 24 : 127).

L'auteur lui-même paraît différent de ce qu'il est en réalité. Son image, sa *figure* est tout à fait entre les mains du lecteur qui le transforme à son gré. En conformité avec l'étymologie médié-vale (un lecteur est un professeur qui lit une leçon à ses étudiants), le lecteur de Montaigne est doué d'une certaine autorité :

> [a] *Une bonne institution, elle change le jugement et les meurs, comme il advint à Polémon, ce jeune homme Grec débauché, qui, estant allé ouïr par rencontre une leçon de [c] Xénocrates, [a] ne remarqua pas seulement l'eloquence et la suffisance du lecteur, et n'en rapporta pas seulement en la maison la science de quelque belle matiere, mais un fruit plus apparent et plus solide, qui fut le sou-dain changement et amendement de sa premiere vie* (II : 17 : 660).

Et pourtant cette dernière citation montre clairement que le procès de lecture est infini. Une œuvre n'est jamais la même pour deux lecteurs différents. Elle change continuellement en changeant de lecteur. Montaigne, qui insiste toujours pour donner une image de soi aussi naturelle que possible, ne peut ainsi jamais s'attendre à rester le même aux yeux de tous ses différents lecteurs. En fait, une image *selon nature* doit forcément paraître à différents lecteurs, qui se l'approprient en la réinterprétant, non pas lisant un texte, mais lisant *à partir* d'un texte. Ce qui n'est pas sans conséquence pour le peintre ou l'autobiographe. Non seulement Montaigne met en doute l'idée qu'à l'origine un texte dit bien quelque chose de certain :

> [c] [...] *ny ceux qui sgavent n'ont à s'enquirir, d'autant qu'ils sça-vent, ny ceux qui ne sçavent, d'autant que pour s'enquerir il faut sçavoir de quoy on s'enquiert* (III : 13 : 1075).

Mais en doutant qu'il soit possible de produire une copie qui corresponde à l'original, une interprétation qui convient au texte qu'elle interprète implique que toute interprétation de l'essayiste est aussi bonne qu'une autre. La vérité de l'auto-portrait devient aussi problématique, dans la mesure où elle est fonction d'une réin-terprétation personnelle de la part de chaque spectateur ou lecteur. A la limite, les livres sont de simples témoignages (« [a] l'autre tes-moignage de l'antiquité auquel on veut rapporter cette descou-verte » (I : 31 : 204)). En lisant ces textes, nous devons réinterpré-ter ce qu'ils nous disent, comme si ce qu'il nous disent était caché et devait être redécouvert — non pas vu dans son altérité radicale, mais ramené à de justes proportions par un dévoilement, une apo-calypse (*des-couvert*) :

> [a] *Mais il n'y a pas grande apparence que cette Isle soit ce monde*

nouveau que nous venons de **descouvrir** *[...] L'autre tesmoignage*
de l'antiquité auquel on veut rapporter cette descouverte... que cer-
tains Carthaginois avoient **descouvert** *en fin une grande isle fertile*
(I : 31 : 204).

La *découverte* est pourtant fort problématique. Même si un
nouveau monde qu'envisageaient les récits antiques se laisse devi-
ner dans les nouvelles relations de voyage, cette représentation
encore étrange ne manque pas d'être interprétée, et perd, dans le
procès même de cette interprétation, son étrangeté, voire son
authenticité. Si Montaigne se félicite d'avoir eu à ses côtés comme
premier interprète ou truchement un matelot de Villegagnon, qui
l'a renseigné sur ce qu'il avait vu au Brésil :

> [a] *J'ay eu long temps avec moy un homme qui avoit demeuré dix*
> *ou douze ans en cet autre monde qui a esté* **descouvert** *en nostre sie-*
> *cle, en l'endroit où Vilegaignon print terre, qu'il surnomma la France*
> *Antartique* (I : 31 : 203).

— le second *truchement* qui l'a fort peu aidé dans son entretien
avec les cannibales le convainc de la difficulté de connaître ce qui
est vraiment autre :

> [a] *Je parlay à l'un d'eux fort long temps ; mais j'avois un truche-*
> *ment qui me suyvoit si mal, et qui estoit si empesché à recevoir mes*
> *imaginations par sa bestise que je n'en peus tirer guiere de plaisir*
> (I : 31 : 214).

Dans les *Essais,* la relation qui existe entre *imagination* au singulier et *imaginations* au pluriel est remarquable. Tandis que Montaigne fait référence à l'*imagination* comme la faculté qui transcende la raison et sur laquelle l'homme n'a aucun contrôle (il parle
souvent de la *force* de l'imagination), les différentes *imaginations*
auxquelles il fait allusion à la fin du chapitre sur les cannibales suggèrent que, dans le cours de sa communication particulière avec
les cannibales, Montaigne avait eu besoin de ses fantasmes pour
comprendre les sauvages : il avait eu besoin de se peindre à lui-
même leur pays lointain. En cela il se comporte bien comme les
cosmographes de la Renaissance qui veulent être plus peintres
qu'écrivains dans leurs descriptions :

> *Comme un paintre parfait, voulant effigier au naturel, & le visage*
> *et tout le corps d'un homme, suivant les traits, lineanmens, & pro-*
> *portions d'iceluy, a de coustume de dresser au craion, l'ombrage,*
> *& comme une Idée des membres principaux, & de les disposer en*

> *un accord, proportion sous pareille mesure, affin qu'il ne sorte des reigles, et nombreus deuz, & propres l'excellence de son art : & comme c'est son vray office, de donner tellement les couleurs chacun des membres, de les poser deuement en leur place, les esloigner quelquefois de la veue, pour avec le jugement de la perspective, voir ce qui y default, ou le trop de son œuvre, affin que avec telle diligence il puisse parfaire ce qu'il a entrepris en sa fantasie : **Il n'est pas moins seant celuy qui descrit l'histoire de se gouverner avec pareil devoir, & l'astraindre sous les mesmes lois de la painture, voire y fault un plus juste craion, & subtil pinceau, veu la delicatesse du tableau present, pour y dresser une chose tant excellente que la description de ce qui s'est passé entre les hommes**[71].*

Ailleurs (dans l'« Apologie », par exemple), Montaigne utilise le terme *imaginations* dans le sens d'*inventions* : « [a] Je trouvay belles les imaginations de cet autheur, la contexture de son ouvrage bien suyvie, et son dessein plein de piété » (II : 12 : 440). Mais la question se pose : quelle pensées claires et bien formées, quelle « [a] contexture bien suyvie » Montaigne pouvait-il avoir dans sa rencontre impromptue et face à face avec les Brésiliens ? — « Des Cannibales » fait l'épreuve de ses capacités descriptives. Comme les fameux voyageurs en Amérique qui furent bouleversés par les spectacles qui les attendaient, Montaigne essaie d'ajuster ses questions à l'image qu'il a d'un Nouveau Monde qu'il n'a jamais vu. Il essaie d'*imaginer* les scènes qu'il décrit à son lecteur. Étant donné les informations très limitées qu'il a sur ces gens, étant donné que son interprète est moins que passable, étant donné aussi que l'illustration disponible (livres, gravures) était des plus minces, il se peut que le terme *imagination* se réfère à la naïveté charmante des primitifs, une naïveté que les Européens ne possèdent plus. Mais Montaigne a aussi bien pu suggérer une rhétorique spéciale qui est tout à fait particulière aux primitifs :

> *[a] Or j'ay assez de commerce avec la poësie pour juger cecy, que non seulement il n'y a rien de barbarie en cette imagination, mais qu'elle est tout à fait Anacreontique* (I : 31 : 213).

L'exemple qui est donné du raffinement et de la délicatesse des primitifs est une chanson dans laquelle un amant chante un serpent, dont il entend se faire modèle pour offrir une ceinture à sa

---

71. François de Belleforest, « Préface », *Histoire universelle du monde*, Paris, (Gervais Mallot), 1570.

bien-aimée : « [a] [...] arreste toy, couleuvre, afin que ma sœur tire sur le patron de ta peinture la façon et l'ouvrage d'un riche cordon que je puisse donner à m'amie » (I : 31 : 213). A la différence d'une rhétorique *civilisée,* l'imagination indigène ne fait aucune distinction entre objets et signes, signes et symboles : un serpent est une ceinture pour la bien-aimée. Chaque objet est reçu, non pas comme objet, mais comme représentation, *peinture.* Montaigne, qui ne comprend pas la langue des primitifs, juge qu'elle est au moins fort réminiscente du Grec — langue qu'il ne connaissait que fort mal, et qui devait garder pour lui une densité et un caractère exotique que le Latin, qu'il connaissait si bien, semble avoir perdu pour lui : « [a] c'est un doux langage et qui a le son aggreable, retirant aux terminaisons Grecques » (I : 31 : 213) ». Dans la langue des primitifs, les frontières entre animé et inanimé, entre la nature et l'art, sont effacées et le discours tout entier baigne dans le concret : l'abstrait est relégué aux marges. Devant faire face à un monde dont ils peuvent comprendre les pratiques sans comprendre la théorie qui sous-tend ces pratiques (« [a] on leur fit voir nostre façon, nostre pompe, la forme d'une belle ville » (*ibid.*)), les Cannibales sont irrités : « [a] Ils dirent qu'ils trouvoient en premier lieu fort estrange que tant de grands hommes, portans barbe, forts et armez, qui estoient autour du Roy [...] se soubmissent à obeyr à un enfant » (*ibid.*).

4. Le texte idyllique

Dans la description du monde utopique des cannibales, qui vivent au bord de la mer, boivent et dansent tout le jour, quand ils ne sont pas à la guerre, il y a d'abord, le désir d'une société idyllique, dont le seizième siècle sait fort bien qu'elle n'est plus possible. Montaigne semble jouir de ses hyperboles, et son texte est cri du cœur :

> [a] C'est une nation, diroy je à Platon, en laquelle il n'y a aucune *espece de trafique ; nulle cognoissance de lettres ; nulle science de nombres ; nul nom de magistrat, ny de superiorité politique ; nul usage de service, de richesse ou de pauvreté ; nuls contrats ; nulles successions ; nulles occupations qu'oisyves ; nul respect de parenté que commun ; nuls vestemens ; nulle agriculture ; nul metal ; nul usage de vin ou de bled. Les paroles mesmes qui signifient le men-*

songe, la trahison, la dissimulation, l'avarice, l'envie, la detraction, le pardon, inouies (I : 31 : 206-7).

Mais l'éloge du pays indigène doit beaucoup aux réminiscences montaigniennes de la *Germanie* de Tacite. Or il n'est pas sans intérêt que le substratum littéraire de la *Germanie* ait donné à Montaigne un modèle de topique exotique et naturelle pour une description où il voudrait surtout présenter un point de vue original et personnel. « Des cannibales » devient ainsi le lieu d'un conflit entre deux traditions différentes : une tradition textuelle, qui remonte aux plus anciens textes de l'Âge d'Or, et une autre tradition d'oralité, qui reste comme un souvenir d'un monde que l'écriture a rendu caduc, et qui marque le texte utopique d'une fonction orale : toujours un informateur a raconté à l'auteur ce que ce dernier feint ensuite de passer à ses lecteurs. D'un côté, Montaigne nous communique ses pensées sur le Nouveau Monde à travers un texte connu, qui est déjà lui-même un éloge de la vie primitive. La représentation du Nouveau Monde est filtrée à deux fois : la première fois, au travers de Tacite, et la seconde fois, par l'intermédiaire de l'interprétation que Montaigne se donne de Tacite. En ce sens, l'image d'un pays trop beau pour exister ([a] « une contrée de païs tres-plaisante » (I : 31 : 207)) est plus attrayante que si Montaigne avait lui-même composé sa propre utopie : au moment où il se met à écrire, sa connaissance du pays indigène est de troisième main, mais il a aussi l'avantage de s'être inspiré d'un texte littéraire célèbre. D'un autre côté, sa description du Nouveau Monde cherche à éviter toute contamination par la tradition en conservant le format d'un rapport oral : « [a] de façon qu'à ce que m'ont dit mes tesmoings, il est rare d'y voir un homme malade » (I : 31 : 207) — fidèle en cela à une tradition qui, de Platon à Thomas More, requiert de l'écrivain qu'il s'en remette au rapport d'informateurs fiables. Or ce conflit des traditions produit un effet inattendu. La dépendance vis-à-vis du matériau antique a justement pour effet d'immuniser le texte contre une accusation d'inauthenticité, cependant que la volonté de mettre en valeur les témoignages de vive-voix aux dépens de rapports écrits sur la Conquête neutralise ce qui, dans ce recours à l'antique, risquait de faire passer le tableau des cannibales comme pure *bravura*. Le texte est fiable, précisément parce qu'il utilise les clichés d'une oralité traditionnelle dans une perspective littéraire traditionnelle. Les actions des

primitifs, rapportées et comparées sur tant de registres ne sont plus
que naturelles dans le contexte d'une représentation qui paraît à
la fois nouvelle et confirmée par l'histoire et la lecture des textes.

Paradoxalement, si Montaigne rejette le principe d'une information de seconde main, et s'il prend du plaisir à montrer comme
les faits sont en contradiction avec les relations qui prétendent les
établir, son texte est plein de considérations empruntées aux autres,
témoignages et lectures. Au début du chapitre, on a vu qu'il admet
librement sa dette au matelot de Villegagnon, et à la fin du chapitre, il communique avec les Brésiliens par l'intermédiaire d'un autre
truchement. Entre les deux, il s'inspire de Tacite. Le chapitre est
ainsi tout entier le lieu choisi d'un débat sur l'authenticité de la
voix du sujet de l'énonciation dans tous les récits. Il s'agit pour
Montaigne de savoir s'il doit porter la pleine responsabilité de ses
déclarations sur les sauvages, ou si, nous faisant seulement part
d'une information qu'il aurait ramassé dans ses lectures, il ne conçoit son texte que comme un sous-produit des élucubrations des
géographes et des cosmographes, tel Benzoni. S'il n'est pas douteux qu'il veuille décrire les sauvages avec le même zèle et soin avec
lesquels il se décrit soi-même, la question de la description des cannibales concerne bien directement le projet des *Essais* (parler de
soi, se peindre) et travaille le texte de l'essayiste : par quelle autorité, de quel droit peut-il faire servir une anthropologie à son autoportrait de tous les jours ? — et qu'est-ce qui autorise l'intrusion
de sa propre énonciation dans le texte des autres, les sources écrites sur les cannibales ? Au vrai, toute description d'un phénomène
aussi étrange que le Nouveau Monde requiert une modification des
positions d'énonciation : le locuteur, tel Montaigne à la fin de son
chapitre, parle moins par autorité, que par désir de donner un nouveau sens à la parole des autres. Mais comment instaurer cette
refonte ? Ignorant la langue indigène et soupçonneux des *truche-
ments* de la colonisation, il cherche une approche oblique à la culture des cannibales. Il l'*échantillonne*. Il se fait dire leurs mœurs,
il se fait traduire leurs chansons, pour reconstruire, à part, dans
son imagination, une scène qui n'appartient qu'à lui. Montaigne
donne à ses lecteurs beaucoup plus qu'une simple transcription :
il développe une idée, et choisit de replacer le *topos* déjà vieux du
cannibalisme (« [a] *invention* qui ne sent nullemment à barbarie »
(I : 31 : 212)) dans une nouvelle perspective inter-culturelle :

*[a] J'ay une chanson faicte par un prisonnier, où il y a ce trait :
qu'ils viennent hardiment trétous et s'assemblent pour disner de luy :
car ils mangeront quant et quant leurs pères et leurs ayeux, qui ont
servy d'aliment et de nourriture à son corps. Ces muscles, dit-il,
cette cher et ces veines, ce sont les vostres, pauvres fois que vous
estes ; vous ne recognoissez pas que la substance des membres de
vos ancestres sy tient encore : savourez les bien, vous y trouverez
le goust de vostre propre chair. Invention qui ne sent aucunement
la barbarie. Ceux qui les peignent mourans, et qui representent cette
action quand on les assomme, ils peignent le prisonnier crachant
au visage de ceux qui le tuent et leur faisant la moüe (I : 31 : 212).*

Peu après, l'essayiste recrée toute une atmosphère sur la base
de quelques paroles :

*[a] Outre celuy que je vien de reciter de l'une de leurs chansons guer-
rieres, j'en ay un'autre, amoureuse, qui commence en ce sens : Couleuvre, arreste toy ; arreste toy, couleuvre, afin que ma sœur tire
sur le patron de ta peinture la façon et l'ouvrage d'un riche cordon
que je puisse donner à m'amie : ainsi soit en tout temps ta beauté
et ta disposition preferée à tous les autres serpents. Ce premier cou-
plet, c'est le refrein de la chanson. Or j'ay assez de commerce avec
la poësie pour juger cecy, que non seulement il n'y a rien de barbarie en cette imagination, mais qu'elle est tout à fait Anacréontique.
Leur langage, au demeurant, c'est un doux langage et qui a le son
aggreable, retirant aux terminaisons Grecques (I : 31 : 213).*

Il a dû se fait traduire les paroles, mais comme il s'agit de poésie, il estime qu'elles doivent aussi être comprises à un autre niveau.
Elles contiennent un message secret, que la traduction est bien en
peine de rendre. C'est dans le corps de la langue elle-même, dans
le son et l'harmonie des paroles qu'il cherche le véritable sens de
la culture cannibale, à un niveau où la vie et l'art sont confondus
par l'imagination.

Certes, faire plus de crédit aux témoignages oraux qu'aux
témoignages écrits (« [a] Ils respondirent trois choses, d'où j'ay
perdu la troisieme » (I : 31 : 213)) est la préoccupation courante
du seizième siècle[72]. Mais la description de la vie quotidienne des
sauvages est faite par Montaigne sur un mode plus théâtral que celui
auquel le lecteur de livres de coutumes est habitué. Certes, l'interprète, le *truchement* ne sont jamais loin, et le lecteur a l'impression que l'information qu'on lui confie est de seconde main :

72. Michel de Certeau, *L'écriture de l'histoire*, Paris (Gallimard), 1975,
pp. 215-288.

> *[a] Au demeurant, ils vivent en une contrée de païs tres-plaisante*
> *et bien temperée ; de façon qu'à ce que m'ont dit mes **tesmoings**,*
> *il est rare d'y voir un homme malade ; et **m'ont asseuré** n'en y avoir*
> *veu aucun tremblant, chassieux, edenté, ou courbé de vieillesse* (I :
> 31 : 207).

Mais quand on compare la description de Montaigne avec celles
des cosmographes, on se rend compte qu'une des fonctions du texte
idyllique est de faciliter une compréhension plus intimiste de la culture cannibale, et que l'idylle y est un effet, non pas d'un rapport
individuel entre le descripteur et ses *sauvages,* mais du mode générique et totalisant de la description par laquelle il les valorise. Tout
ce qui concerne le mode de vie sauvage est relaté dans un texte qui
considère les cannibales tous ensemble comme un groupe parfait
occupé d'une activité quotidienne (ils chassent, ils pêchent, ils boivent). En une seule page, Montaigne repasse tout le mode de vie
sauvage. Il décrit l'environnement physique (« [a] ils sont assis le
long de la mer » (207)), le régime, en insistant particulièrement sur
leurs boissons (« [a] leur breuvage est faict de quelque racine, et
est de la couleur de nos vins clairets (*ibid.*) »). Il parle de la divi-
sion du travail entre hommes et femmes (« [a] car les femmes couchent à part de leurs maris [...] une partie des femmes s'amusent
cependant à chauffer leur breuvage [...] » (212)). Il s'entiche de
moralité (« [a] la vaillance contre les ennemis et l'amitié à leurs femmes » (213)). Il entrelarde des considérations philosophiques avec
des remarques sur l'hygiène des sauvages (« [a] ils sont ras par
tout » (213)). C'est comme si, ayant rêvé plus loin que les livres
et les témoignages de vive-voix, il était devenu lui-même le poète
du Nouveau Monde : « [a] Or j'ay assez de commerce avec la poësie [...] » (213).

II. INTERPRÉTATION

1. « Sans approuver les fables » (?)

Mais qu'en est-il des textes que Montaigne a pu lire ? S'il est vrai que l'auteur des « Cannibales » écrivit le chapitre sur les cannibales sur la base de sa rencontre avec les Brésiliens de Rouen, et sans trop se soucier des livres disponibles, une comparaison de l'anthropologie des *Essais* avec d'autres de son époque montre que la problématique de la représentation, de la médiation et de l'interprétation est au centre des recherches contemporaines. S'il est aussi vrai que Montaigne cherche à substituer à la représentation traditionnelle du sauvage dans les livres de l'époque une *imagination* plus réelle, fondée, comme dans « Des cannibales », sur l'expérience personnelle, ce goût de l'authentique n'est pas rare à l'époque. Le problème est moins l'authenticité du récit, de la *relation,* que le statut du sujet de l'énonciation dans la relation. Dans sa préface à sa relation sur le Brésil, qu'il appelle « La France Antarctique », Léry remarque que, si son style peut laisser à désirer, au moins il ne raconte que ce qu'il a vu. Il ne prétend avoir aucun talent particulier à la description. Il se borne à déclarer qu'il dit la vérité, à la différence des autres qui embellissent leurs descriptions (« sans approuver les fables qui se lisent és livres de plusieurs, lesquels se fiant aux rapports qu'on leur a faits, ou autrement, ont escrit choses du tout fausses »)[73]. Il est tout à fait conscient du fait

---

73. Jean de Léry, *Histoire d'un voyage faict en la terre du Brésil*, Nouvelle édition avec une introduction et des notes, par Paul Gaffarel, Paris (Alphonse Lemerre), 1880 [1579], I, p. 35 (toutes références ci-après à cette édition).

que sa relation peut paraître bizarre, incroyable, mais il tient que
c'est bien là la preuve qu'il dit la vérité :

> *Je me suis retracté de l'opinion que j'ay autrefois eue de Pline, &
> de quelques autres descrivant les pays estranges, parce que j'ay veu
> des choses aussi bizares & prodigieuses qu'aucunes qu'on a tenues
> incroyables dont ils font mention [...] (I : 35).*

Pour Léry, d'ailleurs, cette franchise va de soi. Fier de sa foi
réformée, il accuse dans sa préface Villegagnon, le fondateur d'une
colonie française au Brésil, de n'avoir jamais déclaré ses convictions religieuses (« la dissimulation de Villegagnon nous fut si bien
descouverte, qu'ainsi qu'on dit communément, nous cogunsmes lors
de quel bois il se chauffoit »), et Thevet, dans ses *Singularitez de
la France antarctique,* de n'avoir pas avoir dit la vérité sur la campagne de l'amiral. Léry rejoint ainsi Montaigne qui critiquait déjà
l'auteur de la *Cosmographie de Levant* pour avoir donné aux lecteurs de ses *Singularitez* un matériau fantaisiste.

L'obsession d'une communication orale a des conséquences
tout à fait particulières. A certains moments, quand l'explorateur
n'a pu établir un contact direct avec l'autre, il doit, comme Montaigne dans ses « Cannibales », avoir recours au *truchement*. Ce
truchement est le symbole de la barrière linguistique qui sépare colo-
nisateurs et colonisés et qui isole chaque groupe de primitif l'un
de l'autre[74]. Dans la plupart des cas, le *truchement* n'est pas tant
un interprète que le représentant de la culture qu'il décrit. Léry est
plein de louanges pour la compétence de son *truchement* :

> *[...] lequel [le truchement] non seulement pour y avoir demeuré sept
> ou huit ans, entendoit parfaitement le langage des gens du pays,
> mais aussi parce qu'il avoit bien estudié, mesme en la langue grec-
> que (ainsi que ceux qui l'entendent ont ja peu voir ci-dessus) ceste
> nation des Toüoupinambaoults a quelques mots, il le pouvoit mieux
> expliquer (II : 122).*

---

74. Les historiens ont très tôt remarqué le primat de la question linguistique
dans le contexte des grandes découvertes. Andres Vazquez de Espinosa note la « confusion et diversité des langues » en Amérique dans son *Compendio y Descripcion
des Indias Occidentales,* I : 13 (texte établi et traduit par Charles U. Clark, Was-
hington (Smithsonian), 1948 [1629], p. 28). Voir aussi : Pierre Chaunu, *Conquête
et exploitation des nouveaux mondes (XVIe siècle),* Paris (PUF), 1969, pp. 376-384 ;
et Tzvetan Todorov, « Moctezuma et les signes » et « Cortés et les signes », *La
conquête de l'Amérique, op. cit.,* pp. 69-128.

SABINA POPPÆA

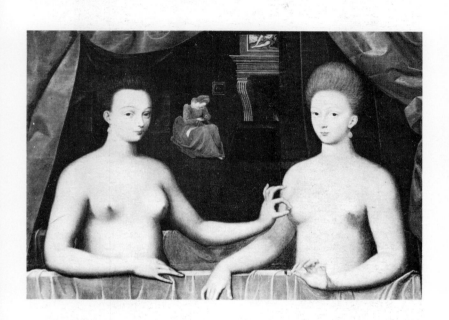

PLANCHES

Ailleurs (Chapitre 20 : « Colloque de l'entrée ou arrivée en la terre du Brésil, entre les gens nommés Toüpinambaoults et Toupinenkins en langage sauvage et françois »), il offre à son lecteur une *grammaire* de la langue des primitifs. Cette grammaire, qui est d'ailleurs plus un manuel qu'un traité de la langue, représente un effort pour introduire la langue des primitifs au lecteur européen, mais, aussi, d'une certaine façon, pour le préparer lui-même à son entrevue avec les sauvages. Le fantasme de cette conversation reconstruite, où le Français de passage partage la place de l'énonciateur avec Léry lui-même, sort la relation de Léry du domaine des récits de voyage et cosmographies, et en fait une pratique. Le lecteur est invité à pratiquer les sauvages. Léry ne donne pas seulement les règles de grammaire. Il fournit aussi les règles qui président à l'élaboration d'un nouveau langage et qui associent les participants au procès de découverte :

> *Autant qu'on enaura on leur pourra nombrer par paroles iusques au nombres de cinq, en les nommant ainsi [...] mais s'ils ont passé le nombre de cinq, il faut que tu monstres par les doigts et par les doigts de ceux qui sont aupres de toy, pour accomplir le nombre que tu leur voudras donner à entendre [...]* (II : 124).

Dans son dialogue reconstitué, où l'auteur cherche à illustrer les différences entre la langue des primitifs et celle des Européens, Léry nous fait constater que la simple transcription des paroles du discours ne suffit pas, puisque la différence n'est pas seulement dans la langue, mais dans la façon de penser : « des pères de famille que frustratoirement on appelle Rois, qui demeurent ausdits villages : & en les cognoissant on en pourra juger » (II : 128). Dans un certain sens, vouloir expliquer ces différences, c'est tenter l'impossible :

> *Si est-ce neantmoins qu'à cause de leurs gestes & contenances du tout dissemblables des nostres, je confesse qu'il est malaisé de les bien représenter ni par écrit, ni mesme en **peinture*** (I : 137).

Ce qui manque à présent, c'est un commentaire qui va mettre les choses en perspective, et faire des Indiens et des Européens les interlocuteurs d'un dialogue imaginaire dans un contexte où ils peuvent rejouer le drame de la découverte et de la conquête, selon les règles déjà suggérées par Ronsard dans son admonition à Muret :

> *La voile au vent, il te faudra promettre*
> *De ne vouloir en France revenir*

Jusques à tant qu'on voïe devenir
Le More blanc, & le François encore
Se basanant prendre le teint d'un More[75].

Mais, pour que le commentaire soit efficace, il faut que le commentateur demeure à l'arrière-plan. Sa fonction est de faciliter la compréhension entre les parties, sans se faire remarquer lui-même. Ainsi la plupart des textes de Léry sont remplis de parenthèses justifiant et expliquant, à la manière de nos notes modernes, ce qui mérite une référence particulière :

> *Vraiment, dit lors mon vieillard (lequel, comme vous jugerez n'estoit nullement lourdaut) à ceste heure cognois-je, que vous austres* Mairs, *c'est-à-dire François, estes de grands fols : car vous faut-il tant travailler à passer la mer, sur laquelle (comme vous nous distes estans arrivez par deçà) vous endurez tant de maux, pour amasser des richesses ou à vos enfants ou à ceux qui survivent apres vous ?* (II : 13).

Mais la reconstitution du dialogue entre sauvages et civilisés est difficile, parce que la ligne entre histoire et commentaire est floue, et que l'auteur/*truchement* doit constamment choisir entre traduire et expliquer. Il doit, certes, transcrire (« *Mairs,* c'est-à-dire François »), mais il doit aussi demeurer conscient des différentes fonctions qui activent le procès de communication. Il parle *à* ses lecteurs : « (lequel, comme vous jugerez, n'estoit nullement lourdault) » ; et il doit aussi parler *pour* les sauvages et les Européens dont il rapporte les paroles au fil des pages, mais en ajoutant à chaque fois le contexte explicatif qui marque la position d'énonciation « comme vous nous distes, estans arrivez *par deçà* » [c'est moi qui souligne]. Dans le contexte de cette problématique du truchement, le meilleur moyen de décrire le Nouveau Monde est de fournir un texte à double compétence : capable de transcrire le sauvage en termes de civilisation, mais capable aussi de préserver l'héritage des deux cultures, et de créer du sens sans amenuiser la distance qui sépare les deux cultures. C'est seulement ainsi que le descripteur peut se flatter d'avoir rapporté la vérité : « Voilà sommairement & au vray le discours que j'ay ouy de la propre bouche d'un pauvre sauvage amériquain » (II : 13).

75. Pierre de Ronsard, « Les isles fortunées, à Marc Antoine de Muret », in Ronsard, *Œuvres complètes,* V, v. 46-50, édition P. Laumonier, Paris (Hachette), 1928, p. 175.

Au lieu de chercher à faire une réduction de l'inconnu au connu, le géographe établit entre le domaine du connu et celui de l'inconnu un moyen terme, un métatexte, dans lequel sont inclues les perspectives des différents locuteurs. C'est dans ce lieu méta-textuel que réside le pouvoir de l'interprétation : celui d'un *topos* neutre, où les coutumes peuvent être comparées et expliquées par l'historien qui est alors devenu un intermédiaire, et pas seulement un traducteur. Même si l'idéal généreux du poète est d'apprivoiser un bon sauvage, l'échange, la réversibilité complète des positions suggérée par l'Ode à Marc de Muret n'offrent rien qui vaille. Léry, par exemple, s'insurge contre un *truchement* qui a perdu son objec-tivité et se comporte comme un vrai sauvage :

> *Sur quoy, à mon grand regret, je suis contraint de reciter icy, que quelques Truchemens de Normandie, qui avoyent demeuré huict ou neuf ans en ce pays là, pour s'accommoder à eux, menans une vie d'atheistes, ne se polluoyent pas seulement en toutes sortes de pail-lardises & vilenies parmi les femmes & les filles, dont un entres autres de mon temps avoit un garçon aagé d'environ trois ans, mais aussi surpassant les sauvages en inhumanité, j'en ay ouy qui se vantoyent d'avoir tué et mangé des prisonniers* (I : 52).

Conserver cette différence ne veut pas dire juger. Dans ses *Sin-gularitez,* Thevet admet des distinctions culturelles irréductibles et incompréhensibles, qu'il justifie en les mettant sur le compte du Diable[76]. Dans sa *Cosmographie,* Belleforest fait de même. Plus discrets, Léry et Montaigne préfèrent laisser le bénéfice du doute aux sauvages : s'ils sont différents, c'est que nous ne les savons pas comprendre : « Mais comme l'expérience m'a monstré plusieurs fois depuis, ce n'estoit que faute de savoir leur manière de faire » (18 : 100). Dans ces cas-là, une traduction littérale est impossible. On doit donner la barre à l'imagination et réconcilier fantasme et histoire :

> *La dessus le truchement m'ayant adverti qu'ils desiroyent sur tout de savoir mon nom, mais que de leur dire Pierre, Guillaume ou Jean, eux ne les pouvans prononcer ni retenir (comme de fait, au lieu de dire Jean, ils disoyent Nian), il me falloit accommoder de leur nom-mer quelque chose qui leur fust cognue : cela (cela comme il me*

---

76. « Des visions, songes et illusions de ces Amériques, et de la persécution qu'ils reçoivent des esprits malins », André Thevet, *Les Singularitez de la France antarctique,* chapitre 35, Paris (Maurice de la Porte), 1558, pp. 64-65.

*dit) estant si bien venu à propos que mon surnom Léry signifie une
huître en leur langage, je leur dis que je m'appelois* Lery-oussou :
c'est-à-dire une grosse huître (II : 18).

Quoi qu'il en soit du statut des interprètes, celui de l'auteur
n'est jamais en doute, qui leur donne voix et les autorise. La plupart des géographies du seizième ont en commun le fait qu'elles
sont écrites d'un point de vue véridictoire. On n'a pas à se demander où réside le pouvoir de dire la vérité : la plupart de ces livres
furent écrits par des gens épris de leur mission militaire ou religieuse,
et c'est cette mission qui confère son autorité à l'écrivain[77]. Dans
la mesure où l'auteur interprète, il tente de faire passer une vérité
qui n'entre pas dans le contexte de sa mission, et il doit donc avoir
recours à une autre autorité que celle qui lui est conférée par l'État
ou l'Église. Il doit parler pour lui-même, et uniquement lui-même.
Léry s'en explique fort bien, quand dans la préface à son *Histoire*
il déclare que la *Cosmographie* de Thevet n'est pas digne de recevoir le privilège royal, puisqu'elle est pleine d'erreurs. Ayant laissé
parler ses témoins et rempli son devoir de présentation, le géographe cherche à faire authentifier sa propre autorité. C'est lui le met-
teur en scène.

2. *Truchement du corps nu : (I)*

Or c'est dans la discussion de la nudité des primitifs que la
nécessité de cette autorité s'impose. Ainsi que l'a montré Geoffroy
Atkinson, le problème de la nudité est un des plus importants auxquels les explorateurs doivent faire face[78]. Venant d'un monde, où,
malgré la révolution de Michel-Ange, un corps nu continue à être
considéré comme un affront à la religion[79], sans autre fonction que
d'enflammer et de tromper les sens, leur première réaction est
d'enseigner aux *sauvages* à porter des vêtements, voire de l'exiger,
manu militari, mais sans grand succès :

77. Pierre Chaunu, *op. cit.*, pp. 362-3.

78. G. Atkinson, *Les nouveaux horizons de la Renaissance française,* Genève
(Droz), 1935, pp. 62-73.

79. L'Arétin, Lettre à Alessandro Corvino sur le « Jugement dernier » de
Michel-Ange, dans : *Épistolario del Aretino,* édition Francesco Flora, Milan (Mon-
dadori), 1960, p. 225.

Brief, si c'eust esté au choix de ces pauvres miserables, & qu'à grands coups de fouets on ne les eust contraintes de s'habiller, elles eussent mieux aimé endurer le halle & la chaleur du soleil, voire s'escorcher les bras & les espaules, à porter continuellement la terre & les pierres, que de rien endurer sur elles. (Léry, I : 8 : 117).

Certains tentent de mitiger le dévoilement corporel. Par exemple, là où Vespucci avait mentionné des tribus entièrement nues, Belleforest décrit des gens utilisant des feuilles de vigne[80]. Mais, d'autres, ne craignant pas de s'inscrire en faux de la théologie, n'hésitent pas à justifier la nudité totale. Ainsi Léry affirme que les *sauvages* ne font rien de mal en restant nus. La nudité n'est absolument pas entachée de la honte qui tourmente les Européens et met à jour leur duplicité. C'est eux qui, en se couvrant, se donnent l'occasion d'une vergogne sexuelle.

Mais ce que j'ay dit de ces sauvages est, pour monstrer qu'en les condamnans si austerement, de ce que sans nulle vergongne ils vont ainsi le corps entierement descouvert, nous excedans en l'autre extremité, c'est-à-dire en nos bombances, superfluitez & eux en habits, ne sommes gueres plus louables. Et pleust à Dieu, pour mettre fin à ce point, qu'un chacun de nous, plus pour l'honnesteté & necessité, que pour la gloire et la mondanité, s'habillast modestement (I, 8 : 140).

Léry insiste sur deux points. D'abord, il déclare qu'un corps nu n'excite pas : « pour en parler selon ce qui s'en est communement apperçeu pour lors, cette nudité ainsi grossiere en telle femme est beaucoup moins attrayante qu'on ne cuyderoit » (I : 139). Ensuite, il suggère que c'est le corps couvert, voilé, qui entraîne à la tentation :

Et partant, je maintiens que les attifets, fards, fausses perruques, cheveux tortillez, grands collets fraisez, vertugales, robbes sur robbes, & autres infinies bagatelles dont les femmes & filles de par deçà contrefont & n'ont jamais assez, sont sans comparaison cause de plus de maux que n'est la nudité ordinaire des femmes sauvages (I : 8 : 139).

La nudité des sauvages présente un problème spécial : les missionnaires sont confrontés par un corps sans nécessité de vêtements. Comme le dit Atkinson, c'étaient des gens si nus qu'ils n'avaient

---

80. Atkinson, pp. 65-66.

même pas de vêtements pour se couvrir[81]. Faire face à ces corps nus est une expérience même plus étrange que de faire face à une langue qu'on ne comprend pas, puisque le corps se présente sans possibilité d'être couvert, habillé, interprété. Un corps nu est un corps sans *truchement* (au double sens d'un corps qui défie l'interprète et l'interprétation). Les sauvages ne comprennent pas la fonction de l'habillement, et les Européens ne comprennent pas la fonction de la nudité. Comme Thevet le remarque dans ses *Singularitez,* les sauvages vivent tous nus, comme s'ils venaient de sortir du ventre de leur mère[82]. Ils voient les habits comme un ornement et ils refusent de le porter, parce qu'ils ont peur de les gâter :

> *Toutefois ils sont fort desireux de robes, chemises, chapeaux, et autres accoutrements, et ils les estiment chers et precieux, jusques là, qu'ils les laisseront plus tost gâter en leurs logettes que les vêtir, pour crainte qu'ils ont de les endommager*[83].

En refusant de porter des vêtements, les sauvages confirment leur statut de non-civilisés, et, en ce sens, Montaigne a raison de terminer son chapitre sur un commentaire ironique : ils ne portent pas de chausses (I : 31 : 214). Ils se retirent aussi de la sphère d'interprétation, dans laquelle leurs actions peuvent être comparées et comprises : « par quoi se mettront nus, tant sont rudes et mal avisés »[84], et laissent l'interprète à ses conclusions : Léry s'autorise, on l'a vu, d'une discussion sur la nudité des sauvages, pour attaquer certains hérétiques et débauchés d'Europe. Le vêtement, qui peut certes couvrir et cacher ce qu'on ne doit pas voir, reste donc un élément essentiel dans la médiatisation et l'appréhension de l'autre. Il le rend reconnaissable et interpétable. C'est là un argument herméneutique, qui authentifie une différence radicale entre Européens et Américains, et qui est vite transformé en argument historique, dès qu'on s'aperçoit que l'apparition du vêtement est liée, non seulement à

81. Atkinson, *op. cit.*, p. 64.

82. Thevet, *op. cit.*, chapitre 29, p. 54 : « Les Amériques et leur manière de vivre, tant hommes que femmes ». C'est là un exemple de la contamination, évidente, entre plusieurs cosmographies. Belleforest (1570) utilise la même expression, « comme s'ils étaient sortis du ventre de leur mère », qu'on trouve dans les *Singularitez.*

83. Thevet, *Les singularitez de la France antarctique, ibid.*

84. *Ibid.*

la tradition de la perte du Paradis, mais aussi à l'entrée dans le domaine historique. Il n'y a pas d'histoire nue. Nous sommes les enfants d'Adam et d'Ève, tous nus dans le jardin d'Eden : « Ce n'est pas cependant que contre ce que dit la Sainte Écriture d'Adam et d'Ève, lesquels, apres le pesché, recognoissans qu'ils estoyent nuds, furent honteux [...] » (Léry, I : 8 : 139)[85]. Et dans leur nudité, les sauvages nous rappellent aussi un stage primitif de notre propre histoire, vers lequel nous ne pourrons jamais retourner :

> Aucuns ont escript que Hercules de Lybie venant en France, trouva le peuple vivant presque à la manière des Sauvages, qui sont tant aux Indes du Levant, qu'en Amérique, sans civilité : et alloyent les hommes et femmes presque tous nuds : les autres estoyent vestus de peaux de diverses especes de bestes [...] Encore sont en ceste rude incivilité ces pauvres Sauvages [...] En quoy ne pouvons assez louër et recognoistre nostre Dieu, lequel par singuliere affection, sur toutes les autres parties du monde, auroit uniquement favorisé à nostre Europe[86].

Les sauvages doivent être considérés comme étrangers, parce qu'ils représentent notre passé. Les accepter, c'est accepter que nous sommes comme eux : que nous n'avons pas grandi. Curieusement, c'est cette même référence à la nudité que Montaigne utilisera dans « Des coches » pour montrer la réversibilité de l'argument historique :

> [b] Il estoit encore tout nud au giron, et ne vivoit que des moyens de sa mere nourrice. Si nous concluons bien de nostre fin, et de poëte de la jeunesse de son siècle, cet autre monde ne fera qu'entrer en lumière quand le nostre en sortira (III : 6 : 908-9).

Le corps nu peut servir de référence à la fois à une défense et à une attaque de la civilisation.

Le vêtement devient le symbole d'un jeu de différences où les différences culturelles sont à la fois absolues (ne pas porter de vêtement est sacrilège dans le contexte d'une histoire religieuse), et relative (les sauvages, qui sont à la porte de l'histoire, sont nus, comme des nouveaux-nés). Mais, parce que la question est plus symboli-

85. Voir aussi Thevet, p. 54 : « [...] avant le peché d'Adam et Ève, l'escripture sainte nous tesmoigne qu'ils estoient nuds, et après se couvroient de peaux, comme pourries [...] de present en Canada ».

86. Thevet, chapitre 78, p. 153.

que que réelle, l'interprétation du corps nu devient aussi le modèle
qui illustre la difficulté de toute interprétation. D'un côté, le corps
nu est parfaitement visible, mais n'est pas transparent. De l'autre,
ce corps, une fois habillé, n'est vraiment rien d'autre qu'un autre
corps de civilisé, un corps caché par le vêtement. Habiller les sauvages n'est pas la solution non plus, puisque ils ont toujours de
bonnes raisons, on l'a vu, pour ne pas porter les vêtements qu'on
leur donne, ou, même, comme l'indique le passage suivant, pour
les porter de travers :

> Mais pour la fin & bou du jeu, tout ainsi que ces bonnes gens, tous
> nuds, à leur arrivee n'avoyent pas esté chiches de nous montrer tout
> ce qu'ils portoyent, aussi au despartir qu'ils avoyent vestu les che-
> mises que nous leur avions baillées, quand ce vint à s'asseoir en la
> barque (n'ayant pas accoustumé d'avoir linges ny autres habillemens
> sur eux) à fin de ne les gaster en les troussant jusqu'au nombril,
> & descouvrant ce que plustost il falloit cacher, ils voulurent enco-
> res, en prenant congé de nous, que nous vissions leur derriere et
> leurs fesses. (Léry, I : 5 : 77).

La nudité des sauvages constitue une dimension historique, qui
permet à l'historien de faire la différence entre sauvage et civilisé
sur la base de données historiques, et d'offrir une perspective dans
laquelle comprendre cette différence veut simplement dire : prendre l'histoire en ligne de compte. Ou bien les sauvages nous précèdent et nous avons, comme dans le cas de Thevet, la possibilité et
le droit d'apprécier notre progrès sur eux — ou bien on nous rappelle, comme chez Montaigne, que notre position, dans la Roue
du Temps, n'est qu'un moment du cycle. Au même moment, pourtant, la nudité est le véhicule qui donne à l'historien la possibilité
de comprendre que sa perspective historique est de toutes façons
relative, et que des sauvages nus et des Européens habillés peuvent
survivre dans un même temps historique. Ils ne se contredisent
point. Ils se désignent l'un l'autre.

3. *Truchement du corps nu (II)*

Quelles sont les conséquences de cette épiphanie problématique du corps en littérature et en histoire ? L'œuvre de Bodin a fami-
liarisé les lecteurs avec l'idée d'une histoire proprement humaine,
qui échapperait à des déterminations théologiques ou scolastiques.
Les travaux de Le Roy chantent les louanges de l'évolution et du

progrès[87]. Mais le caractère le plus remarquable de ces œuvres est le fait qu'elles mettent en valeur la diversité de l'histoire humaine. Les hommes ont différentes coutumes, parce qu'ils sont sujets à des conditions très différentes : conditions climatiques, culturelles et sociales. La grande question, c'est alors de savoir laquelle de ces conditions est la plus importante. Dans « De l'usage de se vestir », Montaigne dit :

> [a] Ou que je vueille donner, il me faut forcer quelque barriere de la coustume, tant ell'a soigneusement bridé toutes nos avenues. Je devisoy, en cette saison frileuse, si la façon d'aller tout nud de ces nations dernierement trouvées, est une façon forcée par la chaude temperature de l'air, comme nous disons des Indiens et des Mores, ou si c'est l'originele des hommes (I : 36 : 225).

Et il conclut que c'est la coutume, notre seconde nature, qui nous fait nous habiller d'une façon ou d'une autre :

> [a] Et est aisé à voir que c'est la coustume qui nous faict impossible ce qui ne l'est pas, car, de ces nations qui n'ont aucune connoissance de vestemens, il s'en trouve d'assises environ soubs mesme ciel que le nostre (I : 36 : 225-6).

Dans tout le débat sur le vêtement, le centre d'attention est déplacé d'une discussion sur les différences dans le costume à une interrogation sur le corps comme surface : la question de la nécessité ou de la superficialité du vêtement est elle-même symbolique de la question de la perception du corps, comme objet opaque ou transparent[88]. Et cette dernière est elle-même une métaphore de la relation de la langue aux paroles, et des paroles à la pensée. Le corps lui-même est un vêtement, un voile, sinon une barrière : « [c] Entre ma façon d'estre vestu et celle d'un païsan de mon païs, je trouve bien plus de distance qu'il n'y a de sa façon à un homme qui n'est vestu que de sa peau » (I : 36 : 226).

Il y a une relation entre le fait que le corps est cette surface bloquant la vue, un en-dessous de la couverture, du voile, et le fait que la langue des sauvages demeure opaque pour les nouveaux venus Européens. Même si les explications du *truchement* réussis-

---

87. Jean Bodin, *La méthode de l'histoire*, in *Œuvres philosophiques de Jean Bodin*, texte établi par Pierre Mesnard, Paris (PUF), 1935 ; Louis Le Roy, *De la vicissitude ou varieté des choses en l'univers*, Paris (L'Huillier), 1575, livre XI.

88. Starobinski, *op. cit.*, p. 170.

sent à ouvrir un champ de communication entre conquérants et futures victimes, cette communication n'est pas seulement imparfaite et incomplète, comme Montaigne en fit l'expérience. Elle est aussi très limitée par les circonstances. A un certain moment, quand les Européens se trouvent nez à nez avec une cérémonie primitive, à laquelle ils assistent comme observateurs ou espions, Léry déclare que son *truchement,* malgré les longues années passées chez les sauvages, n'avait jamais eu l'occasion de participer à une pareille cérémonie :

> *Mais parce que quand je voulois sortir pour en approcher, non seulement les femmes me retiroyent, mais aussi notre truchement disoit que depuis six ou sept ans qu'il y avoit qu'il estoit en ce pays la, il ne s'estoit jamais osé trouver parmi les sauvages en telle feste* (1 : 16 : 69).

Le *truchement* (l'interprétation) est interrompu, parce que le *truchement* (l'interprète), qui place toujours son expérience dans un contexte, dans lequel il existe un au-delà, un domaine contigu de la culture primitive et de la culture européenne, cesse de fournir ce contexte. Restent les corps et les pratiques indigènes. Comme je l'ai dit plus haut à propos du corps nu, il n'y a rien à expliquer : voir la cérémonie sans la connaître, pouvoir la pratiquer, c'est rester en position d'aliéné, d'incompétent. Rien à enlever, rien à traduire. Le *truchement* ne vaut pas mieux que les Européens. Et les Européens ne peuvent généralement comprendre pourquoi les sauvages agissent de la façon dont ils agissent, à moins d'avoir un *truchement.* Or ici, même un *truchement* n'est d'aucune utilité. A ses yeux, comme à ceux des Européens, les sauvages paraissent exhiber leur corps, le donner en spectacle. Et cette spécularisation du corps procure une jouissance qui n'est pas toujours autorisée, comme le montre bien l'épisode cité plus haut, dans lequel Léry en veut aux femmes sauvages de parader leur nudité — et d'attiser ainsi les désirs des conquérants[89].

C'est ici que le lecteur moderne remarque les raisons de l'embarras de l'anthropologue. Le même Léry qui condamne les coquettes Européennes parce qu'elles utilisent le vêtement, non pour voiler, mais pour mettre en valeur, condamne aussi les coquettes du Nouveau Monde, parce qu'en refusant de porter des vêtements,

---

89. Cet exemple est aussi analysé par Michel de Certeau, *op. cit.,* p. 242.

elles exhibent leur corps d'une manière extraordinairement érotique. De même que, dans la traduction de la langue Tupi en français, la fonction de l'interprète est de conférer du sens à une réalité par ailleurs incompréhensible en comparant des messages, dans une comparaison entre les modes vestimentaires, ce qui devrait être comparé, c'est un système de signes avec un autre. Mais, quand un corps est nu, par contre, la comparaison ne fonctionne plus. Le corps nu n'est pas fonction d'une mode, et reste radicalement différent du corps vêtu. A présent pur objet de désir, il est investi des signes de ce désir. Léry, qui se flatte de n'avoir recours qu'occasionnellement à son *truchement,* parce qu'il est lui-même intéressé à la culture des sauvages, et qu'il commence à bien connaître cette culture, éprouve quelque plaisir à démarquer les traits par lesquels le corps nu des sauvages est en fait re-sémiotisé, tout à la fois couvrant et exhibant *sous* le voile. Quoiqu'il dise bien que les femmes sauvages ne prennent pas autant de plaisir à peindre leur corps que leurs hommes (« encore qu'elles ne se peinturent pas si souvent le corps, les bras, les cuisses & les jambes que font les hommes ») (I : 8 : 136), elles prennent beaucoup de plaisir à peindre leur figure. La peinture est donc au corps des sauvages, un corps qui ne peut être couvert, ce que le vêtement est au corps nu, mais couvrable, des Européens. Nous pouvons voir dans ce texte la façon dont la *peinture redonne au corps nu son caractère de tabou, impliquant une existence au-delà ou derrière le signe extérieur la désignant :*

> Touchant le visage, voici la façon comme elles se l'accoustrent. La voisine, ou compagne **avec le petit pinceau en la main** ayant commencé un petit rond droit **au milieu de celle qui se fait peindre,** tournoyant tout à l'entour en rouleau en forme de limaçon, non seulement continuera jusques à ce qu'avec des couleurs, bleûe, jaune et rouge, elle luy ait bigarré & chamarré toute la face, mais aussi (ainsi qu'on dit que font semblablement en France quelques impudiques), au lieu des paupieres & sourcils arrachez, elles n'oublia pas de bail**ler le coup de pinceau** (I : 8 : 35).

Remarquons que ces femmes, qui ne portent aucun vêtement (« mesmes qu'elles ne se couvrent ni de plumasseries ni d'autres choses qui croissent en la terre » (*ibid.*), sont tout à fait disposées à faire du corps la scène d'une représentation, par le fait qu'elles *peignent* à la surface de ce corps des figures et des signes qui sont censés représenter le corps réel, mais absent (« au lieu des paupieres & sourcils arrachez »). Ce faisant, elles imitent les Européennes impudiques, qui ont trouvé un moyen d'érotiser le corps, d'en faire un objet de désir en recréant à sa surface (« arrachez ») les figments d'une nouvelle surface (« le coup de pinceau »). Cette opération qui consiste à recréer un dedans et un dehors à la surface du corps confirme ce que Montaigne avait déjà découvert — à savoir que le corps excède la représentation.

> [c] *Mais de ce que je m'y entends, les forces et la valeur de ce Dieu se trouvent plus vives et plus animées en la* **peinture de la poesie** *qu'en leur propre essence* (III : 5 : 849).

4. « *Ils ne portent point de haut-de-chausses* » / « *Accoutrez en joueurs de farce* »

Dans l'observation du *sauvage,* ce qui se profile, c'est la silhouette d'un Européen, dont les coutumes n'apparaissent plus comme la norme absolue, mais comme un choix de comportements, et bientôt une idéologie. Revenir d'Amérique, c'est commencer à se poser la question d'une relation entre cette idéologie et la réalité sociale et politique qu'elle recouvre. Et peu nombreux sont ceux qui voudraient prendre le risque de cette enquête. Léry s'exprime très clairement là-dessus au début de son livre :

> *Tous ceux, dis-je, qui aymans mieux la theorique que la pratique de ces choses, n'ayans pas volonté de changer d'air, d'endurer les flots de la mer, la chaleur de la Zone Torride, ny de voir le Pole Antarctique, ne voulurent point entrer en lice, ni s'enroller & embarquer pour un tel voyage* (I : 1 : 44).

En mettant en valeur la différence entre théorie et pratique en 1579, Léry n'est pas seul. Montaigne explique en 1580 qu'il y a une grande différence entre le savoir abstrait et le savoir acquis par expérience :

> *[a] Qu'on loge un philosophe dans une cage de menus filets de fer clersemez, qui soit suspendue au haut des tours nostre Dame de Paris, il verra par raison evidente qu'il est impossible qu'il en tombe, et si ne se sçauroit garder (s'il n'a accoustumé le mestier des recouvreurs) que la veüe de cette hauteur* (II : 12 : 594).

La distinction entre théorie et pratique, autrefois étouffée, dans un univers chrétien où l'idée qu'une action pourrait ne pas être sanctionnée par une raison morale ou religieuse apparaît essentiellement comme une menace, commence à faire surface à la Renaissance.

Dans le passé, une action qui n'était pas en conformité avec une loi, un canon, était regardée comme inexplicable, et donc dangereuse. L'histoire de Saint-Augustin se demandant s'il a vraiment le droit de savourer la musique sacrée pour elle-même, en dehors de ce qu'elle signifie, est une illustration très nette du danger qu'il peut y avoir à séparer les choses de leur concept. les *res* de leur *verba*[90]. D'ailleurs, le grand danger pose par une culture étrangère est que les simples actes de la vie quotidienne deviennent opaques, parce qu'il n'y a pas de concept pour les décrire, pas de contexte dans quoi les faire entrer[91]. C'est la vérité que Montaigne découvre dans son *Journal de Voyage* :

> *C'est une tres bonne nation mesme à ceus qui se conforment à eux. M. de Montaigne, pour essayer tout à faict la diversité des mœurs et façons, se laissoit partout servir à la mode de chaque païs, quelque difficulté qu'il y trouvoit*[92].

Mais cette diversité est problématique. Il n'est pas clair si l'explorateur peut retenir son statut d'observateur civilisé, s'il peut continuer à jouir de son autorité missionnaire. Léry voit très bien le problème. Après avoir insisté sur le fait que les expéditions ne sont pas pour tout le monde, il se demande s'il peut atteindre le but qu'il est fixé à lui-même : échapper aux persécutions religieuses et travailler à la plus grande gloire du Très Haut :

> *L'Église de Genève ayant reçeu ses lettres [Villegagnon], et ouy ses nouvelles, rendit premierement graces à Dieu de l'amplification du règne de Jesus-Christ en pays si lointain, mesme en terre si estrange, & parmi une nation laquelle voirement estoit du tout ignorante le vray Dieu* (I : 1 : 42).

Que la plupart des premières pages de la relation soient destinées à une discussion de l'hypocrisie de Villegagnon n'est pas surprenant, si on se rappelle que le chroniqueur fut lui-même persécuté à son retour du Brésil, et qu'il retarda la publication de son *Histoire,* surtout à cause des guerres civiles en France. Mais la controverse autour des convictions religieuses de Villegagnon (est-ce

---

90. Saint-Augustin, *Confessions,* X : 33.

91. Michel de Certeau : « Arts de la théorie », in *L'invention du quotidien,* Paris (Union générale d'éditions), 1979, I, pp. 125 sqq.

92. *Journal de Voyage,* édition de Maurice Rat, Paris (Garnier), 1955, p. 23.

qu'il était un Papiste ou un Hughenot déguisé ?) est intéressante
parce qu'elle lève le voile sur le domaine de l'écriture directement
affecté par les problèmes d'existence et d'apparence. L'argument
de Léry contre Villegagnon est double. D'une part, il accuse Villegagnon de manquer de compassion, car Léry et ses compagnons
furent effectivement maltraités par le chef de l'avant-poste français au Fort Coligny. D'un autre côté, il soupçonne l'amiral de ne
pas vouloir dire ce qu'il pense, et il le prend à partie sur des points
de théologie et de liturgie. Sur l'Eucharistie et la question de savoir
si le Christ est ou n'est pas présent dans le pain et le vin consommé
à la Communion, Léry, en bon Protestant, n'est pas près d'affirmer que la présence du Christ est purement symbolique, et il accuse
Villegagnon de tergiverser, puisqu'il condamne la transubstantia-
tion et la consubstantiation, tout en continuant à prétendre qu'il
mange vraiment la chair du Christ, comme les sauvages qui mangent la chair crue :

> [...] ne se laissoyent-ils pas pour cela de demeurer opiniastres : tel-
> lement que sans savoir le moyen comment, cela se faisoit, ils vou-
> lurent neantmoins non seulement manger la chair de Jesus-Christ,
> mais qui pis estoit, à la maniere des sauvages nommez Ouëtacas,
> dont j'ay parlé ci devant, ils la vouloyent mascher & avaler toute
> crue.

Dès le début, la référence à l'anthropophagie et à la duplicité
de Villegagnon (« la dissimulation de Villegagnon nous fut si bien
descouverte, qu'ainsi qu'on dit communément, nous cognusmes lors
de quel bois il se chauffoit » (I : 6 : 105)), ne se fait pas seulement
dans le contexte d'un argument théologique. Elle indique aussi un
désir de résoudre la grande question du contact avec les sauvages.
Est-ce que leurs actes sont littéraux, ou symboliques ? La question
est complexe, et y répondre, c'est mettre face à face les sauvages
et les civilisés et se donner l'obligation de prendre parti ou pour
les uns (les civilisés : « [...] la déshonnêteté de voir ces femmes nues
[...][93]) — ou pour les autres (les sauvages : « Je pense qu'il y a plus
de barbarie à manger un homme vivant qu'à le manger mort »)[94].
Léry, et en cela il est très proche de Montaigne, choisit, autant qu'il
le peut, de suspendre son jugement, jusqu'à ce qu'il

93. Léry, cité par Atkinson, p. 71.
94. Montaigne, *Essais,* I : 31 : 209.

ait eu l'occasion de faire lui-même l'expérience de ce dont il parle. Ce faisant, il adopte un double système d'explication. D'un côté, il traite ses personnages comme le ferait un chroniqueur. Il s'informe. Il demande des explications au *truchement,* quand il n'a pas bien compris ; et il attribue à ces personnages des rôles et des motifs dans un scénario qu'il a reconstruit. D'un autre côté, ce type de traitement narratif, où les sauvages remplissent toutes les parties d'un scénario préparé, n'est pas toujours possible. Parfois Léry est à bout d'idées. Il se trouve pris dans une situation où, comme Montaigne, il ne peut que se plaindre du manque de créance de son *truchement,* et sa compréhension de la situation dépend de la re-écriture de ce qu'il a vu : comme, par exemple, lorsqu'il finit sa discussion du manque de modestie des sauvages en rejetant une fois pour toutes un système d'explication théologique :

> *J'ai veu des vieillards [...], lesquels prenans deux feuilles de ces herbes, les mestoyent & lioyent avec du fil de coton à l'entour de leur membre viril, comme aussi ils l'enveloppoyent quelquefois avec les mouchoirs & autres petits linges que nous leur baillions. En quoy, de prime face, il sembleroit qu'il restat encore en eux quelque scintille de honte naturelle : voire toutesfois s'ils faisoyent telles choses ayant esgard à cela : car, combien que je ne m'en sois point autrement enquis, j'ay plutôt l'opinion que c'est pour cacher quelque infirmité qu'ils peuvent avoir en leur vieillesse en cette partie là (I : 8 : 125).*

En d'autres termes, si un raisonnement de civilisé (« *scintille de honte naturelle* ») ne semble pas convenir, c'est que les sauvages doivent avoir une autre raison pour agir comme ils le font, même si cette raison reste incertaine ou obscure. L'historien doit alors faire des hypothèses et produire une explication : « *j'ay plustôt l'opinion [...]* ».

Il est pourtant clair qu'aucune explication ne sera adéquate. C'est seulement par un appel à l'expérience que l'irréductible authenticité des primitifs peut être communiquée. On en lit un bon exemple dans l'histoire où Léry montre les Européens tâchant d'adopter les manières de table de leurs hôtes cannibales, et saisissant alors *in situ* la vérité du principe des différences culturelles :

> *Que si entre nous François, les voulant imiter, la [farine] pensions manger de cette façon, n'estans point comme eux stylez à cela, au lieu de la jetter dans la bouche, nous l'espanchions sur les joues & nous enfarinions tout le visage : partant, sinon que ceux principa-*

> *lement qui portoyent barbe eussent voulu estre accoutrez en joueurs*
> *de farces, nous estions contraints de la prendre avec des cuillers* (I :
> 9 : 143-4).

En essayant de se comporter comme des sauvages et en se rendant compte qu'ils ne peuvent pas obtenir d'aussi bons résultats
qu'eux, les Européens font l'expérience d'une différence culturelle.
Mais la représentation de cette différence dans un contexte où les
termes de la comparaison sont renversés (les Européens deviennent
des sauvages) développe un paradoxe que Montaigne suggérait déjà
dans son chapitre « Des cannibales » avec sa remarque « [a] ils ne
portent point de haut de chausses » (I : 31 : 214) : *quelqu'un*
observe les Européens et remarque qu'ils ont l'air de bouffons
(« accoutrez en joueurs de farce »). Le recours in extremis à des
manières de table civilisées (« avec des cuillers ») confirme que
l'outil culturel n'est en fait qu'un outil de représentation[95]. Mis dans
une situation dans laquelle ils en sont réduits à adopter des coutumes totalement étrangères, les explorateurs découvrent bientôt qu'ils
ne peuvent continuer à agir comme s'ils étaient seuls sur la terre.
L'idée que quelqu'un les regarde (ou pourrait les regarder et les
trouver ridicules, comme le fait après coup le narrateur) et ne les
comprendrait pas, ou les prendrait pour des acteurs ou des bouffons, c'est à dire des gens dont les coutumes ne sont pas vraies (et
ne méritent donc pas d'être respectées), cette idée les amène à modifier la perpective qu'ils ont sur eux-mêmes. Bientôt les Européens,
qui essayent d'imiter les pratiques indigènes, se trouvent pris entre
faire et être regardés. D'un côté, ils peuvent et ne peuvent comprendre les cannibales que s'ils agissent comme eux, font les gestes
qu'ils font, mais, d'autre part, ils ne pourront jamais être comme
eux, parce qu'ils ont toujours l'impression qu'on les regarde. C'est
ce que Montaigne remarque quand, à l'occasion d'une autre discussion du même et de l'autre, il insiste sur l'importance des rôles
dans les relations sociales. La seule façon dont on puisse espérer
se comprendre soi-même, c'est de comprendre le rôle qu'on joue
en société :

> *[a] Il faut jouer deuement nostre rolle, mais comme rolle d'un per*
> *sonnage emprunté. Du masque et de l'apparence il n'en faut pas*

---

95. Claude Lévi-Strauss, *Mythologiques III (L'origine des manières de table),*
Paris (Plon), 1968, p. 409.

faire une essence réelle, ny de l'estranger le propre. Nous ne sçavons pas distinguer la peau de la chemise. [c] C'est assés de s'enfariner le visage, sans s'enfariner la poictrine (III : 10 : 989).

Si le sauvage en vient à être le miroir inversé du civilisé, cette inversion n'est pas immédiate. Débarqué sur une terre inconnue, il ne peut d'abord prendre connaissance des coutumes des sauvages que de l'exterieur. Il voit, il observe. Petit à petit, il est amené à partager nourritures et tâches quotidiennes avec eux. Chez Léry, comme chez beaucoup d'autres, cette découverte de la quotidienneté coïncide avec un intérêt généralisé pour les us et les coutumes de divers pays. Les explorateurs continuent de faire au Nouveau Monde ce que Marco Polo avait fait à propos de la Chine. Mais la relation des us et coutumes du Nouveau Monde met le narrateur aux prises avec quelque chose de radicalement différent. Les Américains sont autres. Comme le dit fort bien Atkinson, « [...] ce n'étaient pas des gens qui s'étaient dévêtus [...] C'étaient des gens *qui n'avaient pas de vêtements* »[96]. D'abord, parce que les indigènes sont nus, les conquérants passent tout le temps d'un contact initial dans la contemplation passive : ils regardent, et, s'ils ne sont pas, comme dans l'épisode des cuillers, pris de court, ils préfèrent remettre à plus tard l'essai des pratiques indigènes. L'historien de l'Amérique ne peut passer au niveau de l'action, de la pratique, qu'à partir du moment où, ayant transcendé cette étape du voir, il est parvenu à un niveau d'assimilation ou d'incorporation auquel il n'a plus à prendre sa distance. Tant qu'il regarde et suit ou croit suivre la méthode sauvage, c'est avec les yeux qu'il apprend à connaître le mode de vie indigène ; dès que, dépassant le stade auquel, n'étant plus simple spectateur, il décide de faire *comme* les sauvages, sa perspective change. Il découvre, non plus une mode inconnue, mais un *mode de vie*. Et c'est alors qu'il fait véritablement l'apprentissage de la différence. Curieux du faire indigène, mais révoltés par certaines pratiques qu'ils trouvent répugnantes, comme celles que les femmes cannibales ont de macher et de cracher les racines qu'elles utilisent pour préparer leur breuvage de manioc bouilli, le *ca-ouin,* Léry et ses compagnons décident de confectionner leur propre breuvage, sans boire ni cracher. Mais ils découvrent

96. Atkinson, *op. cit.*, p. 64.

qu'à changer tant soi peu la pratique, leur breuvage n'a plus aucun
goût :

> [...] mais pour en dire la vérité, l'expérience nous montra qu'ainsi
> fait il n'estoit pas bon : pourtant petit à petit nous nous accoutu-
> masmes d'en boire de l'autre tel qu'il estoit, non pas cependant que
> nous en bussions ordinairement, car ayant les cannes de sucre à com-
> mandement, les faisans & laissans quelques jours infuser dans de
> l'eau, apres qu'à cause des chaleurs ordinaires qui sont là, nous
> l'avions un peu fait rafrechir : ainsi sucree nous la buvions de grand
> contentement (I : 9 : 155).

L'apprentissage de la différence se fait par la pratique, en bricolant la pratique : les Européens ont essayé de préparer le manioc
à leur façon, mais c'est seulement pour trouver que la façon indigène produisait un breuvage supérieur, auquel ils finirent par s'habituer. C'est à ce moment seulement que l'opération, qui tant les avait
dégoûtés, peut être mise en contexte. Léry remarque que mâcher
et cracher le manioc n'est pas plus rustre que fouler le raisin aux
pieds à la mode des vignerons aux « lieux mesmes ou croissent les
bons vins » (*ibid.*). C'est donc par une modification, en réalité une
erreur, dans la performance de la pratique indigène, que la logique de cette pratique est confirmée :

> Que si on dit la dessus, voire, mais le vin en cuvant et bouillant jette
> toute cette ordure : je respons que nostre caouin se purge aussi, et
> partant, quant à ce point, qu'il y a mesme raison de l'un à l'autre
> (I : 10 : 156).

Cet itinéraire, qui a poussé les explorateurs à essayer de corriger
la pratique sauvage par un procédé civilisé, aboutit à une prise de
conscience qui est en fait un renversement : « je les prie de ressou-
venir de la façon qu'on tient quand on fait le vin par-deça » (I :
9 : 155).

C'est donc seulement au prix d'une reconnaissance dans la pratique de l'autre (Montaigne note : « [a] [...] c'est une boisson tres-
agreable à qui y est duit » (I : 31 : 207)), que les Européens prennent conscience de la relativité de leur propre pratique. Il y a plusieurs exemples de ce renversement chez Léry, dont quelques uns
tout à fait fortuits, ce qui ajoute à leur charme, puisque c'est ainsi
sous le coup d'un gracieux hasard que l'Européen apprend quelque chose de plus sur les sauvages. Le plus gracieux se trouve peut-
être au livre XI, où Léry raconte avoir pu comprendre, par chance,

CANNIBALE 147

une autre croyance des indigènes. Bien qu'un peu condescendant
(« nos pauvres sauvages »), il se garde de les mépriser, et il se prend,
au contraire, à raffiner la logique de leur pratique :

> [...] je diray parlant de leur religion, combien qu'ils confessent
> l'immortalité des ames, tant y a neantmoins qu'ils n'en sont pas
> là logez, de croire qu'apres qu'elles sont séparées du corps, elles
> reviennent, ains seulement disent que ces oyseaux sont leurs messa-
> gers (I : 11 : 178).

Généralement, l'expérience sur le terrain, le bricolage des stratégies, a pour effet de déplacer le centre de référence de l'enquête
ethnologique. L'Europe n'est plus le paradigme privilégié auquel
se mesurent les actes des autres. L'Européen découvre que ce qui
fonde la pratique, c'est l'opération de groupe, et il se garde d'en
modifier les termes (« Partant, sans rien répliquer [que c'eust ésté
peine perdue] ») (ibid.). L'habitus fonctionne non seulement
comme on l'a vu, à propos du lopin, dans un lieu bien défini, mais
il est articulé par un certain nombre de stratégies qui contribuent
à former un espace vital. Ainsi, Léry, qui suit un plan détaillé pour
sa relation — de l'extérieur (le vêtement), à l'intérieur (les institutions, les pratiques religieuses, médicales et légales) —, est très soucieux de faire la description des pratiques indigènes dans un récit
continu. L'exposé des coutumes religieuses se fait dans un contexte
narratif qui donne à ces coutumes une pertinence et une logique
qu'un pur exposé théorique n'aurait pas eue. Léry se rend compte
que nulle coutume ne peut être isolée aux dépens du contexte vital
dans lequel elle fonctionne, et que la connaissance du fonctionnement implique plus qu'une idéologie participationiste (ce n'est pas
seulement parce que Léry a l'esprit ouvert et qu'il vit de longs mois
au milieu des sauvages, qu'il les comprend)[97]. Elle exige la reconnaissance d'une conscience de groupe, qui n'a pas justement pas
pour fonction essentielle d'être transparente à l'observateur
individuel.

____

97. Pierre Bourdieu, *Le sens pratique*, Paris (Minuit), 1980, p. 96.

III. PRATIQUE

1. Truchement et quotidien

Cette perspective fonctionnaliste sur le monde, qui limite son propre système d'explication en rendant difficile l'objectivation des pratiques, est celle-là même qui permet à Montaigne d'articuler la pratique cannibale en relation avec sa connaissance de soi — ou plutôt, qui lui donne conscience de la difficulté d'articuler une conscience dans une pratique unique. Montaigne se rend compte que sa propre vie ne lui est pas transparente. Et souvent, il joue vis-à-vis de lui-même le même rôle que Léry se donne vis-à-vis des sauvages. Un rôle par deux fois aporétique : ou bien observateur qui ne peut participer, ou bien participant qui ne peut observer, mais qui, dans les deux cas, nécessite la présence et l'aide d'un *truchement,* d'un interprète ou d'une mise en contexte. Ou bien l'obervateur est totalement extérieur, et alors il a besoin d'un interprète pour lui expliquer les faits ; ou bien l'observateur est devenu participant et il ne peut justifier la nouvelle pratique à laquelle il s'adonne qu'en soulignant combien elles s'opposent à d'autres qu'il a lui-même pratiquées : il doit sortir de la pratique pour la justifier de l'extérieur. Or, c'est au moment précis où le *truchement* vient à faire défaut que le texte des *Essais* médie la possibilité d'une compréhension qui serait à la fois extérieure, objective, et, en même temps, parfaitement saisissable par l'interlocuteur, le lecteur.

Montaigne remarque, tout au début de sa description du pays idyllique des Cannibales, que l'homme civilisé est incapable de décrire l'objet d'une production naturelle :

> *[a] Tous nos efforts ne peuvent seulement arriver à représenter le nid du moindre oyselet, sa contexture, sa beauté et l'utilité de son usage, non pas la tissure de la chetive araignée. [c] Toutes choses, dict Platon, sont produites par la nature, ou par la fortune, ou par l'art ; les plus grandes et les plus belles, par l'une ou l'autre des deux premieres ; les moindres et imparfaictes, par la derniere (I : 31 : 206).*

Et dans le passage qui suit, il renchérit. Le mode de vie sauvage surpasse toutes les vertus chantées par les philosophes, en même temps qu'il est situé au-delà de toute possibilité de description :

> *[a] Ce que nous voyons par experience en ces nations là, surpasse, non seulement toutes les peintures dequoy la poësie a embelly l'age doré, et toutes ses inventions à feindre une heureuse condition d'hommes, mais encore la conception et le desir mesme de la philosophie. Ils n'ont peu imaginer une nayveté si pure et simple, comme nous la voyons par* **experience** *(I : 31 : 206).*

Le mot *experience,* qui revient par deux fois dans le passage, implique une connaissance qui n'est pas le produit d'une rationalisation. Montaigne utilise le mot, non seulement au sens de *faire expérience,* c'est-à-dire au sens de *témoigner,* de pouvoir faire la preuve, mais aussi au sens, aujourd'hui anglo-saxon, à la fois d'apprentissage et de tranche de vie. Or cette expérience, elle est par définition non-représentable, puisqu'elle requiert ou bien une absence de style (« [a] surpasse [...] *toutes peintures* [...] inventions à feindre » (I : 31 : 206)) ou bien un style dont même les plus grands philosophes n'ont pu disposer ([dépasse] « [a] la conception et le desir mesme de la philosophie » (*ibid.*)). La remarque de Montaigne trouve, bien sûr, sa place dans le contexte de l'« Apologie de Raymond Sebond », où l'auteur ridiculise les prétentions humaines. Cette critique, qui anticipe l'« Apologie », inspirera dans « De l'expérience » une critique de l'expérience elle-même. Mais, ici, au chapitre des « Cannibales », elle indique une réflexion en cours sur le problème de la descriptivité en général, qui n'englobe les primitifs que comme un prétexte. Que c'est bien là l'inspiration de l'ensemble du chapitre, est confirmé par la longue discussion sur l'authenticité des littératures de voyage —, et encore mieux, par le récit, emprunté à Plutarque, de l'incident qui ouvre le chapitre (Pyrrhus découvrant, à sa grande stupéfaction, que les Romains ne sont pas exactement les Barbares qu'on lui avait décrits), et qui va permettre à Montaigne d'introduire sa discussion du problème de l'autre. Mais, pas plus l'histoire de Pyrrhus confronté avec les légions romaines, que celle des cannibales qui vivent sans souci sur le bord de la mer, ne sont des descriptions *coutumières* traditionnelles. Dans des descriptions de cet ordre, priorité est donnée au détail de la différence, et on trouve encore bien dans les *Essais* des reliquats des vieux textes pleins de rumeur et de fantastique qui n'en finissaient pas. En cela, Montaigne est l'héritier du Moyen Âge.

Mais, en général, le texte des *Essais* s'inscrit dans un contexte où le détail perd sa qualité d'étrangeté singulière (« Ils ont grande abondance de poisson et de chairs qui n'ont aucune ressemblance aux nostres » (I : 31 : 207)), pour prendre un aspect fonctionnel et vital. C'est dans le cadre d'un mode de vie qui leur est autonome que les cannibales mènent une existence au présent. Dans ce contexte, l'écrivain, moins soucieux de la *curiosité* que d'un monde vivable, mêle similarité et différence. D'un côté, les actions des sauvages sont objectivement différentes : rien chez eux qui rappelle un quotidien européen. Mais, de l'autre, c'est surtout leur jouissance d'une durée ahistorique et d'un espace bien défini qui rend ces sauvages totalement différents chez Montaigne de ceux décrits par d'autres voyageurs, et, paradoxalement, compréhensibles à l'observateur. Chez Léry, chez Thevet, le primitif n'existe que dans le cadre d'une coutume particulière. Son droit à l'existence est en fait seulement un droit à la descriptivité. Chez Montaigne, au contraire, il est doté et d'un temps et d'un espace propre : l'espace de la quotidienneté, travaillé par l'écriture des *Essais*. Que la découverte d'une réalité du Nouveau Monde fonctionne dans un contexte qui est essentiellement celui du présent, rien d'étonnant, puisque, comme on l'a par ailleurs souligné, un des effets des grandes découvertes a été de faire prendre conscience aux gens de l'importance du présent, par rapport à un passé qui commence à s'estomper[98]. Montaigne répète, au début des « Cannibales », que les explications du passé ne sont plus en rapport avec la réalité des terres découvertes. On a surtout pris ces déclarations comme l'illustration d'une évolution dans la conception géographique du monde[99]. Or il est beaucoup plus intéressant d'y voir une référence

---

98. Françoise Joukovsky, *Le regard intérieur : thèmes plotiniens chez quelques écrivains de la Renaissance française*, Paris (Nizet), 1982, p. 210.

99. Voir Atkinson, *op. cit.*, pp. 418-429.

aux *Essais* eux-mêmes. La raison pour laquelle une explication géographique des grandes découvertes est peu satisfaisante est qu'il
est difficile d'expliquer par des concepts spatiaux ce qui relève en
fait d'une autre épistémologie : une vision temporelle et inchoative des choses, non pas produites, mais en train de se produire.
Dans cette production, c'est le sens d'un début et d'une fin qui est
engourdi. Autrement dit, les différences qui rendraient la classification et la description possibles sont effacées et, dans le produit
fini ne sont plus visibles les étapes de sa constitution. On se rappelle que, dans son histoire des alluvions de Guyenne et de Dordogne, Montaigne rapportait ce que la nature a produit comme un
fait accompli, et restait en peine de pouvoir le décrire : « [b] Les
habitants disent que, depuis quelque temps, la mer pousse si fort
vers eux qu'ils ont perdu quatre lieuës de terre » (I : 31 : 204).

  Il faudrait en déduire qu'il existe dans la perspective du seizième siècle un domaine de la relation, géographique et anthropologique, qui échapperait à la narration (« [b] Ces sables sont ses
fourriers »), parce que, dans ce nouveau mode du récit, les traces
d'une successivité sont effacées, remplacées par des fragments
d'action à chaque moment complets. Au vrai, si la description des
sauvages ne prend son sens qu'à l'intérieur d'une narrativité plus
large, qui est celle de l'histoire de la Conquête, la référence au roi
Pyrrhus du début du chapitre servant de modèle à toutes les entrées
des conquistadores, les Américains, eux, n'ont pas à justifier du
temps parce que l'événement, l'histoire qui servent à les décrire,
leur demeurent excentriques, étrangers[100]. Les deux événements qui
balisent le chapitre sur les cannibales sont, d'un côté, l'entrée de
Pyrrhus en Italie, et, de l'autre, celle des cannibales à Rouen, à
la cour de Charles IX. Entre ces deux conjonctions, l'histoire des
cannibales est circulaire, quotidienne. Montaigne traite de leurs
mœurs au jour la journée, et sa description inclut même une référence au monde extra-terrestre de leur religion :

> [a] Ils se lèvent avec le soleil, et mangent soudain [...] pour toute
> la journée [...] ils boivent à plusieurs fois sur jour, et d'autant [...]
> Ce breuvage ne se conserve que deux ou trois jours [...] Toute la
> journée se passe à dancer [...] Il y a quelqu'un des vieillars qui, le
> matin, avant qu'ils se mettent à manger, presche en commun toute

---

100. Krzystof Pomian, *L'ordre du temps*, Paris (Gallimard), 1984, pp. 26-36.

> *la grangée [...] Ils croyent les ames eternelles, et celles qui ont bien mérité des dieux, estre logées à l'endroit du ciel où le soleil se lève ; les maudites du costé de l'Occident* (I : 31 : 207-8).

Cette quotidienneté, cependant, Montaigne ne peut la décrire de bonne foi qu'en se référant à un *truchement,* un témoignage (« [a] ce que m'ont dit mes tesmoings. »). Parfois, cette référence inclut d'autres sources. Il cite une fois ses lectures, comme si son écriture était superflue pour une culture qui justement n'a pas d'écriture : « [a] comme Suidas *dict* de quelques autres peuples d'Orient » (207). Mais le plus souvent, il renvoie avec insistance à son propre texte et à l'intertexte de la culture (« [a] chaque grange, *comme je l'ay descrite,* faict un vilage, et sont environ à une lieuë Françoise l'une de l'autre » (208)), aussi bien qu'à sa propre expérience : non seulement, il a vu, mais il a goûté (« [a] J'en ay tasté : le goust en est doux et un peu fade » (208)). Abandonnant l'espoir de connaître un jour la langue anthropophage, Montaigne porte son attention exclusive aux objets et aux gestes qui dessinent la journée du sauvage, se libérant ainsi des vicissitudes de la traduction et du vocabulaire. Dans cet espace qui est défini par la journée de celui qui l'occupe, il lui est facile de *raconter* le sauvage. Paradoxalement, à cette quotidienneté Montaigne ne peut participer, puisqu'il ne vit pas là-bas (le pays des sauvages est loin de toutes les terres connues, et, qui plus est, nul livre n'en donne vraiment compte), et qu'un apprentissage de leur culture requerrait un oubli total des traditions européennes (« [a] fort voisines de la nayveté originelle [...] aucune espece de trafic [...] nulle cognoissance des lettres [...] nulle science des nombres ; nul nom de magistrat [...] nul usage de service [...] (I : 31 : 206)). Quotidienneté de seconde main, et donc recréation de l'écrivain influencé par le radotage de l'âge d'or, — elle est plus un signe qu'une image et ne peut donc être saisie que par référence à une langue, une culture qui rappellent à l'observateur toujours sa différence. Grâce à elle, Montaigne recrée, en parlant des pratiques indigènes, un monde qui n'est pas la somme des marques, des signes collectionnés par l'ethnologue, mais qui porte à chaque fois la trace d'une activité le justifiant et lui donnant sa plénitude, sa raison d'être. Chaque notation est accompagnée d'une remarque l'autorisant, lui donnant son contexte :

> *[a] Au demeurant, ils vivent en une contrée de païs tres plaisante*

et bien temperée ; de façon qu'à ce que m'ont dit mes tesmoings,
il est rare d'y voir un homme malade ; et m'ont asseuré n'en y avoir
veu aucun tremblant, chassieux, édenté, ou courbé de vieillesse [...]
Leurs lits sont d'un tissue de coton, suspenduz contre le toict, comme
ceux de nos navires, à chacun le sien : car les femmes couchent à
part des maris (I : 31 : 207).

Ce qui frappe dans cette description, c'est à la fois la distance
et la proximité. D'une part, Montaigne recrée l'atmosphère du
monde sauvage dans la tradition poétique de l'âge d'or, celle d'une
vie qui n'a ni fin ni commencement, et rythmée seulement par le
lever et le coucher du soleil, et, d'autre part, ignorant de la langue
indigène, n'ayant à sa disposition qu'une histoire limitée, il s'en
tient à une référence gnomique : « [a] toute leur science éthique
ne contient que ses deux articles, de la résolution à la guerre, et
affection à leurs femmes » (I : 31 : 208). On retrouve là, pour la
forme, des emprunts aux explorateurs[101]. Mais le plus intéressant
est que, ne pouvant dériver sa peinture de leur monde d'un dialogue en direct avec les indigènes (il les rencontre, certes, à la fin,
mais c'est dans les dernières lignes du chapitre, comme s'il s'agissait alors de nous faire connaître les hommes dont il a jusqu'à présent rapporté les faits et gestes), il tente de reconstruire dans une
formation rituelle, au présent et avec des gestes qui se répètent tous
les jours, une tradition dont la fonction n'est pas d'être transparente, mais de constituer une mémoire sociale, un fonds d'activités et de gestes où se reflète l'institution cannibale. Ainsi, il nous
conte que les indigènes croient aux prophètes, mais c'est pour ajouter immédiatement que ces prophètes ont si peur de périr pour ne
pas dire la vérité qu'ils officient bien peu (I : 31 : 208). Finalement,
on a le sentiment que les populations indigènes fonctionnent essentiellement par un comportement et un discours qui ne connaît pas
l'événement, le spécifique, mais seulement le général, l'habituel :

[a] Le premier qui y mena un cheval, quoy qu'il les eust pratiquez
à plusieurs autres voyages, leur fit tant d'horreur en ceste assiete,
qu'ils le tuerent à coup de traict, avant que de pouvoir le recognoistre
(I : 31 : 207).

_____

101. Souvenir de Léry, par exemple, en ce qui concerne la nourriture des Indiens
(voir : *op. cit.*, II, chapitre 9).

2. Le temps et la langue : quotidien et dessein privé

On a dit l'influence, décelable surtout dans le premier livre des *Essais,* d'une philosophie aquinienne de la temporalité, selon laquelle l'existence humaine, limitée à l'instant, est condamnée à des tranches séparées d'événements qui ne se répétent pas et dont jamais l'individu ne peut à lui seul faire la somme, la synthèse. Dans ces conditions, l'existence humaine est perpétuellement donnée et, comme dit Joukovsky, « non possédée en une fois »[102]. Elle est essentiellement comprise dans un temps successif, et donc mesurable, et cette mesure est fondée sur l'observation des mutations physiques. Il n'en reste pas moins qu'à côté de ce temps physique, la méditation révèle un temps intérieur, dont la tradition place la perception dans l'âme, et qui s'apparente à ce que nous appellerions aujourd'hui la *durée*[103]. Dans cette perspective, informée par le Stoïcisme, il ne s'agit pas de saisir l'instant épicurien, mais de résister précisément à ce qui nous entraîne toujours au-delà de nous-mêmes : désir du nouveau, de l'inconnu, *curiositas* et *gloria :*

> [a] *La gloire et la curiosité sont les deux fleaux de nostre ame. Cette cy nous conduit à mettre le nez par tout, et celle là nous defant de rien laisser irresolu et indecis* (I : 27 : 182).

Cette condition, dans laquelle l'homme Montaigne est perpétuellement soumis à l'instant, l'empêche de prendre une claire conscience du présent, parce qu'il est dans sa nature de toujours outrepasser les limites que lui imposent et son corps et la société. D'une part, il veut vivre, comme les cannibales au jour la journée, et de l'autre, il se rend compte que la satisfaction qu'il tirerait de l'accomplissement des tâches quotidiennes est forcément limitée par le fait que l'esprit ne fait pas un avec le corps dans l'accomplissement de ces tâches — précisément parce que la succession des instants, qui fait les délices du corps, entraîne automatiquement l'esprit à confronter la mort qui seule clôt toutes les tâches, au lieu de jouir de la qualité de l'instant. A l'idée d'une vie consommée uniquement dans le présent :

102. Joukovsky, *op. cit.*, pp. 74 sqq.

103. Saint Augustin, *Confessions,* XI, 11 ; et : Saint Thomas d'Aquin, *In libros physicorum, Opera omnia,* édition Roberto Bussa, Stuttgart (Frommann-Holzboog), 1980, IV, (052 CPY 188 Ic 23), p. 143.

[b] Je vis du jour à la journée, et me contente d'avoir dequoy suf-
fire aux besoings presens et ordinaires ; aux extraordinaires toutes
les provisions du monde n'y sçauroient baster (I : 14 : 65),

— s'oppose celle d'un présent que ni une attention au corps ni un
abandon à la routine ne suffisent à protéger. Tout instant se perd
dans le suivant, et, comme dit Poulet, le sujet est condamné à une
existence sur le mode mineur du désir, de la frustation et de l'oubli :
« [a] A chaque minute, il me semble que je m'échape » (I : 20 :
88)[104]. On a cherché à replacer cette contradiction dans l'évolution
des *Essais,* par une évolution qui conduirait du Stoïcisme du livre I
à l'Épicurisme du livre III. Alors que le contexte du premier livre
est illuminé par une méditation sur l'instant, séparé, inintégrable
dans un continuum, celui du troisième livre serait influencé par une
réconciliation avec le passage, le changement, dans la mesure où
l'hétérogénéité du temps stimule la recherche d'un moi tirant son
énergie de la variété de ses postulations. Mais cette réconciliation
de l'instant et du passage, elle est non seulement le résultat d'un
mûrissement intérieur, grâce auquel la fragmentation du passage
serait annulée par la jouissance d'un moment gratuit ; elle est aussi
le produit d'une opération par laquelle le sujet cesse de considérer
le but ou la valeur de l'action qu'il est en train d'accomplir pour
jouir d'une forme de temps née de l'habitude et nourrie par un dessein privé :

[c] Il n'est personne, s'il s'escoute, qui ne descouvre en soy une forme
sienne, une forme maistresse, qui luicte contre l'institution, et con-
tre la tempeste des passions qui luy sont contraires. De moy, je ne
me sens guere agiter par secousse, je me trouve quasi tousjours en
ma place, comme font les corps lourds et poisans (III : 2 : 811).

Or la constitution de ce dessein privé est encore difficile à l'époque du premier livre. Pour deux raisons. La première est que le
concept même d'un privé s'opposant au collectif est moins chez
Montaigne le sous-produit d'une évolution philosophique ou
métaphysique, telle que la voudraient les critiques, que le résultat
d'une pratique, celle de la lecture, par laquelle l'écrivain des *Essais,*
ne cessant de reprendre le texte que lui ont suggéré ses lectures passées, transfère, du domaine des livres (les livres des autres — ce qu'il

---

104. Georges Poulet, *Études sur le temps humain,* Paris (Plon), 1949, p. 4.

appelle collectivement « la compagnie et souvenance des livres »
(III : 5 : 874)) à celui de son *propre* livre, une succession de scènes
et de portraits dont il sent qu'ils lui appartiennent maintenant en
propre. L'autre raison qui rend ce privilège difficile est que cette
perspective est aussi liée à une vision de l'individu isolé, tâchant
de récupérer pour lui seul les morceaux d'une existence donnée à
tous. Mais ici, le problème d'une durée *privée,* distincte d'un temps
historique, ne vient pas de la relation entre l'individu et sa tradition (comment le temps défini par la tradition des livres que Montaigne ne cesse de consulter coïncide-t-il avec la durée de l'individu
occupé de sa tâche ?). Précisément au contact des cannibales, Montaigne acquiert un sens à la fois d'un individu inséparable du groupe
et de l'importance que cette notion de groupe peut avoir pour sa
propre individualité. Les trois cannibales qu'il a rencontrés à Rouen
sont des individus séparés. Dans cette perspective, le texte des
« Cannibales », décrivant une existence faite de gestes séparés, mais
vide d'événements spécifiques produit l'image d'un monde symbolique échappant à la classification ethnologique (Montaigne décrit
les sauvages faisant la guerre de la même manière qu'il les décrit
à table, ou dans leur lit). L'auteur découvre chez ses cannibales
une pratique quotidienne, dont il a déjà entrevu la possibilité dans
le chapitre « De l'institution des enfans », quand il débat, après
Rabelais, du contenu et de l'agencement de l'éducation qu'il souhaite voir dispenser à son élève. Soucieux d'éviter le piège d'une
éducation encyclopédique, il préconise, dans une leçon « [a] sans
obligation de temps ni lieu », une éducation qui « [a] se coulera
sans se faire sentir » (I : 26 : 165). Le secret de cette continuité naturelle sans être routinière, c'est l'intégration du corps et de l'esprit :
« [a] Ce n'est pas une ame, ce n'est pas un corps qu'on dresse ;
c'est un homme ; il n'en faut pas faire à deux » (I : 26 : 165). Rejetant la succession d'un Épistémon qui ne laissait aucune place dans
la journée pour un seul moment sans organisation, Montaigne prê-
che les vertus d'une conscience pour-soi, toute à ce qu'elle fait,
absorbée par l'action qui seule la constitue, mais incapable de se
maîtriser en dehors de son faire.

　　La lente constitution d'une théorie de la pratique à la fin de
la Renaissance est ainsi réflétée par un Montaigne insensiblement
pris au piège de son propre projet. *Ayant d'abord eu l'intention
de se saisir de l'extérieur, comme un peintre qui accentue les*

*moindres détails sur un portrait dont il n'a d'ailleurs plus le modèle
sous les yeux, mais seulement une copie de travail, l'essayiste abandonne progressivement le détachement du juge et du critique, pour
se donner au plaisir qu'il a de-se-peindre-se-peignant.* « De l'institution des enfans » peut ainsi être lue à deux niveaux. On peut en
faire une lecture canonique et y démarquer tous les poncifs d'une
éducation non-rabelaisienne ; ou bien on suit, dans un intertexte
qu'on retrouve dans « Des cannibales », et qui représente un discours anti-théorique, la constitution d'une pratique de l'écriture
reflétant la constitution d'une théorie générale de la pratique, sur
laquelle d'ailleurs Montaigne pense qu'il a fort peu à dire, puisqu'il
cherche avant tout à éviter les *ergotismes*. D'un côté, « De l'institution » est plein de références aux matières traditionnelles du
savoir : histoire, latin, rhétorique, exercices physiques ; et, de
l'autre, Montaigne insiste sur le fait que le but de toute éducation
n'est pas de farcir la tête de l'élève, mais de lui faire prendre conscience de quelque chose d'autre : « [a] [...] quels ressors nous meu-
vent, et le moyen de tant divers branles en nous » (I : 26 : 159).
Donc, se connaître soi-même : « [a] Ce sont icy mes fantasies, par
lesquelles je ne tasche point à donner à connoistre les choses, mais
moy » (II : 10 : 407).

Mais cette connaissance, elle n'est pas orientée. Certes, Montaigne reprend les impératifs moraux traditionnels : se connaître
pour vivre bien et être vertueux, mais cette vision d'une éducation
idéale (« [a] Apres qu'on luy aura dict ce qui sert à le faire plus
sage et meilleur » (I : 26 : 160)) achoppe sur la question de l'apprentissage. On rejette d'abord les principes d'une éducation où les règles
sont plus importantes que l'application : « [c] Facheuse suffisance
qu'une suffisance purement livresque » (I : 26 : 152). Les mêmes
livres, dont on avait d'abord vanté l'excellence et les ressources,
paraissent maintenant offrir une éducation toute faite, restrictive :

> *[c] Ny ne trouverois bon, quand par quelque complexion solitaire
> et melancholique on le verroit adonné d'une application trop indis-
> crette à l'estude des livres, qu'on la luy nourrist : cela les rend ineptes
> à la conversation civile, et les destourne de meilleures occupations*
> (I : 26 : 164).

En les critiquant, Montaigne laisse paraître sa nostalgie pour
une culture orale :

> *[c] On reprochoit à Diogenes comment, estans ignorant, il se mes-*

> *loit de la philosophie. Je m'en mesle, dit-il, d'autant mieux à pro-*
> *pos. Hegesias le prioit de luy lire quelque livre : Vous estes plai-*
> *sant, luy responditil, vous choisissez les figures vrayes et naturel-*
> *les, non peintes : que ne choisissez vous aussi les exercitations natu-*
> *relles, vrayes et non escrites ?* (I : 26 : 168).

Et, finalement, il revient au danger que lui semblent représenter les livres, pour se féliciter d'avoir eu un précepteur qui lui évita
de « [b] raport[er] du collège que la haine des livres, comme faict
quasi toute nostre noblesse » (I : 26 : 175). Dans ce contexte, le
fameux passage sur la philosophie, qui reprend les grands poncifs
de l'éducation humaniste (le savant n'est plus coupable de *curiosi-*
tas, mais il est sain et joyeux) dans une tradition qui remonte au
Banquet de Platon, est beaucoup moins distinctif de Montaigne
que l'ensemble d'une méditation sur l'altérité et le corps, qui sous-
tend l'ensemble de « De l'institution » :

> *[a] L'ame qui loge la philosophie, doit par sa santé rendre sain enco-*
> *res le corps. Elle doit faire luire jusques au dehors son repos et son*
> *aise ; doit former à son moule le port exterieur, et l'armer par con-*
> *sequent d'une gratieuse fierté, d'un maintien actif et allegre, et d'une*
> *contenance contente et debonnaire [...] Pour n'avoir hanté cette*
> *vertu supreme, belle, triumphante, amoureuse, délicieuse pareille-*
> *ment et courageuse, ennemie professe et irreconciliable d'aigreur,*
> *de desplaisir, de crainte et de contrainte, ayant pour guide nature,*
> *fortune et volupté pour compagnes ; ils sont allez selon leur foi-*
> *blesse, faindre cette sotte image, triste, querelleuse, despite, mena-*
> *ceuse, mineuse, et la placer sur un rocher, à l'escart, emmy des ron-*
> *ces, fantosme à estonner les gens* (I : 26 : 161).

L'objectif de l'éducation montaignienne est d'introduire l'élève
à ce qui est, et non pas de nommer les choses. Montaigne dénonce
non seulement l'ambition « [c] puérile et pédantesque » (I : 26 :
172) de ceux qui manipulent les autres par leur langage, mais toute
la rhétorique : « [a] L'éloquence faict injure aux choses, qui nous
destourne de soy » (I : 26 : 172). *Or, cette réalité de ce qui se fait,*
et non pas de ce qui se dit, est, à la limite, non représentable, et
ne saurait être enseignée par un système qui consiste à investir le
langage d'une réalité normative : une couverture : « [a] la force
et les nerfs ne s'empruntent point ; les atours et le manteau
s'emprunte » (*ibid.*). La question donc se pose de savoir comment
on peut jamais enseigner quelque chose qui ne soit pas du pur
domaine langagier ou rhétorique. Montaigne est très ferme. Le langage n'est pas la réalité :

> *[a] Zenon disoit qu'il avoit deux sortes de disciples ; les uns, qu'il nommoit* philologous, *curieux d'apprendre les choses, qui estoyent ses mignons ; les autres,* logophilous, *qui n'avoient soing que du langage* (I : 26 : 173).

Or cette réalité qui pre-existerait au langage, ce n'est plus le monde des Réalistes du Moyen Âge. Elle n'est pas immanente, et ne saurait constituer un modèle. Elle n'est révélable que par le sens commun. Ne sachant trop comment représenter cette réalité dont tout le monde a un sens, mais que personne ne peut exprimer, Montaigne se donne ensuite lui-même en exemple. La façon dont il put apprendre le Latin (« [a] nous nous Latinizames tant qu'il en regorgea jusques à nos villages tout autour » (I : 26 : 173)) démontre qu'on peut apprendre dans un contexte purement pratique (« [a] sans art, sans livre, sans grammaire ou precepte, sans fouet et sans larmes ») (*ibid.*). Qu'apprend-on ? — Une langue (le Latin). Mais encore ? — Une conduite, par laquelle le savoir est devenu *habitus* : « [a] Mes precepteurs domestiques m'ont dict souvent que j'avois ce langage, en mon enfance, si prest à la main » (I : 26 : 174). Ce qui constitue donc le positif, l'acquis d'une institution, c'est une activité, une stratégie, qui font qu'on ne saurait plus distinguer dans le sujet ce qui est appris et ce qui est naturel, comme dans le fameux passage qui ouvre le chapitre sur la coutume :

> *[a] Celuy me semble avoir tres-bien conceu la force de la coustume, qui premier forgea ce conte, qu'une femme de village, ayant apris de caresser et porter entre ses bras un veau de l'heure de sa naissance, et continuant tousjours à ce faire, gaigna cela par l'accoustumance, que tout grand bœuf qu'il estoit, elle le portoit encore* (I : 23 : 108-9).

Dans le contexte du seizième siècle, où la vie de la plupart de la nation est encore soumise au strict calendrier des saisons et de la coutume, cette référence à l'inéducation et la naïveté des classes paysannes, en même temps que le souvenir d'une campagne toute latinisée au service du jeune Michel de Montaigne, symbolisent l'attachement de Montaigne à une *institution* sans épaisseur, transparente, dont la seule fonction serait de rendre possible une pratique, un faire. Ailleurs, dans « De l'institution », Montaigne fait référence à d'autres types de savoir informels, qui fonctionnent mieux que les savoirs formels :

> *[a] Il ne sçait pas ablatif, conjunctif, substantif, ny la grammaire ;*

> *ne faict pas son laquais ou une harangiere du petit pont, et si vous*
> *entretiendront tout vostre soul, si vous en avez envie, et se desfer-*
> *reront aussi peu, à l'adventure, aux regles de leur langage, que le*
> *meilleur maistre es arts de France* (I : 26 : 169).

Il y a là, sans aucun doute, un engouement pour la simplicité des propos rustiques, remis à la mode à la fin du seizième siècle, quand on découvre que la campagne ne donne pas seulement lieu à la pastorale des poètes, mais aussi à une sorte de discours marginal que l'autorité sans cesse grandissante d'une langue homogène est en passe d'étouffer. Mais il y a aussi un intérêt théorique à défendre une naïveté qui ne serait pas le produit d'un art, mais serait médiatrice de bon sens. Dans le cadre d'une critique généralisée de la rhétorique, la défense de langages communs aboutit à une dénégation de l'art dont Montaigne s'était tant flatté au début de son chapitre sur l'amitié. Continuan؟ sa défense du « [a] crocheteur » et de la « [a] femmelette » (« [a] Il ne fut jamais crocheteur ny femmelette qui ne pensast avoir asez de sens pour sa provision » (II : 17 : 656)), *Montaigne détruit en un trait de plume la belle peinture du rhétoriqueur :* « [a] *De vray, toute cette belle peincture s'efface aisément par le lustre d'une vérité simple et naïfve* » (I : 26 : 169). Il y aurait donc dans l'apparence de la réalité elle-même un éclat, une lumière (« [a] un lustre »), qui font que le langage est totalement efficace. Évoquant les signes des choses, il s'efface bientôt devant elles :

> [a] *Je veux que les choses surmontent, et qu'elles remplissent de*
> *façon l'imagination de celuy qui escoute, qu'il n'aye aucune souve*
> *nance des mots* (I : 26 : 171).

Cette conception d'un langage qui s'efface devant les choses n'est pas nouvelle. On a voulu l'expliquer dans le contexte d'une tradition de la rhétorique imageante[105]. Mais elle est aussi directement liée à l'émergence d'un bon sens fondé sur la pratique, une pratique qui aurait intériorisé ses propres schèmes. L'apprentissage du Latin donne ici des preuves certaines. D'une part, il s'agit d'une compétence acquise sans effort : Montaigne a appris le Latin comme les enfants Romains eux-mêmes (« [a] que cette longueur que nous mettions à apprendre les langues, [c] qui ne leur cous-

---

105. Voir Terence Cave, *The Cornucopian Text* [...], *op. cit.*, pp. 330 sqq.

toient rien » (I : 26 : 173)). Mais, d'autre part, cet apprentissage
n'est pas un enseignement, puisque le principal effet du collège où
on l'envoya faire ses classes fut de détruire cette compétence. Montaigne ne dit pas exactement pourquoi ni comment il cessa de lati-
niser : « [a] Mon Latin s'abastardit incontinent, duquel depuis par
desacoustumance j'ay perdu tout usage » (I : 26 : 175). Mais il est
clair qu'il lance là une nouvelle attaque contre la « [c] suffisance
purement livresque » (152) à quoi il oppose le concept du « [a] livre
suffisant » (*ibid.*) :

> [a] *Or, à cet apprentissage, tout ce qui se presente à nos yeux sert
> de livre suffisant : la malice d'un page, la sottise d'un valet, un pro-
> pos de table, ce sont autant de nouvelles matieres* (I : 26 : 152).

3. *Poétique de la pratique*

L'idée du « [a] livre suffisant » est dérivée de celle du *miroir*
ou du *livre* du monde, dans lequel l'homme déchiffre les proprié-
tés des choses avec une certitude majestueuse[106]. Comme l'a montré Foucault, le concept du Grand Livre de la Nature, qui est d'ailleurs antérieur à la découverte de l'imprimerie, s'accommode fort
bien d'une théorie qui le dédouble, sans vraiment l'expliquer ou
l'interpréter[107]. Sur ce point, c'est non seulement l'œuvre du grammairien Pierre de la Ramée qui est instructive, mais aussi celle des
poètes qui manient une langue dont ils vantent les capacités
d'expression : une langue poétique où les critères d'expressivité ne
sont pas fondés sur un pittoresque, mais sur une modélisation, une
construction des *bâtiments du discours*. La fonction de la poésie
est, certes, de construire des objets, de produire des effets archi-
tecturaux. Ronsard en donne un bel exemple dans son « Hymne
du Ciel » :

> *O qu'à bon droict les Grecz t'ont nommé d'un beau nom !*
> *Qui te contemplera ne trouvera sinon*
> *En toy qu'un ornement, & qu'une beauté pure,*

---

106. « Il n'y a rien dans la profondeur des mers, rien dans les hauteurs du
firmament que l'homme ne soit capable de découvrir. Il n'y a pas de montagne qui
soit assez vaste pour cacher au regard de l'homme ce qu'il y a en elle ; cela lui est
révélé par des signes correspondants » (Paracelse, *Archidoxis magica,* cité dans
Michel Foucault, *op. cit.*, Paris (Gallimard), 1966, p. 47).

107. Foucault, *op. cit.*, p. 50.

> *Qu'un compas bien reiglé, qu'une juste mesure,*
> *Et bref, qu'un rond parfaict, dont l'immense grandeur,*
> *Hauteur, largeur, bihays, travers, & profondeur,*
> *Nous monstrent, en voyant un si bel edifice,*
> *Combien l'Esprit de DIEU est remply d'artifice,*
> *Et subtil artisan, quit te bastît de rien,*
> *Et t'accomplît si beau, pour nous monstrer combien*
> *Grande est sa Majesté, qui hautaine demande*
> *Pour son palais royal une maison si grande*[108].

Cette fonction privilégiée est reconnue aussi dans les *Essais*. Montaigne y proclame ses deux matières de choix : l'Histoire et la Poésie : « [a] L'Histoire, c'est mon gibier, ou la poesie, que j'ayme de particuliere inclination » (I : 26 : 146). Mais il trouve à la poésie des charmes qui ne peuvent s'expliquer par une simple référence aux règles de la rhétorique. Il clame son admiration pour les plus grands poètes, mais son engouement est dû, moins à la façon dont les poètes exécutent les règles d'un langage sublime, qu'au fait que la poésie permet à l'auditeur, au lecteur, un contact direct. Il confesse par exemple son goût pour la poésie amoureuse qui représente les choses avec tant de force qu'elle supplante la réalité : « [b] Venus n'est pas si belle toute nue, et vive, et haletante, comme elle est icy chez Virgile » (III : 5 : 849). C'est que la poésie représente pour lui un ordre du discours, non pas noble et lyrique, mais essentiellement libéré des contraintes du récit, et par lequel le lecteur transgresse les barrières du langage et entre en contact avec ses propres émotions. Or il est significatif que la référence à la poésie se place pour Montaigne, non pas tant dans le contexte traditionnel du sublime (il offre ses respects aux géants de la poésie : « [a] Il m'a tousjours semblé qu'en la poësie Vergile, Lucrece, Catulle et Horace tiennent de bien loing le premier rang » (II : 10 : 410)), que dans celui du discours vulgaire mais efficace : du *humilde atque cotidianum sermonis genus*[109]. La référence au discours poétique dans « Des cannibales » concerne la poésie populaire, et, en général, Montaigne affectionne là un discours qui, parce qu'il n'est pas éduqué, a une prise directe sur la réalité :

---

108. Ronsard, « Hymne du Ciel », v. 59-70, in *Œuvres complètes,* édition P. Laumonier, p. 145.

109. Quintilien, *Institutio oratoria,* XI : 1 : 6.

> [a] La poësie populaire et purement naturelle a des naïvetez et gra-
> ces par où elle se compare à la principale beauté de la poësie par-
> faitte selon l'art ; comme il se void és villanelles de Gascongne et
> aux chansons qu'on nous rapporte des nations qui n'ont congnois-
> sance d'aucune science, ny mesme d'escriture (I : 26 : 313).

C'est-à-dire que la poésie permet ce que ne permet pas la
prose : elle réduit la distance du signe à son référent en incorpo-
rant à un discours noble par définition des termes qui, précisément
parce qu'ils marquent un écart dans le registre de ce discours,
s'appliquent d'autant mieux à la chose qu'ils décrivent. La poésie
a une qualité *naïve* (*naïf* est un des mots qui reviennent le plus souvent dans les *Essais*), c'est-à-dire, proprement *naissante,* que la rhétorique de la prose a perdue. On retrouve là les principales théories de la Pléïade, pour qui *naïveté* constitue l'avantage majeur de
la langue française :

> Tu enrichiras ton Poëme par varietez prises de la Nature, sans extra-
> vaguer comme un frenetique. Car pour vouloir trop eviter, & du
> tout te bannir du parler vulgaire, si tu veux voler sans considera-
> tion par le travers des nues, & faire des grotesques, Chimeres &
> monstres, & non une naifve & naturelle poësie, tu seras imitateur
> d'Ixion, qui engendra des Phantosmes au lieu de legitimes & natu-
> rels enfans[110].

Pour éviter les grotesques dont Ronsard parle, il s'agit de faire
fonctionner le langage sur la base d'une relation étroite avec le référent. Alors que pour les grammairiens du dix-septième, la distance
entre signe et référent est fondamentale, pour ceux du seizième,
il existe une relation entre la structure de la phrase, la multiplicité
des lieux communs et la réalité de la chose[111]. Or l'idée que le langage puisse se confondre avec la chose qu'il décrit séduit et embar-
rasse Montaigne. Le même artiste qui s'était proposé un tableau
« [a] élabouré dans toute sa suffisance », et plein de grotesques
(I : 28 : 183), clame maintenant sa méfiance pour les effets de l'art
visant l'hypostase de la réalité dans le langage :

> [a] Qui demanda jamais à son disciple ce qu'il luy semble [b] de
> la Rhétorique et de la Grammaire [a], de telle ou telle sentence de

110. Ronsard, « Preface sur la Franciade », *op. cit.*, p. 334.
111. Pierre de la Ramée, « De la convenance du nom avec le nom » et l'ordon-
nance du *bastiment des mots* (chapitre I, second livre de la *Grammaire,* Paris (André
Wechel), 1572, pp. 124 sqq).

> *Cicéron ? On nous les placque en la memoire toutes empennées,
> comme des oracles où les lettres et les syllabes sont de la substance
> de la chose* (I : 26 : 152).

En voulant décrire l'éducation idéale, Montaigne se heurte
donc à une difficulté de principe : comment éduquer sans théoriser, comment faire naître chez les autres des activités qui ne peuvent être enseignées qu'en étant pratiquées, mais dont la pratique
elle-même n'est pas limitée à cet apprentissage (« [c] nous apprinst
à manier un cheval ») : une pratique sauvage, qui fait feu de tout
bois ?

> *[a] Je voudrois que le Paluel ou Pompée, ces beaux danseurs de mon
> temps, apprinsent des caprioles à les voir seulement faire, sans nous
> bouger de nos places, comme ceux-cy veulent instruire notre enten-
> dement, sans l'esbranler : [c] ou qu'on nous apprinst à manier un
> cheval, ou une pique, ou un luth, ou la voix, sans nous y exercer,
> comme ceux icy nous veulent apprendre à bien juger et à bien par-
> ler, sans nous exercer ny à parler ny à juger. [a] Or, à cet apprentis-
> sage, tout ce qui se presente à nos yeux sert de livre suffisant : la
> malice d'un page, la sottise d'un valet, un propos de table, ce sont
> autant de nouvelles matieres* (I : 26 : 152).

Incorporer l'insolite, l'inaccoutumé (« [c] la malice d'un page,
la sottise d'un valet ») dans l'exercice coutumier, faire de sa vie
le réceptacle de l'autre, telle est l'ambition montaignienne. Le précepteur doit habituer son élève aux cultures étrangères (« [a] par
les nations voisines où le langage est plus esloigné du nostre, et
auquel, si vous ne la formez de bon'heure, la langue ne se peut
plier » (I : 26 : 153)). Le meilleur exemple de cette acculturation
reste, sans doute, l'expérience de Montaigne chez les cannibales,
cultures étrangères, s'il en fut jamais : « [a] Or je trouve, pour revenir à mon propos, qu'il n'y a rien de barbare et de sauvage en cette
nation [...] » (I : 31 : 204).

C'est donc au point où la pratique s'alimente de l'histoire, de
l'événement, qu'elle se constitue en tant que telle aux yeux de
l'observateur, qui peut alors la décrire, la communiquer. Entre les
« Cannibales », l'« Institution des enfants » et les textes des explorateurs comme Léry, la chaîne est donc continue. Montaigne semble dire que celui qui cherche à se connaître soi-même doit être conscient de sa propre pratique (ce qui n'apparaît dans toute son
ampleur qu'au tout dernier chapitre « De l'expérience »), et que
pour être conscient de sa propre pratique, le premier critère est de

pouvoir rendre compte de la pratique des autres. A chacune de ces étapes, la description implique un observateur, mais un observateur capable de perdre son statut objectif pour prendre en charge l'activité qu'il décrit. Il ne s'agit pas de s'assurer une autorité descriptive sur les comportements étrangers dont on rend compte, ce que Bourdieu a récemment stigmatisé comme une manifestation du « privilège de la totalisation »[112]. Il s'agit de saisir, malgré la synthétisation facile à laquelle se livrent le lecteur ou l'enquêteur sur le terrain, les foules de relation mises en jeu par ce qui n'est pas, à proprement parler, une situation pédagogique, existant au seul profit de l'observateur, mais une situation fonctionnelle dans laquelle l'individu réaffirme son appartenance au groupe en se donnant essentiellement le luxe de pratiques fondées sur des principes « commodes, c'est-à-dire aisément maîtrisés et maniables », et auquel l'observateur se doit de faire justice[113]. Et c'est justement ce qui occupe Montaigne dans sa description initiale du Brésil. Suivant non seulement Thevet et Léry, mais aussi les fantasmes de son imagination, il veut rendre compte des pratiques des Américains seulement dans le contexte des effets qu'elle postulent, puisqu'aussi bien toute pratique se définit avant tout comme une réponse à une demande d'effet :

> [a] [...] et les entretiennent communément des menasses de leur mort future, des tourmens qu'ils y auront à souffrir, des apprests qu'on dresse pour cet effect, du detranchement de leurs membres, et du festin qui se fera à leurs despens. Tout cela se faict pour cette seule fin d'arracher de leur bouche quelque parolle molle ou rabaissée, ou de leur donner envie de s'en fuyr, pour gaigner cet avantage de les avoir espouvantez, et d'avoir faict force à leur constance (I : 31 : 210-11).

Aussi, quand, discutant de l'anthropophagie des cannibales, Montaigne pose à nouveau la question de leur sauvagerie, il se garde bien d'une conclusion restreinte sur la base d'une tradition savante (« [a] Ce n'est pas, comme on pense, pour s'en nourrir, ainsi que faisoient anciennement les Scythes » (I : 31 : 209)). Il tient à mettre en relief ce qui, dans l'opération anthropophage, maximalise la relation à l'autre : « [a] c'est pour représenter une extrême vengeance » (ibid.).

112. Pierre Bourdieu, Le sens pratique, p. 138.
113. Bourdieu, op. cit., p. 145.

La question d'une logique interne de la pratique est soulevée par des descriptions comme celles des « Cannibales », dans lesquelles l'ethnologue avant la lettre découvre que toute explication, parce qu'elle est fondée sur un point de vue, ne peut être que partielle. Désireux de prévenir les effets d'une description qui, parce qu'elle est justement articulée sur un point de vue *partiel,* risque de devenir *partiale,* Montaigne, imitant en cela les historiens les plus courageux, contrecarre chaque instance de « sauvagerie » avec un exemple de barbarie européenne : « [a] Je pense qu'il y a plus de barbarie à manger un homme vivant qu'un homme mort » (I : 31 : 209). C'est là une perspective qui trouve audience à la fin de la Renaissance, quand l'histoire commence à perdre ses vertus théologales, et que l'historien est censé comprendre, et faire comprendre plus que de simples coutumes, telles qu'elles nous sont encore cataloguées par Montaigne dans son chapitre sur la coutume, ou dans l'« Apologie » (I : 23 : 108-123 et II : 12 : 482-4). C'est le début des histoires universelles laïques. Comme on l'a vu, Bodin explique dans son *Methodus* que l'histoire n'est que le résultat de l'interaction de certaines lois sociales et politiques et de principes de géographie physique[114]. De la Popelinière justifie son désir d'histoire universelle par un désir de relativiser les périodes et les cultures : non seulement de sonner le glas de l'histoire sainte, mais aussi d'établir une coupure entre l'événement, tel qu'il est reporté par les chroniques, et un concept de la culture suffisamment souple pour accommoder une vérité humaine transcendant les époques : « Il y a une grande différence de rechercher & par divers raisonnements descouvrir enfin la Verité des choses : & reciter simplement la cause et le motif de quelques desseins ou accidens »[115].

114. « Cherchons au contraire des faits régis par la nature et non par les institutions humaines, des faits stables que rien ne puisse modifier, si ce n'est une grande force ou une discipline prolongée ; des faits que l'on ne saurait déranger sans les voir revenir d'eux-mêmes à leur nature primitive. Évidemment les anciens auteurs n'ont rien pu nous laisser de semblable, vue leur complète ignorance des régions et des contrées qui n'étaient pas encore découvertes : mais chacun s'y est efforcé dans la mesure où ses conjonctures le lui ont permis » (*Methodus, op. cit.,* p. 313).

115. De la Popelinière, cité dans Huppert, *The Idea of Perfect History : Erudition and Historical Philosophy in Renaissance France,* Urbana (University of Illinois Press), 1970, p. 144.

IV. AUTORITÉ

1. Histoire et radotage

Or placer la description à un niveau auquel la relativité des coutumes humaines puisse apparaître, c'est chercher plus qu'une coupure avec l'événement, c'est mettre en question l'histoire en général. Une des pétitions de principe qui devait troubler le plus les historiens de la Renaissance, c'était de poser que les peuples qu'ils conquéraient n'avaient pas d'histoire, et que les Indiens, d'autre part, ne semblaient pas percevoir les Européens comme ayant une histoire. Dans ces conditions, la nudité des cannibales est symbolique, non seulement d'une absence de religion chrétienne et de mauvaise conscience, mais aussi, et surtout de l'absence de passé qui fait vivre uniquement dans le présent. Or, que dire d'une vie au présent ? Les deux modes qui permettent de la décrire sont le quotidien et le gnomique. Comme on l'a vu, « Des cannibales », placé stratégiquement après le chapitre sur la coutume, celui sur l'éducation, et celui sur l'amitié, est branché sur la vie de tous les jours. De même que « De l'institution », se modelant sur la philosophie, cherche avant tout le meilleur moyen d'« [a] instrui[re] à vivre » (I : 26 : 163), « Des cannibales » présente au lecteur un tableau complet des « [c] choses subjettes à la conduite de l'humaine suffisance » (I : 31 : 208), sans qu'il y ait besoin, pas plus que dans le chapitre sur l'amitié, de se poser des questions sur cette conduite : « [a] Cette cy [l'amitié] n'a point d'autre idée que d'elle mesme, et ne se peut rapporter qu'à soy » (I : 28 : 189). La réflexion qui s'exerce dans le corps du premier livre est ainsi auto-réferentielle,

à plus d'un titre. Elle se veut à la fois mode d'emploi, règle de conduite, et miroir de la personne : « [a] Le vray miroir de nos discours est le cours de nos vies » (I : 26 : 168). Mais il n'est pas sans
intérêt que le chapitre sur les cannibales fasse partie du premier
livre des *Essais,* à une époque où Montaigne en est encore à composer son livre sous l'influence des collections de proverbes et d'adages. Au public lettré la découverte du Nouveau Monde offre deux
possibilités : ou bien la lecture des hauts faits des conquistadores
et des défaites des Indiens, ou bien la considération curieuse des
coutumes primitives. Ce qui attire le public dans une histoire où
la chronique le cède maintenant à l'étude de mœurs, c'est la réalisation que, dans la situation d'altérité fondamentale des Européens
face aux Américains, où, ce qui sépare, on l'a vu, deux cultures,
c'est le privilège donné ou dénié à l'Histoire, le Nouveau Monde
offre des exemples qui ne peuvent faire partie d'une tradition. Montaigne mentionne bien les Scythes et autres marginaux du monde
gréco-latin depuis Hérodote, mais c'est pour reconnaître qu'ils
n'expliquent pas les pratiques des Indiens, leur religion et leur anthropophagie. On se méprend à se fier aux exemples des Anciens :

> [c] Entre les Scythes, quand les devins avoient failli de rencontre,
> on les couchoit, enforgez de pieds et de mains, sur des charriotes
> pleines de bruyere, tirées par des bœufs, en quoy on les faisoit brusler
> (I : 31 : 208 [...] [a] Ce n'est pas, comme on pense, pour s'en nour-
> rir, ainsi que faisoient anciennement les Scythes ; c'est pour repre-
> senter une extreme vengeance (I : 31 : 209).

Dans ces conditions, le témoignage des explorateurs représente
un effort singulier pour faire saisir comme tradition des conduites
dont on n'avait auparavant jamais entendu parler. La spéculation
géographique avait montré que c'était peine perdue de configurer
le Nouveau Monde dans le cadre des anciennes cosmographies. Ce
qui intéresse, c'est d'abord un discours de témoignage, et non pas
un compendium d'observations glanées dans les documents écrits,
les livres des autres. Quand on lisait des catalogues de coutumes,
des *florilèges,* on ne s'occupait pas de savoir si le narrateur avait
effectivement visité les pays dont il parlait. Montaigne tombe sous
le coup de l'illusion géographique, quand, dans « De la coustume
et de ne changer aisement une loy reçeüe », il se laisse emporter
à une liste interminable de coutumes, aussi bizarres les unes que
les autres :

*[c] Les barbares ne nous sont rien plus merveilleux, que nous som-
mes à eux, ny avec plus d'occasion [...] La raison humaine est une
teinture infuse environ de pareil pois à toutes nos opinions et mœurs,
de quelque forme qu'elle soient : infinie en matiere, infinie en diversité. Je m'en retourne. Il est des peuples [b] où [...] (I : 23 : 112).*

Comme on ne s'intéressait pas à l'authenticité des coutumes,
elles ne pouvaient prendre valeur que dans le cadre d'un tableau
curieux, satisfaisant la soif de nomination et de classement de la
Renaissance. Mais, le Nouveau Monde offrant un matériau de plus
en plus vaste, les modes de classement traditionnels ne conviennent
plus. Quelques relations, dont celle de Thevet, continuent de se
livrer à un classement cumulatif, mais la plupart prennent ces coutumes en considération sous des rubriques qui organisent les activités des sauvages, selon un plan de vie quotidien, et en respectant
une hiérarchie qui va de l'extérieur (ils sont tous nus, ils passent
la journée à danser, ils sont anthropophages) à l'intérieur (ils ont
aussi leur langue et leurs dieux). Et, puis, on se rend compte que
l'intérêt du coutumier sauvage est ailleurs : si les sauvages peuvent
si facilement devenir le miroir inversé de notre civilisation, s'il est
même vrai, comme le veut et le montrera Montaigne, que ce sont
eux qui peuvent nous donner le sens de notre histoire, c'est qu'ils
suggèrent une autre sorte d'autorité, logée, non plus dans les livres
des Anciens, mais dans les adages et les proverbes qui tant enchan-
tent la Renaissance. Les sauvages peuvent nous apprendre quelque chose. Mais quoi ? Comme il est malaisé d'interpréter des coutumes inouïes, la distance qui sépare le sujet européen du sauvage
paraît d'abord énorme : « [a] [...] il y a une merveilleuse distance
entre leur forme et la nostre » (I : 31 : 212). Au vrai, la différence
n'est pas seulement entre deux pratiques, mais plutôt dans le fait
que ce qui appartient à la coutume en Europe, et qui le plus souvent décourage l'analyse d'en donner un compte rationnel, relève
chez les Indiens d'une autre dimension sociale. Parce que toutes
leurs actions sont étroitement liées dans un univers où toute acte
est immédiatement signifiant, le sujet de la pratique indigène est
dans une position privilégiée par rapport au geste qu'il accomplit.
Son geste ne relève pas d'une autorité inconnue : d'une tradition
qu'il a perdue de vue. Il constitue le sujet qui l'accomplit, et en
l'accomplissant, celui-ci légitime à son tour une coutume :

[a] Et afin qu'on ne pense point que tout cecy se face par une sim-

> *ple et servile obligation à leur usance et par l'impression de l'autho-*
> *rité de leur ancienne coustume, sans discours et sans jugement, et*
> *pour avoir l'âme si stupide que de ne pouvoir prendre autre party,*
> *il faut alleguer quelques traicts de leur suffisance* (I : 31 : 213).

C'est ici qu'il faut replacer les coutumes indigènes dans le contexte d'une évolution de l'autorité historique à la fin du seizième
siècle. Tout en admettant son goût pour les livres d'histoire, Montaigne mentionne le fait qu'il continue d'aimer César, son historien favori, bien que César soit souvent peu honnête avec lui-même
et son lecteur, qu'il cache une ambition dévorante (« [a] il veut couvrir sa mauvaise cause et l'ordure de sa pestilente ambition » (II :
10 : 416)). Cette réserve sur César est faite dans le même contexte
dans lequel Montaigne revient sur la fonction interprétative en histoire. L'Histoire, qu'il admire (« [a] les Historiens sont ma droitte
bale » (II : 10 : 416)), c'est celle qui lui permet, dans un cadre général, d'interpréter des réactions humaines aux événements :

> *[a] Or ceux qui escrivent les vies, d'autant qu'ils s'amusent plus aux*
> *conseils qu'aux evenemens, plus à ce qui part du dedans qu'à ce*
> *qui arrive au dehors, ceux là me sont plus propres* (II : 10 : 416).

Le texte historique devient alors un prétexte, l'occasion pour
le lecteur d'apprendre la valeur exemplaire du récit qu'il est en train
de lire :

> *[c] l'homme en general, de qui je cherche la cognoissance, y paroist*
> *plus vif et plus entier qu'en nul autre lieu, la diversité et verité de*
> *ses conditions internes en gros et en destail, la varieté des moyens*
> *de son assemblage et des accidens qui le menacent* (II : 10 : 416).

Or les *Essais* se situent ici à la fin d'une longue perspective
dans laquelle l'universel et le particulier commencent à opérer dif-
féremment dans les couches du savoir. Au Moyen Âge et au début
de la Renaissance, le récit d'un événement quelconque implique
l'universalisation automatique de l'action rapportée. Le moindre
compte-rendu indique qu'il subsiste peu de différence entre champ
singulier et champ global. Et cette implication est autorisée par le
statut purement narratif de l'histoire proposée au lecteur. Cet aspect
d'une narrativité, exposant à la surface de son propre texte les marques de son authenticité, se retrouve dans la plupart des histoires
du seizième siècle, et elle fleurit tout particulièrement dans les relations de voyage. Ainsi dans le *Journal de voyage en Italie*, Montaigne se contente d'assurer son récit au niveau le plus bas de ce

qui était alors considéré comme une hiérarchie des artifices : enregistrant ses impressions dans le même contexte qui lui fait accepter les coutumes et les opinions des diverses contrées où il se trouve. Le passage où il débat de l'autoportrait modèle, celui, miraculeux, du Christ sur un linge sacré (« *Véronique* », étymologiquement : « *l'image véritable* ») en est un bon exemple :

> *Ces jours se montre la Veronique qui est un visage ouvrageus et de colur sombre et obscure, dans un carré comme un grand miroir ; il se montre aveq grand serimonie du haut d'un popitre qui a cinq ou six pas de large. Le prestre qui le tient a les mains revestues de gans rouges, et y a deus ou trois prestres qui le soutienent. Il ne se voit rien avec si grande reverance, le peuple prosterné à terre, la pluspart les larmes aus yeux, aveq ces cris de commiseration. Une fame, qu'on disoit estre* spiritata, *se tampestoit voïant ceste figure, crioit, tandoit et tordoit les bras [...] Il faict beau voir l'ardur d'un peuple si infini à la religion ces jours-là [...]*[116].

Mais, à cause d'une accélération de l'histoire (Grandes Découvertes, Réforme), le statut privilégié du récit coutumier est souvent mis en question. Si on vient à mettre en cause l'autorité du texte, c'est dans la mesure où le contexte historique débordant sur la présentation du coutumier (la description du Brésil n'est possible qu'à condition de démentir Villegagnon), le narrateur n'est plus à même d'isoler sa narration, de la présenter dans un champ culturel abstrait. C'est la raison pour laquelle Léry, passe, on l'a vu, la meilleure partie de sa préface à expliquer au lecteur pourquoi son livre est fiable, et celui de Thevet ne l'est pas. Or le récit que goûte Montaigne, c'est celui où l'authenticité du narrateur n'est pas mise en cause, parce que le contenu historique qui l'informe, ce que Greimas appelait autrefois le *radotage,* devient anodin ou transparent, pour laisser la place à un aperçu de vie quotidienne[117]. L'autorité du texte historique ne dépend plus d'une tradition cumulative de répétition et de commentaire : elle se limite à offrir des contextes dans lesquels des instances de conduite individuelle peuvent être étudiées, et une valeur universelle conférée à l'instance présentée. L'histoire n'est plus censée avoir de signifié unique. En d'autres

116. *Journal de Voyage en Italie par la Suisse et l'Allemagne (1580 et 1581),* édition de Maurice Rat, Paris (Garnier), 1955, pp. 124-5.

117. A.J. Greimas, *Sémantique structurale : recherche de méthode,* Paris (Larousse), 1966, pp. 123 sqq.

termes, si l'historien est encore à la recherche d'universaux qui lui
permettent de faire donner créance à son histoire, cette créance n'est
pas déterminée par une comparaison et une évaluation des multiples
témoignages que l'histoire elle-même a suscités, mais, surtout,
par la découverte, précisément dans le cadre de la Découverte du
Nouveau Monde, d'une universalité structurale ou fonctionnelle
transcendant la singularité de chaque individu. Le texte revendique
maintenant une universalité humaine, anthropologique. Malgré
les préoccupations des historiens comme Léry, qui ont été sur
le terrain et sont soucieux de rejeter les prétentions des cosmographes,
c'est de par une autorité pratique, comparant les actions des
Européens et des sauvages, que les relations des coutumes du Nouveau
Monde s'écrivent. Déjà les remarques de Bodin, critiquant
la manière dont les Anciens écrivent l'Histoire, font écho aux descriptions
de Léry, cherchant l'angle particulier qui lui permet d'éviter
l'ethnocentrisme Européen dans la description de la « quatrième
partie » du monde[118]. Bien sûr, cette universalité est encore dans
de nombreux cas, encore inspirée par la tradition chrétienne : le
sauvage n'est un homme que dans la mesure où il est prêt d'être
converti[119]. Mais il faut vraiment remonter à Colomb, à Bernal Diaz
ou à Pierre Martyr, pour trouver dans les récits de la conquête
une représentation du sauvage qui n'utilise absolument aucun critère
de praxis quotidienne. Même Colomb reconnaît que les attitudes
des Indiens à son égard ne sont pas en rapport avec son arrivée
inopinée et hors contexte, mais avec les réquisits de leur propre histoire
— et donc, que, dans la mesure où les Indiens ont, eux aussi,
une histoire, leur comportement est, en partie déterminé par cette
histoire, mais que ce qui reste de cette histoire n'est accessible à
l'Européen que dans sa perception d'un *quotidien indigène*. Pris
dans des circonstances semblables à celles dans lesquelles se trouvaient
les sauvages, qu'auraient fait les Européens ? On voit, chez
Léry et chez d'autres, plusieurs exemples de ce *comportement standard*,
qui ne saurait être mesuré par des comparaisons directes entre
sauvages et Européens, mais qui peut être subsumé comme justement
transcendant le cadre de cette étroite comparaison. Il en va

118. Bodin, *Methodus,* chapitre V, p. 314.

119. Alphonse Dupront, « Espace et humanisme », *Bibliothèque d'Humanisme
et de Renaissance,* Paris (Droz), 1946, VIII, pp. 7-104.

de même pour les historiens plus sophistiqués de la conquête, chez qui une défense autoritaire du colonialisme ne s'appuie plus sur la simple infériorité des Indiens, mais sur des raisonnements de pur légalisme, qui n'affectent pas, par ailleurs les praxis quotidiennes des Indiens. C'est le cas, par exemple, de Las Casas, qui souhaite une théocratie coloniale aux mains des prêtres catholiques au lieu d'une tyrannie aux mains des conquistadores.

2. Adages, proverbes et l'autorité dissoute

En réalité, Montaigne n'avait pas pu lire, du moins à l'époque où il composait les « Cannibales » les théoriciens comme Sahagun ou Victoria, et les critiques ont suffisamment insisté sur le fait que « Des cannibales » n'est pas, comme « Des coches », le fruit des lectures de l'essayiste. Toutefois le *fading* de l'autorité historique dans l'évaluation d'une structure du comportement est accentué par un événement tout à fait contemporain : la traduction de Plutarque par Amyot. Or dans cette œuvre, qui comprend *à la fois* les *Vies* et les *Œuvres morales,* ce qui touche une corde particulièrement sensible chez le Montaigne des « Cannibales », c'est que la grande tradition des adages, proverbes et coutumes, qui n'était jusqu'à présent qu'un *thesaurus* de bizarreries sans relation à une histoire, peut maintenant être considérée aux côtés d'une histoire traditionnelle, grecque ou romaine, dont elle étend les limites et renouvelle la perspective. Ironiquement, c'est par le biais d'un auteur qui avait remis à la mode les grands parangons de l'histoire antique, qu'une réflexion plus indépendante de l'histoire même, et qui n'emprunte à l'histoire que les cadres de ses références, est en train de se développer. Avant de suivre le développement d'une nouvelle tradition *plutarquienne,* qui englobe à la fois l'histoire proprement dite, et une réflexion sur les praxis, il n'est pas sans intérêt de se demander où en sont, à l'époque de Montaigne les pratiques rhétoriques qui ont permis ce développement, je veux parler du discours de l'adage et du proverbe, qui n'ont pas attendu la parution des *Essais,* pour s'imposer à tous les niveaux du public des lecteurs, et dans lequel le discours montaignien, toujours, et surtout dans le cas des « Cannibales », subsumé par les pratiques quotidiennes, vient s'enchâsser.

La tradition des proverbes ou adages remonte, à travers le

Moyen Âge et Rome, jusqu'à l'époque grecque archaïque. C'est dans les textes homériques qu'on trouve la première expression de ce qui peut passer aujourd'hui pour proverbe, et que les héllenistes ont défini globalement comme la forme gnomique. Cette définition est d'ailleurs issue de considérations linguistiques, dans la mesure où c'est le parfait grec qui est chargé d'exprimer sur le mode du résultat présent d'une action passée, la permanence d'une pensée enracinée dans la tradition. Sans vouloir ici donner une histoire du proverbe, on doit insister sur le fait qu'à l'origine, la forme gnomique s'accommode aussi bien d'une littérature qui s'exprime surtout sur le mode héroïque. Le poète se réjouit de pouvoir, dans le cours, ou plutôt le creux des péripéties qu'il narre, énoncer des vérités qui universalisent son récit. Mais, on peut déjà trouver dans la comparaison homérique des indices qui montrent que ce qui va devenir plus tard le proverbe cherche à se dissocier d'un contexte spécifique. Ainsi quand le vieux Nestor donne des conseils à Achille pour la course du chant 23, ses conseils s'adressent en fait à tous les jeunes gens prêts à concourir[120]. Quand on en vient aux textes d'Hésiode, le parti-pris héroïque cède le pas à une volonté didactique, qui va maintenant s'affirmer et s'approprier tout un domaine métacritique de l'Antiquité, puisqu'aussi bien c'est une certaine forme de proverbe qui fonde la réflexion rhétorique de la République et de l'Empire. Dans ce long développement et cette autonomisation du proverbe d'un domaine purement littéraire, l'inclusion d'une sagesse populaire dans le corps des œuvres correspond à un certain impérialisme de la littérature, qui cherche à rendre compte à l'intérieur de sa propre fiction, des nécessités du monde extérieur. Le chemin qui mène des *Géorgiques* de Virgile et des *Métamorphoses* et des *Fastes* d'Ovide, à l'*Ovide moralisé* du Moyen Âge, aux *Florilèges* du quinzième siècle, jusqu'aux *Essais,* est nettement balisé. Mais il est aussi bien clair que la matière des proverbes et adages est aussi utilisée à d'autres fins qu'à simplement élargir (théoriser, moraliser) la perspective des œuvres littéraires.

A la fin du quinzième siècle, le proverbe a un double statut. D'un côté, il sert à exprimer, aux côtés d'une tradition aristocratique de la chose littéraire, une vérité des basses et moyennes

---

120. Homère, *Iliade* 23, 334 sqq.

classes[121]. Par la suite, dès l'invention de l'imprimerie, cette vocation du proverbe, inspirée par une vision du monde où le récit des grandes gestes héroïques et contrepointée par la description des tâches quotidiennes, offre sur des modes choisis (attribution à des personnages historiques ; catalogues de dits du terroir), des aperçus sur le monde de tous les jours[122]. Confronté avec les idéaux et la tradition d'une histoire noble, le rédacteur de collections de proverbes ou d'adages s'intéresse surtout à montrer ce qui dans la réalité continue de résister à la fiction. Les livres de proverbes offrent ainsi, à travers plusieurs couches d'écriture, où se reconnaissent les vieilles traditions du terroir, mais aussi les manipulations des clercs, un tableau des relations possibles entre pratique et théorie, dont Montaigne se souvient, non seulement dans les textes sur la coutume proprement dite, mais dans le contexte plus large d'une relation à l'expérience :

> [b] *C'est à la coustume de donner forme à nostre vie, telle qu'elle lui plaist ; elle peut tout en cela : c'est le breuvage de Circé, qui diversifie nostre nature comme bon luy semble. Combien de nations, et à trois pas de nous, estiment ridicule la crainte du serain, qui nous blesse si apparemment ; et nos bateliers et nos paysans s'en moquent* (III : 13 : 1080).

Mais, d'un autre côté, la diffusion de l'imprimerie a eu pour effet d'encourager les collections de proverbes, dans le même temps où des compilateurs commencent aussi à rassembler en volumes les pensées d'auteurs illustres[123]. On a beaucoup traité de ces deux phénomènes séparément, sans voir le lien qui les rattache[124]. Offrir un *compendium* de pensées tirées des grands auteurs, c'est non seulement mettre à la portée de tous ceux qui savent lire, sous la forme d'un digeste, des avis qui peuvent servir à l'instruction générale[125],

121. Nathalie Zemon Davis, « Proverbial Wisdom and Popular Errors », in *Society and Culture in Early Modern France,* Stanford, 1975, pp. 232 ff.

122. *Ibid.*

123. Bernard Beugnot, « Florilèges et *Polyantheae*. Diffusion et statut du lieu commun à l'époque classique », *Études françaises*, XIII (1977) : pp. 119-141 ; et aussi : Terence Cave, *The Cornucopian Text* [...], pp. 17-19.

124. Lucien Febvre et Henri-Jean Martin (*L'apparition du livre,* Paris (Albin Michel), 1958, chapitre VIII) ne font ainsi que peu de place au progrès des ouvrages en langue vulgaire.

125. Davis, « Printing and the People », *op. cit.*, pp. 189-226.

c'est aussi affirmer que les pensées des grands auteurs ont une portée universelle et non-spécifique, qui ne tient pas à leur auteur, mais au fait qu'elles sont indéfiniment applicables, interprétables, et quand on arrive à Montaigne, transformables.

Or, dés le début du seizième siècle, on voit se multiplier les recueils offrant l'essence, les fleurs des écrivains célèbres. Beugnot donne pour exemple les *Illustrium Poetarum Flores* et le *Florilegium Diversorum Epigrammatum,* dont la publication s'étend sur près d'un siècle, à partir de 1538. Le fait de colliger les pensées des grands auteurs en un volume où elles se retrouvent toutes ensemble montre l'évolution que subit la notion d'autorité textuelle. Alors qu'au Moyen Âge le texte était encore identifié strictement par son auteur, dans un contexte qui ne permettait pas la comparaison (le principe de l'*auctor* est qu'il est irremplaçable), dès l'avènement du florilège, le principe de filiation qui organise les citations dans une hiérarchie stricte est remplacé par un principe de classification, fondé sur le développement des catégories rhétoriques. Alors que sous la République, et encore sous l'Empire, la rhétorique conserve une fonction sociale et politique (bien que le discours ne soit plus libre sous l'Empire, la préoccupation d'emporter la persuasion du public a certes été remplacée par le désir de convaincre l'auditeur du bien-fondé d'une position morale — mais cet objectif moral catalyse toute l'énergie dépensée autrefois aux rostres), — au Moyen Age, le rétrécissement du champ politique et social, dont parle Beaujour, impose une réduction de la rhétorique à une technique stylistique et normative orientée vers une illustration des impératifs moraux, qui fait que les pensées des grands auteurs sont systématiquement réinterprétées dans un contexte éthique homogène[126]. C'est un peu ce même principe qui fera, un siècle plus tard, que l'édition des fameux *Adages* d'Erasme est purifiée, expurgée de tous les passages qui avaient déplu à la Curie romaine, et que l'Erasme des *Adages,* que Montaigne utilise à loisir, représente alors, plus qu'un *thesaurus* du savoir politique, la possibilité d'une œuvre récrite à partir de fragments épars. Erasme avait d'ailleurs déclaré, à l'occasion d'un de ses *Adages,* la forme qu'il entendait donner à son œuvre[127]. L'effet majeur des florilèges a été de mettre fin

126. Michel Beaujour, *op. cit.*, p. 177.
127. « Herculei Labores » (*Adagia,* III : 1 : 1).

à une certaine hégémonie de la citation par laquelle le citant était pour toujours lié à l'auteur de la citation et à l'intention subsumée par la citation, l'emprunteur est pris dans le cercle d'une tradition herméneutique. L'utilisateur des florilèges ou des *centons* est libéré de sa dépendance vis-à-vis des auteurs dont il emprunte la pensée, puisque cette pensée a déjà filtrée par le rédacteur des collections de proverbes ; le texte qu'un auteur comme Montaigne a maintenant sous les yeux, et qu'il se sent libre de piller pour l'accommoder au sujet qu'il traite, est neutre ; les références à la filiation du texte ont pratiquement disparu, et la classification des proverbes fait que c'est maintenant dans une collection de purs fragments que l'essayiste puise ses images et ses preuves : « [a] Il ne faut pas grande entreprise pour s'y mettre ; et les quitte où il me plaist » (*Essais,* II : 10 : 413 (à propos de Plutarque)). Mais le lieu de la preuve a été déplacé. Il ne se trouve plus sous l'égide d'un auteur particulier, plus non plus, dans le recueil qui récupère des textes d'*auctor,* mais dans le corps même du texte qui leur donne à nouveau leur pertinence.

Le contexte de cette médiation n'est pas sans importance, car c'est sur le même modèle d'une communication où l'autorité est dissoute que Montaigne cherche à interpréter le quotidien des cannibales. D'abord, les auteurs qui nous renseignent sur le Nouveau Monde sont beaucoup trop écoutés : ce qu'ils nous racontent ne correspond pas à la réalité. Ensuite, les discours de relation qu'ils nous laissent représentent en fait assez bien une vision décentrée du Nouveau Monde. Les coutumes indigènes sont certes vues à travers la lorgnette des Européens. Mais, dans la mesure où ils sont précisément décentrés, ces discours civilisés ou civilisateurs représentent autre chose que la vérité indigène. Ils sont comme un discours étranger à son objet, que le lecteur, en l'occurrence Montaigne, se donne toute liberté de réinterpréter — mais seulement jusqu'à un certain point, car il reste toujours, au-delà de ce que l'essayiste en peut dire (rappelons-nous le texte du chapitre sur l'amitié) : « [a] Il y a, au-delà de tout mon discours, et de ce que j'en puis dire particulièrement [...] » (I : 28 : 188)), une somme de faits, de coutumes, qui, n'étant plus proprement celles des sauvages (les sauvages ont été envahis, et leur mode de vie est maintenant soumis aux intrusions de l'observateur), ne sont pas non plus celles que l'Européen décrit dans son ignorance ou son arrogance.

Ce reste qui échappe à la description tantalise l'essayiste ou l'explorateur. Ainsi voit-on Léry mêler réprobation et jouissance du non-sens dans sa relation des cérémonies cannibales, dont Montaigne s'est d'ailleurs largement inspiré :

> *Mesme celuy qui n'ignore pas que telle assemblee se faisant à son occasion, il doit estre dans peu d'heure assommé, emplumas-sé qu'il sera, tant s'en faut qu'il soit contristé, qu'au contraire, sautant & buvant, il sera des plus joyeux [...] Mais pensez-vous que encore pour cela (ainsi que seroyent les criminels par-deçà) il en baisse la tête ? [...] (II : 15 : 44).*

L'expérience des cannibales fonctionne pour Montaigne sur le modèle de la translation du texte *autoritaire* et paternel, au proverbe inclus dans le florilège. La coutume indigène est maintenant replacée dans un lieu où elle borde et alimente le texte montaignien, qui ne peut la réduire, mais dont il s'inspire, comme d'un modèle rhétorique. Le passage où l'essayiste parle des arts des *sauvages* et décrit leur poésie anacréontique est particulièrement significatif, puisqu'il indique un effort pour réactiver, dans le cadre de l'écriture autobiographique, une quotidienneté, une proverbialité indigène qui demeure encore au-delà de toute traduction, et peut-être même, de toute interprétation, aussi subtile qu'elle puisse être. La déclamation suivante fait un contraste assez ponctuel avec le texte du début du chapitre « De l'amitié », dans lequel Montaigne, tout en avouant ses incapacités, envisageait assez bien un ouvrage « [a] poly et formé selon l'art » (I : 28 : 183) :

> *[c] Et si pourtant la saveur mesme et delicatesse se treuve à nostre gout excellente, à l'envi les nostres, en divers fruits de ces contrées-là, sans culture. [a] Ce n'est pas raison que l'art gaigne le point d'honneur sur nostre grande et puissante mere nature. Nous avons tant rechargé la beauté et richesse de ses ouvrages par nos inventions, que nous l'avons du toust estouffée* (I : 31 : 205-6).

Ce n'est pas par hasard que Montaigne se plaint du *truchement* qui lui trahit les paroles des sauvages, après avoir chanté les louanges de l'autre *truchement* qui lui avait parlé, mais, hors la présence des sauvages, de l'Amérique et du Brésil. Le premier était ouvert comme un livre de proverbes, et plein de sagesse commune, dans lequel lui, Montaigne, pouvait reconstituer l'existence des Indiens. Le second se mêle aussi d'être un interprète, mais son interprétation est si mauvaise que l'essayiste ne peut se faire comprendre,

ne peut entrer dans l'espace mental des Indiens, n'a qu'un outil-
lage limité pour construire sa propre réflexion. Et c'est justement
là que le chapitre s'arrête : « [a] Ils respondirent trois choses, d'où
j'ai perdu la troisième » (I : 31 : 213). Or, dans l'ombre d'un interprète, d'ailleurs imparfait, Montaigne cherche deux choses : saisir
la forme de ce qui fait la vie quotidienne de ces sauvages, et à travers la leur, la sienne ; et, par là-même, à renouer le fil d'une
tradition qui lui permette d'exprimer par des mots, et non pas
seulement par des gestes, les différents modes de cette vie
quotidienne.

3. Privilège de Plutarque

Cette tradition, Montaigne l'a déjà découverte chez Plutarque,
dont il fait sa lecture favorite :

> [b] [Plutarque] est si universel et si plain qu'à toutes occasions et
> quelque suject extravagant que vous ayez pris, il s'ingere à vostre
> besongne et vous tend une main liberale et inespuisable de richesses
> et d'embellissements (III : 5 : 875).

La raison pour laquelle il est si friand de l'auteur des *Vies parallèles* et des *Œuvres morales* est qu'il trouve chez lui justement une
confirmation de son propre goût pour une réforme de l'autorité
narratrice, d'une relation entre la forme d'écriture et celle de la vie
quotidienne. Il dira dans son dernier chapitre « De l'expérience » :

> [b] Mais n'est ce pas que nous cherchons plus d'honneur de l'alle-
> gation que la verite du discours ? comme s'il estoit plus noble
> d'emprunter de la boutique de Vascosan ou de Plantin nos preuves
> que de ce qui se voit en nostre village ; ou bien, certes, que nous
> n'avons pas l'esprit d'esplucher et faire valoir ce qui se passe devant
> nous, et le juger assez vifvement pour en tirer exemple ; car si nous
> disons que l'authorité manque pour donner foy à nostre tesmoi-
> gnage, nous le disons hors de propos [...] (III : 13 : 1081).

On sait que Montaigne a eu entre ses mains une des premières
éditions des *Vies* et des *Œuvres morales* : probablement avant 1570
pour les *Vies,* et 1572 pour les *Œuvres morales.* On sait aussi qu'au
fur et à mesure des éditions successives des *Essais,* ce sont les *Œuvres morales* qui prennent de plus en plus d'importance dans la composition du texte et qui servent, selon le mot de Villey, à « déta-
cher Montaigne en lui présentant un idéal plus humain, plus fami-

lier »[128]. Comme on l'a remarqué, l'attitude vis-à-vis de Plutarque
était très différente au seizième siècle de ce qu'elle est aujourd'hui.
Alors qu'à partir du dix-neuvième siècle, Plutarque devint une
source secondaire, à n'utiliser qu'au cas où les sources primaires
viendraient à faire défaut, à la Renaissance, il est considéré comme
le compagnon indispensable des études classiques par les humanistes érudits. Erasme traduisit en latin l'opuscule sur les *Préceptes
de santé,* et prêta la main à l'édition grecque *princeps* Aldine de
1509, sans compter que les *Adages,* dont nous avons parlé, sont
en grande partie imités de Plutarque ; et Budé traduisit aussi en
latin l'opuscule sur la *Tranquillité.*

Mais Plutarque est aussi l'objet d'une autre attention, de la
part des curieux, qui y cherchent des renseignements sur un temps
dont la Renaissance du livre a ressuscité les écrits, mais dont elle
n'a pu vraiment reproduire l'image. Plutarque était vu sous un double jour. En pleine redécouverte de l'Antiquité, il représente la possibilité d'un contexte vivant dans lequel replacer les trouvailles
archéologiques, en même temps que l'occasion de faire revivre, au
présent, les personnages dont on lit les exploits dans les livres du
passé. Or cet intérêt du curieux pour les œuvres de Plutarque est
justifié par le fait que le point de vue moral est toujours maintenu
dans les *Vies,* comme dans les *Œuvres morales.* En un certain sens,
il est même possible que le seul intérêt de l'histoire n'est pas de
nous renseigner sur l'exactitude des faits, mais de nous apporter
des renseignements sur la pratique. Plutarque fait référence à cet
intérêt pratique à plusieurs reprises — et peut être nulle part plus
instamment que dans son fameux traité sur l'*Éducation des
Enfants,* où il fait de la raison l'acte même d'apprendre. Mais il
ne s'agit pas simplement de donner des conseils. Il faut réduire des
motifs historiques à du familier philosophique et moral. Un homme
se révèle par ses actions (*praxeis*), et ces actions ou *praxeis* sont
en fait une combinaison de son caractère (*hthos*), qui change selon
les circonstances et les décisions qu'il prend, la façon dont il les
exécute. Dans l'expression éthique du caractère, l'action implique
cette partie de l'homme qui est engagée dans l'histoire, et qui peut
donc être rapportée dans le récit, en contraste avec cette autre par-

---

128. Pierre Villey, *Les sources et l'évolution des Essais de Montaigne,* Paris
(Hachette), 1908, II, p. 121.

tie, fixe, déterminée par la naissance, les gènes, probablement indéchiffrables qui résistent à tout effort d'analyse. En fait, ce qui est en jeu, c'est moins que l'histoire incidente, les événements qui affectent la vie humaine ont la capacité de former le caractère, les *pathe,* que le fait que des portions du caractère, inconnues au début de l'histoire peuvent maintenant être révélées, grâce à l'analyse.

Ce que Montaigne apprécie chez Plutarque, *c'est la capacité épiphanique du récit.* Montrer dans la narration ce qui avait toujours été là, mais qui n'avait pas encore paru. Or cette portion de l'*ethos* qui n'a pas encore paru, elle n'est pas la *phusis* d'Aristote, car celle-ci ne change jamais[129]. Elle est cette partie du caractère, le tour ou *tropos* qui se révèle uniquement à l'occasion d'un faire particulier, d'une action encore jamais vue sous cet angle, à charge alors pour la description d'en expliquer la nouveauté, par des comparaisons et des références textuelles. *La problématique du texte plutarquien est la suivante : rendre familier ce qui est insolite et rendre insolite ce qui est familier.* Ou bien il s'agit de traiter les sujets traditionnels : contenir sa colère, cultiver ses amitiés, savoir la différence entre bavardage et conversation ; ou bien on discute de sujets *scientifiques* les plus hétéroclites : la chaleur du soleil, les principes de reproduction, les taches de la lune. Ou bien, on s'en prend à des doctrines philosophiques, comme le stoïcisme, (l'objet des critiques continuelles de Plutarque), en tâchant de montrer ce qu'elles ont d'immesuré. Mais, dans tous les cas, le discours ramène à un lieu privilégié : celui d'un intérêt personnel des locuteurs et du lecteur, qui sont censés chercher, dans le contexte d'un dialogue de groupe, un consensus sur la singularité de l'objet du discours.

Puisqu'il en est ainsi, la fonction des comparaisons est de procurer le champ sémantique dans lequel une différence spécifique peut être déployée et confirmée. Ce que Montaigne avait déjà noté, quand, cherchant au livre II, à défendre les comparaisons de Plutarque dans ce qu'elles ont de dynamique, contre ceux qui, comme Bodin, en critiquent la pertinence, il montrait la relation entre comparaison proprement dite, et jugement singulier :

[a] *Il ne faut pas juger ce qui est possible et ce qui ne l'est pas, selon ce qui est croyable et incroyable à nostre sens, comme j'ay dict ail-*

129. Aristote, *Physique,* II, 192 bsqq (édition Carteron, Paris (Les Belles-Lettres)), 1961, volume I, pp. 59-60.

> *leurs ; et est une grande faute, et en laquelle toute-fois la plupart*
> *des hommes tombent [c] (ce que je ne dis pas pour Bodin), [a] de*
> *faire difficulté de croire d'autruy ce qu'eux ne sçauroient faire* (II :
> 32 : 725).

La conclusion à laquelle mène chaque *Vie* est en fait la considération d'un mode éthique, dans lequel les traits particuliers (*idia*) du caractère sont subsumés par une nécessité commune (*koinon*) déterminant les actions des deux personnages comparés. Or, c'est ce substrat commun entre tous les objets de la description, sur lesquels peuvent aussi s'entendre les participants de la discussion, qui fonde aussi les *Œuvres morales.* Il s'agit de définir la place d'un sujet agissant en relation aux objets décrits, de le montrer en possession d'une mesure et d'une adaptabilité qui garantissent son autonomie et sa responsabilité. Le sujet des *Œuvres morales,* c'est celui qui est capable, dans son expérience diverse, de vivre sa vie comme un champ d'application lui permettant d'appliquer, à chaque fois, un procès, une technique (*technè biou*), par lesquels extérieur et intérieur, commun et privé, autre et même sont mis en relation. C'est de la mise en commun, du *sunkrinein* plutarquien, qui ordonne tout aussi bien les *Vies* que les *Œuvres morales,* que réside la spécificité de la recherche qui ordonne les *Essais :*

> [a] *Quand Plutarque les [tant de visages], compare, il ne les égale*
> *pas pourtant. Qui plus disertement et conscientieusement pourroit*
> *remarquer leurs differences [...] Il n'y a, dit-il, point de comparai-*
> *son, ny en nombre de victoires, ny en hazard de batailles [...] il appa-*
> *rie les pieces et les circonstances l'une apres l'autre, et les juge sepa-*
> *rément* (II : 32 : 727).

Cette méthode comparative, par quoi est mise à jour et mise en pratique la différence qui fonde la description, fort distincte de l'*epideixis,* dont le but est d'emporter la persuasion d'un auditoire passif, a pour objet la construction d'un univers où la parole (*logos*) fonctionne à la fois comme indice de la réalité (*ergos*) et instrument qui donne le pouvoir (*dunamis*) de parcourir le chemin entre indice et référence. *Loin d'être un substitut rhétorique à l'action, le discours moral est capable de produire, non seulement l'assentiment nécessaire au fonctionnement de la norme par quoi l'individu s'identifie au groupe ou à la tradition, mais aussi le contexte dans lequel il peut se reconnaître, et déjà tirer son portrait.* Or, pour que le récit acquière cette qualité épiphanique, il faut d'abord qu'il

invite à la reconnaissance. Le texte plutarquien est plein de renvois
à la littérature et à l'histoire grecque. Qu'il en soit ainsi a toujours
été considéré comme une preuve de plus que Plutarque est essentiellement un compilateur, et non un penseur original. Pourtant
l'effet de compilation produit par la lecture des œuvres de Plutarque est différent de celui produit par une somme, ou même un dictionnaire. Ce qui est offert, c'est, non pas une vision de l'Antiquité, mais quelque chose d'autre : l'imagination qui pouvait être
celle d'un écrivain particulièrement doué à l'époque de l'Empire,
et dont le propos est d'établir un dialogue avec son lecteur. Que
Plutarque soit donc un auteur de seconde catégorie n'est pas aussi
intéressant que le fait que la peinture du monde antique qu'il nous
donne est le résultat d'une accommodation ou d'un consensus sur
le monde :

> [...] puisqu'il est difficile, peut-être même impossible de montrer
> une vie humaine irréprochable et pure, il faut, comme pour un por-
> trait, en retracer avec vérité les plus belles parties [...][130].

Dans ces conditions, le début du *Contrôle de la colère (De cohibenda ira)* est tout à fait significatif : alors que les peintres peuvent prendre leurs distances par rapport à leurs œuvres, nous ne
pouvons pas prendre nos distances vis-à-vis de nous-mêmes, et nous
avons besoin des autres[131]. C'est là un des thèmes favoris de Plutarque : tout être humain ne se révèle qu'en société, et ne se connaît qu'à condition d'être connu par les autres. Dans le même contexte, c'est sous le signe de la communication, de l'échange de questions et de réponses, et des comparaisons entre situations similaires, qui donnent à toute son œuvre, tant historique que morale, un
caractère dialogique, que Plutarque construit ses récits. En fait,
il n'a quelque chose à dire que dans la mesure où son discours implique un autre, autre personnage (ce sont les héros des *Vies*), autre
énonciateur (les convives et les comparses qui font que les *Œuvres
morales* existent), et finalement, toujours un auditeur (Plutarque
était un professeur de carrière) ou un lecteur. Ce qui ne signifie
pas que la préoccupation principale de l'écrivain est de persuader

---

130. Plutarque, « Cimon », 2 : 4 : 5, in *Vies,* VII, tr. R. Flacelière et
E. Chambry, Paris (Les Belles-Lettres), 1972, p. 16.

131. *De cohibenda ira,* 452 f.

— fonction primordiale de la rhétorique —, mais de créer un ordre du discours dans lequel l'auditeur en vienne à une reconnaissance de ce qu'il connaît déjà. Il y a dans cette théorie de la mimésis une tradition platonicienne. Socrate use de références communes pour faire saisir son argument à ses auditeurs, mais aussi pour les amener à se rappeler ce qu'ils savent[132]. L'héritage n'est pas seulement platonicien, dans la mesure où ce qui est mis en jeu, ce n'est pas seulement la capacité véridictoire du discours d'exprimer des relations entre les mots et une vérité au-delà des mots, mais aussi la possibilité de décrire un monde toujours en-deçà du discours : *le monde du quotidien, qui appartient à chacun, puisque chacun s'y reconnaît, mais qui n'est le fief de personne, puisque c'est justement le domaine du général, de la norme.* C'est ce monde, entièrement nouveau, puisqu'il est géographiquement distant, et familier, puisque les sauvages ont, comme les Européens un corps, et comme eux, des routines qui ont pour objet, non seulement de satisfaire les besoins de ce corps, mais aussi de faire de chaque action individuelle un acte constituant le groupe, qu'il s'agit de décrire.

4. Voix privée, voix commune

En un sens, donc, la réalité est déjà toute enchâssée dans la rhétorique, prisonnière d'une imitation, qui, comme chez Aristote, fait que les spectateurs ne font pas de différence entre une action accomplie et représentée[133]. Cette allégeance rhétorique du discours descriptif fait de toute description un exercice de style, en même temps qu'elle place la référence du discours à l'intérieur du discours lui-même, toute explication obéissant, par nécessité, au principe d'une clôture de la représentation sur elle-même. Montaigne saisit fort bien ce système, quand, exaspéré, il s'exclame dans le troisième livre :

> [b] Il y a plus affaire à interpreter les interpretations qu'à interpreter les choses, et plus de livres sur les livres que sur un autre subject : nous ne faisons que nous entregloser (III : 13 : 1069).

Ce n'est donc pas en cherchant à créer un discours de toutes pièces, chose impossible dans le contexte des adages et du flori-

132. Platon, *Ménon*, 85-87.
133. Aristote, *Poétique*, 1448 a.

lège, que l'écrivain peut espérer se faire comprendre de ses lecteurs ;
c'est, comme l'ont très tôt remarqué les critiques, en manipulant,
de l'intérieur, un discours familier, et en ne montrant les articula-
tions et les emprunts. Fidèle, du moins pour la forme, aux grands
topoi de la rhétorique (qui parle ? de quoi parle-t-on ? à qui parle-
t-on ?), Montaigne se pose, à chaque fois, des questions de pertinence et d'effet (qu'est-ce qui me permet, à moi-écrivain, de répondre à ces questions, dans les circonstances que je décris ?). La plupart des *Essais,* et de ce processus les « Cannibales » ne sont pas
exempts, interrogent le texte même qui est censé donner la réponse :
la référence aux « [a] opinions vulgaires » qui ouvre le chapitre
(« [a] Voylà comment il faut se garder de s'attacher aux opinions
vulgaires (I : 31 : 202)) est autorisée par une créance en la « voye
de la raison ».

La distinction entre « [a] opinions vulgaires » (*ibid.*) et « [a]
voye de raison » (*ibid.*) est épineuse. D'abord Montaigne se sert
d'un témoignage vulgaire, d'une « [a] voix commune » (*ibid.*) :
c'est le matelot de Villegagnon dont il parle au début du chapitre.
Cette dénégation d'une énonciation publique, qui reçoit justement
sa valeur du fait qu'elle n'est pas privée, est compréhensible dans
la perspective de quelqu'un qui, en cherchant une « [a] narration
particulière des endroits où [ils ont] esté (I : 31 : 205) », rejette tout
compromis entre œuvre publique et privée. On se rappelle l'« Avis
au lecteur » : « [a] C'est un livre de bonne foy lecteur. Il t'advertit
dès l'entrée, que je ne m'y suis proposé aucune fin, que domestique et privée » (« Au lecteur » : p. 3). Mais, d'un autre côté, la
voix *commune* est aussi, et d'abord, une voix *privée.* Comment
savoir où finit la narration privée et où commence la rumeur ? Le
problème est si grave que Léry choisit justement d'embrayer son
récit sur le Brésil en attaquant ce qu'il voit comme la rumeur coloniale maintenant répandue en France par les soins de Thevet reprenant lui-même Villegagnon : livre « particulièrement farci de mensonges » (Préface : 13). En publiant, presque deux décades plus
tard, son propre livre, Léry espère modifier la perception commune
de l'Amérique par la force de son expérience personnelle. C'est là
mettre en jeu un effet privé d'écriture : altérer la réception d'un
événement par ce qu'on en peut dire en discours privé, voire même
secret. Le désir de mettre fin à l'histoire conçue comme rumeur
publique est si véhément que Léry croit trouver dans l'usage immo-

déré de la première personne plurielle par Thevet la preuve d'une insincérité fondamentale (« Sinon que par ce, *nous,* luy se mettant du nombre [...] » (Préface : 14)). Mais, en fin de compte, la voix *commune* n'est plus une énonciation de vive voix. Logée dans le texte d'une relation, d'un discours destiné au public et repris par lui, elle est associée à l'écriture du livre. Ce contre quoi Léry proteste, c'est moins les mensonges factuels de Thevet que leur effet. Protestant calomnié et poursuivi, rescapé de Sancerre et de la Saint-Barthélémy, il cherche à réfuter une histoire métropolitaine, coloniale et papiste :

> *A fin doncques de faire preuve que tout ce qu'il dit ne font qu'autant de ballivernes, sans mettre en consideration s'il est vraisemblable que Thevet, qui en ses escrits fait de tout bois flesches, comme on dit : c'est-à-dire, ramasse à tors et à travers tout ce qu'il peut pour allonger colorer ses contes, se fust teu en son livre des Singularitez de l'Amerique de parler des ministres, s'il les eust veu en ce pays-là, & par plus forte raison s'ils eussent commis ce dont il les accuse à present en sa* Cosmographie *imprimée seize ou dix sept ans apres* (Préface : 5).*

Léry attaque Thevet, non seulement pour avoir raconté des faussetés sur les ministres protestants, mais pour avoir aussi et surtout *parlé en leur nom*. Entre voix *privée* et voix *commune,* l'œuvre écrite, qui tue la parole, tend à brouiller les distinctions. Léry l'avait bien senti, et Montaigne se défend comme il peut : « [a] Mes defauts s'y liront au vif, et ma forme naïfve, autant que la reverence publique me l'a permis » (« Avis », p. 3). Il espère, par une écriture sans dessein ni décoration, communiquer une forme « [a] sans contention et artifice » (« [a] si c'eust esté pour rechercher la faveur du monde, je me fusse mieux paré et me presenterois en marche estudiée » (*ibid.*)). Il va, non pas écrire, mais *peindre* : « [a] *car c'est moy que je peins* » (*ibid.*). *Peindre,* qui, on l'a vu, s'emploie indifféremment au seizième siècle pour *écrire,* représente ici *un effort pour sauver de l'anonymité de l'écriture, d'un glyphe désindividualisé, l'effet de vive voix qui accompagne tout témoignage non encore médié.* Or, au début des *Essais,* les « Cannibales » représentent un stade intermédiaire de la dynamique introspective. Confronté d'entrée de jeu (le passage qui relate l'entrevue avec les trois Brésiliens date en effet de la première couche d'écriture des *Essais*) et de vive voix avec les sauvages (le *truchement* est fautif), Montaigne est dans une position intenable. Ce qui l'interesse chez ces sauvages, c'est ce que les cosmographes ne peuvent lui dire (« [a] sans m'enquerir de ce que les cosmographes en disent » (I : 31 : 205)). Et ce que les sauvages eux-mêmes lui disent, il ne peut l'enten-dre du fait que le *truchement* l'empêche, et de communiquer ses pensées, et de se représenter ce qui lui est traduit. Empêché de faire entendre sa *voix privée,* il en est réduit à une *voix commune,* mais incompétente, cependant que ce qu'il a à dire, il sent bien que cela concerne moins les sauvages que lui-même. Ayant tenté une analyse générique de leur culture, utilisant, comme Léry vis-à-vis de Ville-gagnon, le *nous* du civilisé se targuant d'une position critique vis-à-vis du primitif, il cherche déjà, par tout le chapitre, à opposer sa propre expérience à celle des cosmographes, à substituer sa pro-pre voix à celle de la rumeur publique :

> [a] *J'en ay tasté : le goust en est un peu fade [...]* (I : 31 : 207)
> [c] *Les* **nostres** *crieront au miracle [...] [a] Et afin qu'on ne pense point que tout cecy se face par une simple et servile obligation [...]* (I : 31 : 213) *Outre celuy que je vien de reciter de l'une de leurs chan-sons guerrieres, j'en ay une autre [...]* (ibid.).

Pour circonscrire et représenter ce lieu où le témoignage per-sonnel s'inscrit en faux du savoir commun, il faut beaucoup de cou-rage : celui de s'affirmer, de se présenter tout nu, comme dans l'« Avis », où, ainsi que le remarque déjà Villey, le concept du *pein-dre* marque un décalage par rapport à la perspective compilatrice des premiers chapitres :

> [a] *Que si j'eusse esté entre ces nations qu'on dict vivre encore sous la douce liberté des premieres loix de nature, je t'asseure que je m'y fusse tres-volontiers* **peint tout entier et tout nud** (p. 3).

Mais, pour y arriver, à ce lieu non pareil, il faudrait encore que la voix ait son autorité. Or, et c'est là le cercle, pour avoir son autorité, il faut justement qu'elle paraisse raisonnable : son tim-bre, sa texture sont moins importants que la parole et le message qu'elle indexe. Et, quant à savoir si elle pourrait encore, à ces con-ditions, constituer une raison autonome, Montaigne pense que cette voix, qu'il veut sienne, distincte de la voix commune, de la rumeur publique, elle ne lui est pas donnée, mais qu'il lui en faut faire l'apprentissage. Or il compose vraisemblablement l'« Apologie » au même moment que les « Cannibales », et il ne se fait aucune illusion sur les capacités de la raison humaine. Soumise aux « [a] secousses et ebranlemens que nostre ame reçoit » (II : 12 : 567),

elle est incapable d'aucune direction morale ; en proie au délire de
la glose et de l'interprétation, incapable de prendre ses distances
par rapport au monde, elle ne fait rien d'autre que nous convaincre que « [c] nature est une poësie oenigmatique » (II : 12 : 536).
Cependant, il y a une autre forme de raison à quoi Montaigne fait
allusion quand il parle de la « *voye de la raison* » : c'est une raison pratique — qui ne se peut exprimer (« [a] non par la *voix commune* » (I : 31 : 202)) —, mais qui se révèle dans le faire[134]. Or,
pour la découvrir, il faut un observateur. Et, le début du chapitre
sur les cannibales est, comme on l'a vu, plein de références peu
flatteuses aux observateurs professionnels, aux cosmographes et aux
historiens. Leur discours superficiel est bien incapable de rendre
compte de la réalité des choses, non seulement parce que c'est un
discours de classes rhétoriques, celui des preuves les plus artificiel-
les, mais aussi parce que le seul moyen qu'il a de communiquer
une réalité étrange est de la présenter sous forme d'opinion (*doxa*) :
jugement passé, mais toujours en passe d'être controversé, et fal-
sifié. Tels se présentent à nous les récits de voyage. Bien que le discours soit toujours celui d'une parole singulière, il se place à un
niveau d'énonciation qui implique tous les discours possibles sur
le même objet, et rend, par conséquent, caduque la vérité qu'on
énonce au moment qu'elle est énoncée, puisque, du fait même de
sa singularité, elle présuppose une opinion différente :

> [...] [a] chacun appelle barbarie ce qui n'est pas de son usage ;
> comme de vray il semble que nous n'avons autre mire de la verité
> et de la *raison* que l'exemple et idée des *opinions* et usances du païs
> où nous sommes (I : 31 : 205).

---

134. Montaigne cite « *voix* commune » (*ibid.*) et « *voye* commune ». Mais les
deux sont très proches, et, en tout cas, pertinents à la constitution d'une autorité
de la raison pratique :

> [a] Les loix prennent leur authorité de la possession et de l'usage [...] Voyez
> les anciennes condierations qui ont donné le premier branle à ce fameux tor-
> rent, plein de dignité, d'horreur et de reverence : vous les trouverez si lege-
> res et si delicates, que ces gens icy qui poisent tout et le ramenent à la rai-
> son, et qui ne reçoivent rien par authorité et à credit, il n'est pas merveille
> s'ils ont leurs jugemens souvent tres-eloignez des jugémens [sic] publiques.
> Gens qui prennent pour patron l'image premiere de nature, il n'est pas mer-
> veille si, en la pluspart de leurs opinions, ils gauchissent la voye commune
> (II : 12 : 583).

5. *Historia, gnomè et paradeigma*

Avoir, comme Léry, rejeté Thevet ; avoir mis en doute l'interprétation de seconde main, et posé la question du *truchement* n'est
pas rien. Mais peut-on vraiment décrire sans raconter, sans avoir
été dans le pays, et, à supposer même qu'on y soit allé, peut-on
faire abstraction de la fonction de l'observateur pour qui les actions
observées se déroulent dans un continuum particulier, marqué, au
début et à la fin, par son arrivée chez l'étranger ? Le paradoxe des
« Cannibales » est le suivant : comment affirmer que ce qu'on n'a
pas vu soi-même, mais dont on a entendu parler, et sur quoi on
a lu des relations, fait maintenant partie d'un nouveau corpus
d'information : non plus une relation de voyage parmi d'autres,
mais un *essai* dont la thématique, progressive et variée, n'en reste
pas moins personnelle, *idiographique* ? Le thème de l'autre, qui
débute le chapitre est repris dans un examen de l'altération des
grands corps physiques, et l'opération anthropophage est enchâssée dans un discours qui reconsidère la violence des conquérants,
la bravoure dont dissertent les historiens antiques et dont les *exempla* fourmillent. Les cannibales, dont la découverte représente,
symboliquement dès l'« Avis au lecteur », l'entreprise des *Essais,*
sont ainsi compilés, moralisés, enfouis dans les couches d'écriture
du livre, et leur résurgence est due tout autant à la sédimentation
des références que le chapitre sur les cannibales charrie dans son
emportée, qu'à une théologie propre à l'œuvre toute entière. C'est
là une découverte d'importance, et en vérité plus considérable que
celle même de Tortola ou du Brésil. L'essayiste découvre deux choses : que la description de tout sujet ne fonctionne que dans une
perspective de compilation, et, que, dans le meilleur des cas, c'est
cette compilation même qui pose la question du rapport au sujet
écrivant et lisant : à quoi servent donc les cannibales ?

Le principe de cette compilation, c'est encore Plutarque qui
le donne. S'il est vrai que le problème des sources des *Vies* continue d'être débattu, on est tombé d'accord sur le fait que la perspective moralisante dans laquelle toute l'œuvre plutarquienne est
conçue est en fait le produit d'une éducation et d'une lecture.
Comme Montaigne, qui, tout en prétendant rencontrer les cannibales sans préjugé, les déchiffre dans le contexte de la géographie
de son époque ou de ses souvenirs anacréontiques, Plutarque fait

face à l'imprévu dans le contexte de ses livres en s'aidant d'un apparat de notes et références à ses lectures. Il corrige les idées reçues
des *res gestae* en s'appuyant sur des références à d'autres historiens,
et avoue même préférer l'histoire du passé à l'histoire contempo-
raine, parce qu'un historien du présent risque de perdre son objec-
tivité vis-à-vis d'événements trop proches de lui : « [...] combien
il leur est difficile de dépister la vérité. Ceux qui écrivent longtemps
après les événements ont devant eux le voile du temps écoulé qui
leur en dérobe la connaissance, et ceux qui racontent les actes et
la vie des contemporains mutilent et dénaturent la vérité soit par
envie et malveillance, soit pour leur plaire et les flatter »[135]. C'est
avouer implicitement que le passé l'emporte sur le présent, parce
que le seul contact qu'on ait avec lui est par l'écriture, et que cette
écriture est une garantie, non seulement de l'authenticité, mais aussi
de la communicabilité de l'histoire. Les faits sont mis à distance,
on peut se les remettre en mémoire, et les interpréter. Le passé qui
est déjà trop loin pour se manifester à la mémoire des hommes,
se trouve uniquement dans les livres, où il se présente raconté,
interprété.

   Dans le cas des *Vies,* c'est donc une histoire, *historia,* au double sens grec qui s'offre dans la publication. D'un côté, il s'agit
d'un récit tout fait, où il est plus question de forme que de fond,
et Plutarque se targue autant de présenter une œuvre de littérature
sur le mode du néo-atticisme en vogue à l'époque : longues phrases qui s'équilibrent les unes les autres, doublets et comparaisons
réglés par l'agencement du vocabulaire (*sunthesis onomaton*) —
que de présenter des faits nouveaux sur un personnage d'ailleurs
fort bien connu de son public. D'où la référence constante à une
information de seconde main et à la portée de tout le monde
(*legousi* : ils disent, *legetai* : on dit). Mais, d'un autre côté, l'*historia* est plus qu'un récit. Elle est recherche d'un savoir, et, dans
le cours de cette recherche, ce qui est présenté comme factuel sur
un personnage est sujet à évaluation et comparaison. C'est-à-dire
qu'une action n'est compréhensible que dans un contexte, historique ou moral, dans lequel le personnage décrit apparaît comme le
résultat d'une comparaison avec d'autres (le projet même des *Vies*),

---

135. Plutarque, *Vies,* III, « Périclès », 13 : 16, édition Flacelière et Chambry,
Paris (Les Belles-Lettres), 1964, p. 32.

et où ce qui est débattu n'est pas le récit, mais les présuppositions qui ébranlent le récit : raconter une histoire révèle moins un désir de faire des contes, que celui de donner forme à une vie en société. Une relation est établie entre les actions d'un individu à un certain moment, et celle de la société et de la culture de l'époque, ou bien entre les actions et certains motifs généraux — ambition, qui possède tous les grands hommes ; amour des richesses ; amour de la justice, qui se manifeste par l'intelligence politique (*phronesis*), et qui, seul, permet de donner un sens à la vie en commun. Chaque histoire de *vie parallèle* a donc une double fonction : comparer les faits dans une tradition de la rhétorique, de l'œuvre d'art ou même du nationalisme culturel, mais aussi poser la question de savoir comment peut justement s'articuler dans le détail d'une vie humaine une problématique morale. Le récit n'a pas seulement à illustrer une pensée (*gnomè*) par un exemple (*paradeigma*), mais à poser la question de l'exemple lui-même. Qu'est-ce qui fait qu'une donnée particulière peut prendre valeur exemplaire ? Si la vie de tel personnage est remarquable par un trait particulier à un certain moment, en quoi ce trait peut-il devenir symbolique d'une conduite ?

C'est là que le projet des *Vies* recoupe celui des *Œuvres morales*. Accumuler les exemples, les preuves, c'est moins convaincre son interlocuteur, son lecteur, que créer l'état d'esprit dans lequel on peut enfin devenir conscient d'une conduite, caractérisée non par les « [a] traits miraculeux » dont parlera Montaigne, mais par la mise en pratique d'un projet moral :

> [a] *Et és vies de ces heros du temps passé, il y a quelque fois des traits miraculeux et qui semblent de bien loing surpasser nos forces naturelles ; mais ce sont traits, à la vérité ; et est dur à croire que de ces conditions ainsin eslevées, on en puisse teindre et abreuver l'ame, en maniere qu'elles luy deviennent ordinaires et comme naturelles* (II : 29 : 705).

L'effet est curieux. *La compilation accélère la prise de conscience d'un moi individuel.* Au sortir d'un livre de Plutarque, c'est moins la perception d'un modèle fameux, de ces hommes dont Montaigne se méfiait, parce qu'il était bien sûr de ne jamais pouvoir les émuler, qui est suggérée, que la possibilité de tirer de l'histoire des modèles, en colligeant, et en bricolant les détails, la nécessité de vivre notre vie, et de reconstruire celle des autres comme projet à partir des fragments que nous laisse la chronologie. En un certain sens, reconstituer la vie des hommes illustres à partir de quelques faits, c'est se donner l'occasion d'incorporer ces quelques faits comme traits possibles d'une vie personnelle. Comme Plutarque, pour lequel les grands hommes sont l'occasion de mettre en valeur et d'expliquer dans un contexte quotidien des actions qui restent autrement coupées du monde réel, Montaigne veut toujours savoir de quoi lui importe la vie des autres, surtout quand ils sont célèbres. En parlant d'eux, il se donne liberté de réfléchir sur ses propres motifs. Mais le premier pas dans cette entreprise d'autodescription qui commencerait par les autres, c'est la réalisation même du fait que la reconnaissance du modèle implique un choix, un jugement critique. Admirer des modèles, c'est vraiment avoir déjà saisi et exposé ses motifs. *Comme le dit Plutarque au début de* L'esprit familier de Socrate, *dans toute relation spéculaire, le sujet admirant a la possibilité d'admirer l'ensemble, sans faire attention aux détails, ou bien de concentrer son attention sur le détail, et d'oublier l'ensemble qui n'est qu'une invention de l'historien, de l'écrivain*[136]. Tirer d'une vie humaine des traits significatifs est, bien sûr, et surtout à l'époque hellénistique, une occupation commune. Mais il y a, dans la translation de l'historique au privé, une mani-

---

136. « Il me souvient, Caphisias, *d'avoir entendu un jour un peintre me tenir, en usant d'une comparaison, des propos qui n'étaient pas mauvais sur les personnes qui regardent les tableaux.* Les spectateurs profanes qui ne sont pas avertis de cet art ressemblent, dit-il, à des gens qui saluent d'un seul geste toute une vaste assemblée, tandis que les gens cultivés et connaisseurs sont comme les personnes qui ont un mot de bienvenue pour chacun de ceux qu'ils rencontrent. Les premiers n'ont des œuvres qu'une vue générale, imprécise et sommaire, les seconds, au contraire, exercent leur jugement critique sur chaque détail du travail et, ainsi, ne laissent rien passer de ce qui est bien ou mal fait sans un mot ou un regard. Je crois qu'il en va de même pour les actions réelles : les esprits un peu paresseux sont satisfaits quand ils connaissent en gros la suite de l'histoire et sa conclusion ; au contraire, l'homme épris de noblesse et de beauté, lorsqu'il est témoin des actions dont la vertu, telle un grand artiste, est l'auteur, trouve plus de plaisir à en considérer les détails. Il pense, en effet, que le résultat d'une action tient beaucoup des hasards de la Fortune, tandis que ses causes et ses détails ont chacun leur caractère propre, et il peut ainsi observer les mille combats de la vertu contre les coups du sort et les actes d'audace réfléchie qu'inspire, face au danger, la raison aux prises avec les circonstances et la passion. Considère que c'est à ce genre de spectateurs que nous appartenons, et raconte nous [...] » (Plutarque, « Le démon de Socrate », *Œuvres morales*, édition Jean Hani, Paris (Les Belles-Lettres), 1980, VIII, 575 b, c, pp. 70-71).

pulation inhérente au métier d'historien qui n'a point pour objet
d'obfusquer ou de mécréer la représentation, mais de mettre en évidence, dans la translation même, — que Plutarque définit comme
« le jugement critique sur chaque détail » (*tè krisei kata meros*)
—[137], ce en quoi Montaigne voit la raison d'être de son œuvre :
« [...] Ez raisons et inventions que je transplante en mon solage
et confons aux miennes, j'ay à escient ommis parfois d'en marquer l'autheur » (II : 10 : 408). *C'est-à-dire, que dans l'opération
qui consiste à se référer à un modèle, le sujet comparant se trouve
dans la même situation que l'écrivain qui utilise le texte des autres
pour produire le sien.* Aussi bien Montaigne place d'emblée la citation à l'origine de son œuvre. Le procédé par lequel il parle de lui-
même, c'est d'utiliser les histoires, voire les mots des autres, pour
y trouver autre chose que ce qu'ils y ont mis :

> [a] Je ne fay point de doute qu'il ne m'advienne souvent de parler
> de choses qui sont mieux traictées chez les maistres du mestier, et
> plus veritablement [...] Ce sont icy mes fantaisies, par lesquelles,
> je ne tasche point à donner à connoistre les choses, mais moy (II :
> 10 : 407).

Il y a donc, dans l'approche des autres, une visée de soi, qui
ne se réalise qu'au moment où le chercheur fait servir son discours
à une mise en relief du détail et se préoccupe assez peu d'une téléo-
logie narrative — ce que Plutarque appelle « en gros la suite de
l'histoire et sa conclusion » (*to kephalaion auto kai to peras tou
pragmatos*[138]). Or comment savoir si le détail qu'on choisit a une
valeur quelconque ? — *Le détail plutarquien* fonctionne comme élément étranger dans un milieu homogène, l'histoire transmise par
la tradition, qui est déjà connue du spectateur, du lecteur ; mais
c'est lui qui fait comprendre, de l'extérieur, ce dont il est question,
et que le texte s'échine à décrire :

> [a] Et ce que Plutarque aussi récite, avec cent autres tesmoins, que,
> au sacrifice, un charbon ardant s'estant coulé dans la manche d'un
> enfant Lacedemonien, ainsi qu'il encensoit, il se laissa brusler tout
> le bras jusques à ce que la senteur de la chair cuyte en vint aux assis-
> tans. Il n'estoit rien, selon leur coustume, où il leur alast plus de
> la reputation, ny dequoy ils eussent à souffrir plus de blasme et de

137. Plutarque, « Le démon de Socrate », 575 c, *op. cit.*

138. « Le démon de Socrate », *ibid.*

honte, que d'estre surpris en larecin. Je suis si imbu de la grandeur
de ces hommes là que non seulement il ne me semble, comme à
Bodin, que son conte soit incroyable, que je ne le trouve pas seule-
ment rare et estrange (II : 32 : 723).

Le détail installe une tension dans le texte entre comparaison
et substitution, et c'est dans cette tension que le lecteur, déchif-
frant alors un texte parsemé d'éléments hétérogènes, y reconnaît
à la fois quelque chose de spécifique, et le générique d'une relation
à la tradition. Starobinski a montré, dans son étude de « la relation à autruy », que les deux poussées, une vers l'emprunt, l'autre,
pour s'approprier l'emprunt et le transformer en une création personnelle (« [c] Je veux qu'ils donnent une nazarde à Plutarque sur
mon nez, et qu'ils s'eschaudent à injurier Seneque en moy » (II :
10 : 408)), activent l'ensemble des *Essais*[139].

Or « Des cannibales » est une excellent exemple de cette double relation, puisque le chapitre commence par une citation de Plutarque sur la prétendue barbarie des Romains[140]. La découverte du
Nouveau Monde, présentée sous le couvert d'une autre découverte
antique, celle des Romains par les Grecs, est logée à l'enseigne de
la découverte et de la manipulation de l'autre. Remarquons d'abord
que Montaigne ne commence pas son texte en se référant directement à l'événement de la conquête du Nouveau Monde. C'est seulement incidemment et indirectement que la Conquête est mention-
née par la suite, quand Montaigne fait allusion à la propre barbarie des Européens. Dans les deux cas, il s'agit de montrer que
l'« [a]horreur barbaresque » est plus grande chez les Européens que
chez les sauvages (I : 31 : 209, 210). En plaçant une discussion sur
le Nouveau Monde sous le signe de la barbarie, Montaigne en
déplace la référence. La controverse n'est plus historique ou morale,
mais sémiotique. Car, et c'est là le deuxième point important du
début du chapitre, le Nouveau Monde est dans le même rapport
vis-à-vis de l'Ancien, que le texte de Montaigne par rapport aux
œuvres dont il se sert pour éclairer son propos. Le problème des
cannibales est un problème de rapport au discours de l'autre, mais
aussi, dans un sens plus restreint, un simple problème de citation.

139. Starobinski, *op. cit.*, pp. 140-1.
140. Plutarque *Vies,* V, 1969, p. 178.

La référence à Pyrrhus est suivie d'autres à Flaminius et à Galba :
« [a] Autant en dirent les Grecs de celle que Flaminius fit passer
en leur païs, et Philippus, voyant d'un tertre, l'ordre et distribution
du camp Romain en son royaume [...] » (I : 31 : 202), — et Montaigne enchaîne sur une discussion des problèmes de communication orale (le matelot de Villegagnon et premier *truchement* du chapitre) et de ouï-dire (« [a] Platon introduit Solon racontant avoir
appris des Prestres de la ville de Saïs en Ægypte que [...] » (I : 31 :
203)). A partir de là, la référence à l'autre est développée, dans
toute sa complexité sur deux plans. Comme dans toute communication, la grande question est de savoir exactement de quoi on parle,
le texte des « Cannibales » poursuit une enquête géographique, dont
le thème avait déjà été suggéré dans la première phrase du chapitre : « [a] Quand le Roy Phyrrus passa en Italie [...] » (I : 31 : 202),
et recherche dans la géographie une référence stable, qui devrait
donner l'exemple d'une communication indubitable : telle terre, tel
nom. Or le texte déconstruit le principe même de cette référence
en montrant que la géographie est incapable de spécifier le lieu,
le contexte de la communication. En fait, nous dit Montaigne, si
on parle du Nouveau Monde, on ne sait pas de quoi on parle, puisque les continents dont nous parlent les Anciens ont disparu. Dans
cette dérive des terres, qui est aussi l'échec du compilateur cherchant une référence dans ses sources au texte (sur le Nouveau
Monde) qu'il a sous les yeux, Montaigne suggère à la fois que l'altérité des sauvages est au-delà de la barbarie traditionnelle — d'autant
plus que cette barbarie est un concept qui peut fort bien se retourner sur ceux qui l'utilisent —, et que la dérive des références, le
bricolage de la comparaison est le seul moyen qui reste d'appréhender une différence radicale : « [a] Or je trouve, pour revenir
à mon propos, qu'il n'y a rien de barbare et de sauvage en cette
nation » (I : 31 : 205).

　　Mais, d'autre part, le rapport externe et métacritique à la citation (on cherche à en analyser les effets en comparant les procédés
citationnaires) se double très vite d'un rapport interne, intertex-
tuel, dès que Montaigne, cessant de travailler uniquement le concept de l'altérité qui subsume toute citation, incorpore la citation
directement à son texte. Il a recours pour cela à des vers de Virgile,
dans lesquels il résume à la fois l'érosion du rapport citationnaire
(*ferunt* : on dit) et celui de la référence géographique (*haec loca*

disiluisse : ces terres se sont séparées)¹⁴¹. Il y a donc un rapport entre l'érosion du texte dans lequel la voix perd son statut fixe (le *ferunt* de Virgile est indentique au *legousi* de Plutarque et aux *il semble, il raconte, disent que, les cosmographes en disent,* sans oublier le *je vois bien, je ne parle pas,* qui encombrent le texte des « Cannibales ») — et l'absence de détermination qui empêche de savoir exactement dans quelle catégorie on doit placer les cannibales. Le brouillage des rapports d'énonciation, la dérive des continents, l'incertitude sur le statut anthropologique du barbare dans l'antiquité — qui démolit toute espoir de pouvoir se référer aux sources fiables de la tradition —, tout cela affecte la signifiance du texte. Montaigne, qui a lu Plutarque, sait fort bien que les références au lexique ou à la tradition n'ont de valeur que dans le contexte où elles sont faites, et que les mots de la description, de l'explication ou du récit sont donc eux-mêmes les premières victimes de cette instance sur le rapport à l'autre.

Or le brouillage conceptuel est d'abord un brouillage de langage. Comme on l'a remarqué, l'acception des mots qui servent à catégoriser les Américains oscille entre *sauvages,* et *barbares.* Mais, bien plus qu'une contamination des termes en rapport avec les théories de Montaigne sur l'art et la nature — l'espoir d'une esthétique qui, en acceptant ses procédés artificiels, pourrait donner l'impression de ce qu'est vraiment un produit naturel —, les glissades du vocabulaire prennent une valeur épistémologique. Désespérant de pouvoir jamais saisir la spécificité des indigènes sur le plan scientifique (la géographie et l'histoire sont inutiles), Montaigne se réserve de délimiter une réalité métaphorique à laquelle référer son désir d'altérité et d'au-delà. Le passage où il joue sauvagerie contre barbarie en est un excellent exemple :

> [a] Ils sont sauvages, de mesmes que nous appellons sauvages les fruicts que nature, de soy et de son progrez ordinaire, a produicts : là où, à la vérité, ce sont ceux que nous avons altérez par nostre artifice et detournez de l'ordre commun, que nous devrions appeler plutost sauvages. En ceux là sont vives et vigoureuses les vrayes, et plus utiles et naturelles vertus et proprietez, lesquelles nous avons

141. « [b] Haec loca, vi quondam et vasta convulsa ruina, / Dissiluisse ferunt, cum protinus utraque tellus/ Una foret » (Virg. *Enéide* III : 414 ; *Essais,* I : 31 : 203). [Ces terres, dit-on, se sont séparées dans une violente convulsion, alors qu'elles ne formaient qu'un seul continent].

abastardies en ceux-cy, et les avons seulement accommodées au plaisir de nostre goust corrompu. [c] Et si pourtant la saveur mesme et delicatesse se treuve à nostre gout excellente à l'envi les nostres, en divers fruits de ces contrées là, sans culture (I : 31 : 205).

Dans ce passage, Montaigne démolit les prétentions des Européens à s'établir en arbitres : venant après la louange du rustre matelot de Villegagnon, chez qui il a trouvé ses premières impressions — différées — du Nouveau Monde (« [a] Cet homme que j'avoy, estoit homme simple et grossier » (I : 31 : 205)), l'application des normes « civilisées » aux sauvages paraît ridicule (« [a] *nostre goust corrompu* ») de la part de gens qui n'ont aucun titre à se targuer de civilisation. Mais ce qui nous touche plus profondément qu'une dénégation de nos titres, à quoi l'« Apologie » nous habituera, c'est que par le milieu de sa critique, le texte montaignien produit, dans sa négativité même, une aire d'élaboration, où les concepts ne peuvent être construits sur le modèle d'une opposition binaire (même/autre, artificiel/naturel), mais sont subsumés par un appel à d'autres facultés que celles de la logique et de la théologie. Dans la dérive de *barbare* à *sauvage,* ce qui se perd, c'est l'affectation canonique de la *verité et de la raison* (« [a] nous n'avons autre mire de la verité et de la raison que l'exemple et idée des opinions et usances du païs où nous sommes » (*ibid.*)), et ce qui se gagne, c'est une approche non discursive de l'objet cannibal. Il s'agit d'un fruit sauvage (« [c] en divers fruits de ces contrées-là » (*ibid.*)), que les Européens, malgré qu'ils en aient, ne peuvent pas ne pas trouver bon (« [a] à nostre gout excellente » (*ibid.*)), dès que, se laissant aller, ils se donnent la permission de les *gouster* autrement qu'en termes de leur *goust corrompu.* L'étendue du métissage textuel apparaît clairement quand on essaie de distinguer (et qu'on compare) les différents niveaux : niveau rationnel : *goust* et *culture* ; niveau de la nature, du corps et des sens : *goust, saveur* et *delicatesse* d'un univers *sans culture.* Entre un goût pré-sociologique qui définit les préférences du groupe, et le goût qui projette un des cinq sens sur le monde, le lecteur est abandonné entre culture (ce qui fait les civilisations et donne le pouvoir) et inculture (ce qui laisse à la nature sa juste place : « [a] les fruicts que nature, de soy et de son progrez ordinaire, a produicts » (*ibid.*)). Mais c'est que Montaigne cherche, dans le phénomène cannibale, autre chose qu'une

évaluation des sociétés indigènes et européennes. Dans une approche, qui sera subséquemment abandonnée à l'époque classique et
à celle des Lumières, quand on s'efforcera de définir un *goût universel,* fondé, au sens étroit (l'École classique) sur les convenances,
ou, dans un sens plus large (les théories des Lumières sur le bonheur) sur une vision morale de l'homme, ce qui est promu par le
texte, c'est le plaisir au cannibale. — Voire, le plaisir qu'a le cannibale à consommer, à *gouster,* auquel Montaigne continuera à se référer, même lorsque (repris, malgré lui dans l'étau de la différence culturelle ?) il monte une défense symbolique de l'anthropophagie (« [a]
invention qui ne sent aucunement à barbarie » (I : 31 : 212)) :

> [a] Ces muscles, dit-il, cette cher et ces veines, ce sont les vostres,
> pauvres fois que vous estes ; vous ne recognoissez pas que la subs-
> tance des membres de vos ancestres s'y tient encore : savourez-bien,
> vous y trouverez le goust de vostre propre chair (ibid.).

On s'est échiné à démontrer un dessein, un ordre sous le désor-
dre des références et de la composition (« Des cannibales » comprend un grand nombre d'additions reprises dans l'édition posthume), sans admettre ouvertement qu'en plus d'un nouvel angle
sur la controverse du bon sauvage, et de la configuration de l'autre,
le chapitre donne à Montaigne l'occasion de s'offrir un mode de
jouissance textuelle dont il n'avait pas encore su profiter. Critiquant
les cosmographes qui lui décrivent tout, sauf ce qu'il désire savoir,
il les accuse de vouloir « [a] jouir de ce privilège de nous conter
nouvelles de tout le demeurant du monde » (I : 31 : 205) — comme
il avait d'ailleurs accusé les Européens de vouloir jouir du plaisir
de leur « [a] *goust corrompu* » (205) et des « [a] corruptions de
deçà » (213). Avec les sauvages, c'est le goût simple et sain, qui,
à l'enseigne du pain doux, que Montaigne a lui-même essayé (« [a]
J'en ay tasté : le *goust* en est doux et un peu fade » (I : 31 : 207)),
est célébré. Mais cette jouissance, qui est pour nous incompréhensible, ou plutôt neutre, car nos sens sont trop corrompus pour que
nous en puissions apprécier la saveur, et à laquelle il nous faudrait
d'abord nous habituer, pour pouvoir en parler :

> [a] Il a le goust un peu piquant, nullement fameux, salutaire à l'esto-
> mac, et laxatif à ceux qui ne l'ont accoustumé : c'est une boisson
> tres-agreable à qui y est duit (I : 31 : 207),

— le texte la suggère au moins comme une *imitation de ce goût et toucher.* Si seulement la langue pouvait, elle aussi, sans barbarie aucune, se manger, se boire : « [a] Leur langage, au demeurant, c'est un doux langage et qui a le son aggreable, retirant aux terminaisons Grecques » (I : 31 : 213) ! — Mais ce *goût,* dans lequel l'auteur trouve la représentation d'une vie sauvage, il reste symbolique, dans la mesure où ce qui est suggéré, à travers toutes ces opérations d'évaluation et d'accoutumance, c'est, encore plus directement que l'image, le *goût* de soi : « [a] le goust de vostre propre chair » (212).

6. *Kairos du repas vital*

Montaigne a représenté dans son texte ce dont il fait l'expérience dans un temps précis (1562), dans un lieu précis (le Rouen de la visite de Charles IX) : le hasard providentiel d'une rencontre avec l'autre qui l'aide, comme le dit l'« Avis », à se trouver lui-même, *au vif* — comme les cannibales qui sont mangés vivants, au moment voulu (« [a] *apres avoir long temps bien traité leurs prisonniers* » (209)). Les *Essais* sont fascinés par ce *kairos,* ce « moment choisi » du repas entre vie et mort. Comme on l'a vu, une des grandes leçons de Plutarque, c'est que l'histoire ne réside pas dans le récit des grandes gestes, mais dans le compte des détails, qui sont meilleures prises pour l'écrivain : « [c] Et si pourtant la saveur mesme et delicatesse se treuve à nostre gout [sic] excellente, à l'envi des nostres, en divers fruits [sic] de ces contrées-là, sans culture » (I : 31 : 205). L'addition [c] est logée entre deux textes de l'édition de 1580. Par cette remarque est introduit le thème des cannibales : saveur et délicatesse, qui se passe de culture, et qui n'est compréhensible que dans le cadre d'une existence dédiée à la satisfaction des besoins. Plus loin, Montaigne, qui en est encore à discuter le courage des héros, se ramène à son propre sujet en parlant de la « [c] boucherie » entre Arcadiens et Lacédémoniens :

> [c] *Car, estant environné de toutes parts par les Arcadiens, apres en avoir faict une grande boucherie, luy et les siens furent tous mis au fil de l'espée [...]* [a] *Pour revenir à nostre histoire, il s'en faut tant que ces prisonniers se rendent : [...] qu'ils viennent hardiment trétous et s'assemblent pour disner de lui [...] vous y trouverez le goust de vostre propre chair* » (I : 31 : 212).

Le cannibalisme n'était certes pas un sujet facile à discuter, même si, comme Atkinson l'a montré, on en débattait déjà depuis

longtemps[142]. Mais, tout en donnant son avis sur un fait de culture, Montaigne se donne liberté de pousser l'imitation de Plutarque jusqu'au bout en y insérant une perspective par laquelle le commentateur vise son propre commentaire — et d'*essayer* sa discussion de l'anthropophagie comme modèle de l'approche d'un thème
qui l'intéresse au plus haut point : l'approche de soi. C'est cette
conjonction qui donne au modèle plutarquien des *Essais* son caractère distinctif dans « Des cannibales ». On connaissait déjà fort
bien les digressions et les retours au sujet ; on savait que Montaigne furetait dans les livres les exemples qui pouvaient justifier ou
rehausser son expérience personnelle. Reconnaissant lui-même cet
héritage, il dira plus tard, en termes d'une bibliophagie qui rappelle fort l'anthropophagie des « Cannibales » que c'est bien chez
Plutarque qu'il aura pris cette manie du dépeçage, en même temps
que cette crainte fatale d'être lui-même à son tour dépecé. On ne
peut se défaire de l'autre de Plutarque : Plutarque *s'ingère :*

> *[b] Mais je ne puis plus malaiséement deffaire de Plutarque. Il est*
> *si universel et si plain qu'à toutes occasions, et quelque suject extra-*
> *vagant que vous ayez pris, il s'ingere à vostre besongne et vous tend*
> *une main liberale et inespuisable de richesses et d'embellissemens.*
> *Il m'en faict despit d'estre si fort exposé au pillage de ceux qui le*
> *hantent : [c] je ne le puis si peu racointer que je n'en tire cuisse ou*
> *aile* (III : 5 : 875).

Remarquons d'ailleurs que Montaigne rejoue dans ce passage
le même jeu de *rapièçage* entre éditions qu'il avait déjà pratiqué,
sur le mode plutarchien, dans les « Cannibales » : parler pour enfin
pouvoir manger. Mais, dans « Des cannibales », l'*essayage* est plus
complexe. Il s'agit, par un jeu constant d'allées et venues, qui rappelle les voyages des explorateurs au Nouveau Monde, d'accommoder le *barbare* — pour enfin le *digérer*. Par-delà la comparaison des anthropophagies, par quoi Montaigne cherche à apaiser
ses lecteurs, puisqu'aussi bien en Europe on n'ignore pas non plus,
quand la situation le demande, comment manger son homme (« [c]
qu'il y a plus de barbarie à manger un homme vivant [...] comme
nous l'avons, non seulement leu, mais veu de fresche memoire »
(I : 31 : 209)), ce que Montaigne vise, c'est mettre à profit, et sous
le dangereux couvert d'une eucharistie blasphématoire, une cou-

---

142. Atkinson, pp. 75-6.

tume monstrueuse d'assimilation de l'autre au même. Il y travaille et s'y accoutume, pour finalement trouver ce moment parfait dans lequel la « [a] *merveilleuse distance* » (« [a] il y a une *merveilleuse distance* entre leur forme et la nostre » (I : 31 : 212) est réduite à une image ironique et moqueuse de l'*Européen tout nu* ou du *sauvage portant des hauts-de-chausse*. Dans ces conditions, la description avec force détails et sur plusieurs pages de la préparation du festin cannibale n'est pas fortuite. Montaigne y voit, sur le modèle d'une messe laïque mais inverse, où le corps de la victime est récupéré par tous les participants, la conjonction de sa propre expérience d'écriture : il a cannibalisé les textes et les récits d'autrui — et de celle de tous ses lecteurs : ce qu'ils lisent chez l'autre, chez lui, Montaigne, c'est le récit de leur propre histoire.

Or ce *kairos,* où se retrouvent cannibale, écrivain et lecteur, c'est un moment neutre (« [a] Je pense qu'il y a plus de barbarie à manger un homme vivant qu'à le manger mort » (I : 31 : 209)) à l'*acmè* d'une série d'oppositions farouches, comme s'il était absolument nécessaire de faire suivre provocations et insultes aux spectateurs (ou bourreaux) distraits (« [a] je suis moi-même la matière de mon livre : ce n'est pas raison que tu y employes ton loisir en un subject si frivole et si vain » (« Avis, p. 3)) — par un moment de stase, d'effacement idéal de chacun de ces sujets en sa fonction propre. Le cannibale sacrifié ne cesse « [a] pendant deux ou trois mois » et « [a] jusqu'au dernier soupir » d'insulter ses geôliers « [a] [...] le prisonnier crachant au visage de ceux qui le tuent et leur faisant la mouë » (I : 31 : 212)), pour les prévenir d'une fin (réelle : la sienne ; symbolique : la leur) qui réduira à néant toutes prétentions de confirmer et de célébrer par ce repas le triomphe d'une pensée de l'autre et du même : « [a] [...] vous y trouverez le goust de vostre propre chair » (*ibid.*). Cette anticipation d'une mort qui réduit les distances et met les bourreaux dans la situation absurde d'avoir à se manger eux-mêmes, ingérant sang et patrimoine, c'est celle de l'« Avis », par lequel Montaigne insère (*ingère*), dans le pillage de tous les livres qu'il a lui-même dépecés, une note marginale avertissant son lecteur que l'image des *Essais* est bien celle qu'avaient connues les parents et les amis, et que filiation et généalogie sont ainsi rétablies in extremis à l'entrée d'un livre *qui se veut à nul autre pareil*. Après la mort de l'écrivain se profile dans le livre le portrait de celui qui n'est plus. Ce serait donc bien une « [a]

fin domestique et privée » (« Avis », p. 3) que ce serait proposée l'auteur — si ce n'était qu'il s'agit toujours de *nourrir,* et à la manière cannibale, c'est-à-dire sans cruauté, une fois que le sujet est déjà mort (« [a] il y a plus de cruauté [...] »), les lecteurs. Or la connaissance qui se retire de cette lecture, elle est *vive,* comme les défauts qui s'y liront *au vif.* Après une mort symbolique, qui réduit la douleur d'être dévoré, c'est la vie et la participation qui sont maintenant possibles. C'est ce moment parfait, ou, comme en religion d'ailleurs, il faut mourir pour ressusciter, que cherche « Des cannibales » :

> [a] [...] et que par ce moyen ils nourrissent plus entiere et plus **vifve** la connoissance qu'ils ont eue de moy [...] mes defauts s'y liront **au vif**, et ma forme naïfve [...] (p. 3).

CHAPITRE III

POPPÉE VOILÉE

I. PORTRAIT DE FEMME

1. Apprenons aux dames à se faire valoir

Sans doute valait-il mieux garder pour la fin le dernier portrait d'un autre par lequel Montaigne n'a jamais cessé d'être obsédé, puisque la figure qui s'y dessine n'est pas celle, lointaine, de l'ami perdu, d'un primitif, mais bien celle, toute proche et quotidienne, d'un être encore plus différent de lui, mais bien aussi encore plus semblable à lui que tous les autres jusqu'ici mentionnés : un être dont Aristophane avait déjà dit qu'il n'était que la moitié perdue des androgynes arrogants mutilés par Apollon[143]. Dans le portrait

---

143. La citation nous renvoie à Platon, Villey (*Essais,* p. 1315 n.) suggère que l'emprunt sur les *garçons* est fait au *Timée* ne donne pas ce genre d'indication dans le passage sur la création des êtres humains par le dieu/démiurge, et je crois que référence doit plutôt être faite au discours d'Aristophane sur l'androgyne dans le *Banquet* 189 a-190 a, puisqu'aussi bien Montaigne possédait dans sa bibliothèque un Platon complet traduit en Latin par Ficin. Dans tous les cas, l'usage du terme *garçon* au seizième siècle a une forte connotation sexuelle et libidinale. C'est le terme utilisé pour désigner un jeune homme en plein développement de puberté. Mais, chose frappante, dans tous les cas, un surplus de signifiance est dû à une association évidente avec le féminin *garce,* dans lequel la connotation sexuelle est exclusive de toute autre : on se rappellera le : « [b] Marc Antoine fut le premier qui se fit mener à Romme, et une *garse* ménestriere quand et luy [...] Heliogabalus [...] et encore quatre *garses* nues [...] (III : 6 : 901-2), et la charge libidinale augmentée. L'usage du masculin produit alors inévitablement un effet de dérive, comme un frisson pervers : c'est pratiquement toujours de débauche qu'il s'agit : « [c] [...] comme les Lacédémoniens qui mignardoient leur Diane par le bourrellement [supplice] des jeunes *garçons* qu'ils faisoient foiter en sa faveur [...] » (II : 12 : 522 —

de la femme, ou plutôt dans son autoportrait en femme, il est possible que Montaigne ait en fait rassemblé toutes les altérités qui le hantent. Il parle beaucoup des femmes, mais c'est de biais. Son discours est un discours à plusieurs niveaux, et à chacun de ces niveaux, plusieurs sentiments, souvent contradictoires, envers les femmes émergent. A un premier niveau, Montaigne véhicule le sentiment reçu de son époque sur les femmes, ou plutôt les dames, comme il les appelle : « [b] Les dames couvrent leur sein d'un reseu, les prestres plusieurs choses sacrées [...] Apprenons aux dames à se faire valoir, à s'estimer à nous amuser et à nous piper » (III : 5 : 880). A un deuxième niveau, les dames ne sont plus les *dames,* mais les *femmes.* Ce qui les caractérise, c'est l'énormité de leur désir sexuel. Là encore, Montaigne est le porte-parole de son temps : « [c] de peur qu'en la chatouillant trop lascivement le plaisir la face sortir hors des gons de la raison » (855). A un troisième niveau, pourtant, Montaigne exprime une opinion plus personnelle : la relation des femmes au sexe est compliquée par les exigences d'un homme. Ce sont eux qui, en les restreignant, leur imposent une conduite impossible : « [b] les femmes n'ont pas tort du tout quand elles refusent les reigles de vie qui sont introduictes au monde, d'autant que ce sont les hommes qui les ont faictes sans elles » (III : 5 : 854).

Mais, à ce dernier niveau, les choses se compliquent. D'un côté, parlant du mariage, Montaigne fait une relation neutre, voire négative, des sentiments loisibles entre homme et femme mariés, en disant que les passions ne sont pas admissibles dans un mariage raisonnable. Citant une description de l'embrassement de Mars et de Vénus, il conclut que le poète s'est laissé entraîner hors des limites de l'approprié : « [c] Ce que j'y trouve à considérer, c'est qu'il la peinct un peu bien esmeue pour une Venus maritale » (III : 5 : 849).

---

dans l'« Apologie » !). L'indifférence sexuelle avait déjà été suggérée dans le contexte d'une discussion, savante et topique à la mode des premiers chapitres, sur l'amitié et le mariage : « [c] Bien apprentis [naïfs] sont ceux qui syndiquent leur liberté. Ce sont les femmes qui communiquent tant qu'on veut leurs pieces à *garçonner* ; à médeciner la honte le deffend... [a] [...] c'est que les plaisirs mesmes qu'ils ont à l'acointance de leurs femmes, sont reprouvez, si la moderation n'y est observée; et qu'il y a dequoy faillir en licence et desbordement, comme en un subjet illegitime [...] » (I : 30 : 198). Pour une discussion plus élaborée de l'indifférence sexuelle, voir la dernière partie du chapitre.

Mais, de l'autre, les passions que les hommes vont chercher ailleurs que dans le mariage ne sont pas non plus satisfaites. Là aussi, quelque chose manque, parce que l'acte n'arrive jamais au niveau de l'imagination. Et, comme la société impose toujours ses contraintes aux passions, finalement ni le mariage ni les liaisons ne peuvent satisfaire ces passions, surtout celles des femmes :

> [c] *L'aspreté de nos decretz rend l'application des femmes à ce vice plus aspre et vicieuse que ne porte sa condition, et l'engage à des suites pires que n'est leur cause* (III : 5 : 861).
> [b] *On ne se marie point pour soy, quoiqu'on die ; on se marie autant ou plus pour sa posterité, pour sa famille. L'usage et interest du mariage touche nostre race bien loing par-delà nous* (III : 5 : 850).

C'est dans cette impossibilité de concevoir un lieu où ses passions soient conformes à la société que Montaigne nous laisse entrevoir ses pensées sur les femmes. Et ce n'est peut-être pas par hasard si le chapitre « Sur des vers de Virgile », où il nous parle de relations sexuelles, jouxte celui sur la « Diversion » (III : 4), dans lequel il nous dit les ressources qui lui ont permis de surmonter le deuil de l'amitié. D'un côté, entre l'amour et l'amitié, la différence est grande, comme le rappelait déjà le chapitre sur l'amitié. En général, toute relation humaine est rongée par des passions individuelles de domination et d'appropriation, en même temps qu'elle répond à une volonté de sympathie, de communion avec l'autre. D'un autre côté tout particulier, bien des expériences amoureuses de Montaigne, ou, du moins, ce qu'il nous en dit, sont médiées par la mort de La Boétie. Montaigne, laissé pour compte, cherche un substitut :

> [b] *Je fus autrefois touché d'un puissant desplaisir, selon ma complexion, et encores plus juste que puissant ; je m'y fusse perdu à l'avanture si je ne m'en fusse simplement fié à mes forces. Ayant besoin d'une vehemente diversion pour m'en distraire, je me fis, par art, amoureux, et par estude, à quoy l'aage m'aidoit. L'amour me soulagea et retira du mal qui m'estoit causé par l'amitié* (III : 4 : 835)[144].

Or ce que les relations hétérosexuelles rendent impossible, c'est la co-existence des passions charnelles et d'un commerce spirituel. Dans l'amitié, l'accord était complet, parce que la communion des

---

144. Sur le travail du deuil et la conquête de la femme, voir Starobinski, *op. cit.*, p. 242.

âmes pouvait sublimer toute passion corporelle. On pouvait être à la fois deux et un. Mais, dans l'amour, il faut être ou bien un chasseur ou un chassé. « Sur des vers de Virgile » transpose partie de la réflexion sur l'amour dans le champ du langage, et, sous couleur de donner de l'étoffe à l'expression, l'auteur a recours à un vocabulaire d'attaque (« [b] qu'on ne fist jargon de nos chasses et de nostre guerre » (III : 5 : 874)). Si l'on s'en tenait à ces clichés, on devrait conclure qu'il en est de Montaigne comme de son temps : parler des choses de l'amour, et surtout en prendre prétexte pour parler des femmes, requiert une fidélité à certaines normes garantissant la délimitation et le contrôle d'un vaste inconnu féminin. Dans la « Venus maritale », on aura noté le jeu de mots : *martial/marital*. Il est compréhensible que Montaigne, dont on verra qu'il cherche dans le mariage un refuge, refuse l'association martiale de Lucrèce. Le mari n'est pas un guerrier. Mais, s'il ne l'est pas, sera-t-il homme ?

Sous la guise martiale et masculine du texte virgilien — ce n'est pas pour rien qu'on nous peint d'abord Mars étreignant une Vénus bien peu « [b] maritale » (III : 9 : 975) —, la spécificité de la femme montaignienne est générique, garantie par les registres médicaux, les philosophies antiques, et les moralistes de tous temps. La liste des afflictions est longue : chez elles, le sexe est pratiquement une maladie, à mettre au rang des autres activités, passivités mineures ou mystérieuses qui en font des êtres monstrueux : « [a] car cet appetit desregle et goust malade qu'elles ont au temps de leurs groisses, elles l'ont en l'ame en tous temps » (II : 8 : 399). Parce qu'elles sont en outre totalement sous la coupe de leur nature maternelle, on ne saurait se confier à leur jugement, « [a] Il est dangereux de laisser à leur jugement la dispensation de nostre succession, selon le chois qu'elles feront des enfans, qui est tous les coups inique et fantastique » (*ibid*.). Mais, hormis ces clichés, que savons-nous vraiment des femmes ? Parler d'Éros ne semble pas une gageure, le siècle en est féru, et Montaigne y tient. Le débat sur la sexualité est d'ailleurs empêtré dans les figurations courantes à l'époque. Même la poésie franchement sexualisée, comme les mignardises de Ronsard, font grand usage d'allusions mythologiques. Parler d'amour et de sexe est aussi, comme le sait d'ailleurs fort bien Montaigne (« [b] Mon page faict l'amour et l'entend...] Lisez luy Leon Hebreu et Ficin : on parle de luy, de ses pensées et de ses actions,

et si il n'y entend rien » (III : 5 : 874)), parler un langage figuré.
Le baroquisme et les agaceries d'une Poppée voilée sont inscrits
dans l'imaginaire du seizième, comme en témoigne Maurice Scève
dans la *Délie* :

> *Dans son iardin Vénus se reposoit*
> *Avec Amour, sa tendre nourriture,*
> *Lequel ie vy, lors qu'il se deduisoit,*
> *Et l'apperceu semblable a ma figure.*
> *Car il estoit de tresbasse stature,*
> *Moy trespetit ; luy pasle, moy transy.*
> *Puis que pareilz nous sommes donc ainsi,*
> *Pourquoy ne suis second Dieu d'amytié ?*
> *Las ie n'ay pas l'arc, ne les traictz aussi,*
> *Pour esmouvoir ma Maistresse a pitié*[145].

Et pourtant, Montaigne est le premier à reconnaître que le sujet
lui échappe. D'abord, cette partie, cette *piece* qui fait de lui un
homme à femmes (« [b] Jamais homme n'eust ses approches plus
impertinemment genitales » (III : 5 : 890)), qui est de lui, au même
titre que les autres, il n'en a pas le contrôle ; et, maintenant qu'il
est vieux, il en a peur : « [b] Mon amy, tu resves ; l'amour, de ton
temps, a peu de commerce avec la foy et la preud'hommie » (III :
5 : 890). Rassemblant ses forces et, craignant qu'on se méprenne
sur ses intentions, il commence par rappeler l'importance du dieu
antique, de sa religion, de son influence sur la littérature, en l'occurrence, Virgile et Lucrèce. Par un jeu de renvois, « Sur des vers de
Virgile » est donc pour Montaigne non pas seulement l'occasion
de révéler des détails salaces, mais aussi de parfaire son portrait
sous le signe d'Éros : « [c] Chacune de mes pieces me fait esgale-
ment moy que tout autre. Et nulle autre ne me faict plus proprement homme que cette cy. Je dois au publiq universellement mon
pourtraict » (III : 5 : 887). Mais pour faire ce portrait, savoir de
quoi on parle, il faudrait connaître à fond toutes les parties qui
composent l'être, y compris cette partie à laquelle tout le monde
se réfère, mais dont la vergogne empêche qu'on ne parle. Or, sur
ce sujet, Montaigne, pressé par l'âge et la peur traditionnelle de
la « [b] cornardise indelebile » (III : 5 : 869), défère par deux fois
aux femmes : « [b] [...] un desir qui leur est [c] si cuysant et [b]

---

145. Maurice Scève, *Délie,* 74, édition MacFarlane, *op. cit.,* pp. 158-9.

si naturel (III : 5 : 866). De cette féminité secrète, qui, seule, pourrait lui livrer la clé d'une expérience physique et spirituelle : « [b]
Qu'elles se dispensent un peu de la ceremonie, qu'elles entrent en
liberté de discours, nous ne sommes qu'enfans au pris d'elles en
cette science » (III : 5 : 857), Montaigne cultive le fantasme. Parlant d'abord des exploits de Procul et de Messaline, il assure que
les femmes sont « [b] sans comparaison » (III : 5 : 854) :

> [b] luy despucela bien en une nuit dix vierges Sarmates, ses capti-
> ves, mais elle fournit reelement en une nuit à vint et cinq entrepin-
> ses, changeant de compaignie selon son besoin et son goust (ibid.).

Mais bientôt il hésite : les femmes sont-elles hypersexuées parce
que telle est leur nature, ou bien cherchent-elles à se libérer de la
tyrannie sexuelle des hommes (« [b] Il y a naturellement de la bri-
gue et de la riotte entre nous » (III : 5 : 855)) ? D'un côté, il prétend, comme la plupart de ses contemporains, que les femmes sont
bien plus avides de sexe que les hommes, mais, de l'autre, il ne peut
oublier que la sexualité des femmes est partie du désir des hommes. Cela non plus n'est pas nouveau au seizième siècle. Mais ce
qui est nouveau, c'est la manière dont Montaigne approche le sujet,
construisant et déconstruisant son discours. Il essaie trois approches. La première est celle de l'autorité et de la coutume : la place
des femmes dans la société est définie par la tradition, et c'est dans
les aphorismes de cette tradition que leur nature se donne à connaître. La deuxième est celle d'une réflexion sur l'éducation : la
nature a pourvu les femmes d'une physiologie exceptionnelle, et
les hommes ne peuvent rien leur apprendre sur le sexe. La troisième
est celle de l'obsession et du fantasme : pourquoi la nature favorise-
t-elle les femmes ? où ont-elles appris ce qu'elles savent ? enfin,
s'il est vrai qu'elles savent quelque chose que nous ne savons pas,
alors c'est elles qui ont quelque chose à *nous* apprendre. Sans être
forcément supérieures, elles ont toutefois une capacité extraordinaire, puisque, muselées par nous, elles démontrent une compréhension qui dépasse les règles que nous leur avons données :

> [b] Il n'est ny parole, ny exemple, ny démarche qu'elles ne sçachent
> mieux que nos livres : c'est une discipline qui naist dans leurs veines
> Et mentem Venus ipsa dedit
> [Et Vénus elle-même les a inspirées),
> que ces bons maistres d'escole, nature, jeunesse et santé, leur souf-
> flent continuellement dans l'ame ; elles n'ont que faire de l'appren-
> dre, **elles l'engendrent** (III : 5 : 857).

Aussi bien le corps, qui est leur seul apanage, puisqu'il n'est pas sûr qu'elles aient une âme ou un esprit, ne peut être le lieu d'une satisfaction plénière, métaphysique. Il est uniquement lieu de plaisir. Et donc tout discours sur la femme est un discours sur les interdits par lesquels une société se protège des excès de ce plaisir. La femme représente l'au-delà, le surplus d'un plaisir qu'il n'est pas permis de recevoir, si la société doit continuer à exister selon les règles.

Or ces règles, quelles sont-elles ? — Ce sont essentiellement des règles d'économie et de gouvernement, dont Montaigne souhaite la persistance, seulement parce que, sans être bonnes ni mauvaises, elles permettent à tout un chacun de continuer à vivre comme il l'entend :

> *[b] Il n'est passion plus persistante que cette cy, à laquelle nous voulons qu'elles resistent seules, non simplement comme un vice de sa mesure, mais comme à l'abomination et execration, plus qu'à l'irreligion et au parricide ; et nous nous y rendons cependant sans coulpe et reproche* (III : 5 : 855).

Le paradoxe, c'est que Montaigne découvre, dans sa réflexion sur l'amour et le sexe, un domaine qui rend difficile l'application des lois de conservation auxquelles il est si attaché. Ce n'est pas que l'amour est un monstre enragé (« [c] qui, comme un animal furieux, entreprend, par la violence de son appetit, sousmettre tout à soy » (III : 5 : 859)), qui peut tout réduire à l'état de chaos, encore que bien des passages des *Essais* fonctionnent à ce niveau de répétition ou de *radotage* : « [b] Il faut, dict Aristote, toucher sa femme prudemment et severement, depeur qu'en la chatouillant trop lascivement le plaisir la face sortir hors des gons de raison » (III : 5 : 850). C'est que les restrictions sont au mieux d'un effet partiel. Elles ne favorisent ni le calme des passions, ni la tranquillité d'esprit chez ceux que tourmente « [b] la hantise conjugale ».

> *[b] [...] quel doit estre l'appetit et la concupiscence feminine, puisque leur raison, leur reformation et leur vertu se taille a ce pris, [c] considerans le divers jugement de nos appetits, et que Solon, chef de l'eschole juridique, ne taxe qu'à trois fois par mois, pour ne faillir point, cette hantise conjugale. [b] Apres avoir creu et presché cela, nous sommes allez leur donner la continence peculierement en partage, et sur peines dernieres et extremes* (III : 5 : 855).

Les lois et les coutumes laissent un résidu, un surplus inexpli-

cable qui font que ce que l'homme désire est interdit, mais non
moins désirable. Les femmes résident dans une conjoncture tout
à fait spéciale. D'abord, elles sont l'objet du désir de l'homme —
un désir que l'homme ne peut contrôler et dont il rejette la responsabilité, la culpabilité sur les femmes. Ensuite, du fait même que
les femmes sont le symbole du désir que l'homme ne peut contrôler, elles sont au mieux les gardiennes du consensus politique. Pour
qu'elles n'en deviennent pas les *fourrières,* il est absolument impératif de délimiter le rôle qu'elles jouent et croient devoir jouer —
comme aussi bien de les mettre à l'abri du désir des hommes, voire
de les couvrir. Mais c'est peine perdue, car il reste toujours le
domaine des fantasmes privés, de ce que l'« [a]arrière-boutique »
(I : 39 : 241) facilite et qui ne peut être montré en public. Or, dans
ce domaine, Montaigne se trouve lui-même dans la position des femmes. Si elles sont, de leur côté, restreintes aux affaires domestiques, parce qu'elles y remplissent là une double fonction : celle,
négative, de rester chez elles, et de ne pas participer aux affaires
du monde, où leur participation pourrait être dangereuse pour
l'ordre social — et une autre fonction, positive, celle-là, de veiller
aux affaires du ménage, Montaigne est, lui, de son côté, et par le
projet même des *Essais,* mis en demeure de parler de quelque chose
infiniment privé. Cherchant la vérité sur le démon de l'amour, les
fantasmes, les désirs, il se trouve forcé, comme elles, de parler dans
l'intimité.

Mais, à explorer son propre domaine privé, il se dit que les
femmes ont aussi peut-être beaucoup plus à offrir que le *mesnage*
que leur concède l'*Économique* de Xénophon. Elles ont cet avantage paradoxal que la culture les garde à la maison, et les empêche
même de paraître en public, du moins sans précautions. Elles doivent se masquer. Mais n'est-ce pas là ce que Montaigne déplore
lui-même des affaires publiques : qu'elles l'empêchent, par le masque et la diversion, de s'occuper de lui-même ? On voit alors qu'il
existe une conjonction intéressante entre le projet d'écrire un livre
privé et le désir anxieux de savoir ce qu'il en est des femmes. Parce
qu'elles sont autre chose que simplement les partenaires de
l'homme, mais aussi le symbole de son attachement au privé, Montaigne leur consacre une écriture obsessive. Il n'y a pas de chapitre
proprement dédié aux femmes, comme il y en a, par exemple un
dédié aux cannibales, ou un autre consacré à l'amitié. La préoccu-

pation des femmes est discrète, mais continue. Montaigne suit en
cela son intuition. Le privé se définit, non pas tant par ce qui rend
une personne totalement différente d'une autre, mais par le fait
que ce que cette personne a n'est pas divulgué. La plupart du chapitre sur Virgile traite de l'amour et du sexe sous l'angle du secret :
les choses de l'amour ont une telle importance pour nous justement
parce que nous n'en parlons pas. Et nous n'en parlons pas, tout
simplement parce que nous menons avec les femmes une conspira-
tion absolue du silence. Cette hantise du secret féminin est significative, parce que, d'un côté, Montaigne n'a qu'un désir — parler
de ce dont tout le monde veut parler : « [c] Qu'a faict l'action géni-
tale aux hommes, si naturelle, si nécessaire et si juste, pour n'en
oser parler sans vergnongne et pour l'exclurre des propos serieux
et reglez ? » (III : 5 : 847). Mais, de l'autre, il se rend bien compte
que parler « [c] sans vergnongne » n'est pas forcément savoir de
quoi l'on parle, puisqu'aussi bien l'inexprimé, que tout le monde
connaît, mais dont personne ne parle, demeure abscons dans une
intimité inaccessible au discours quotidien. Éros, par quoi justement les hommes se flattent de dominer et de connaître les femmes, est, comme dans l'histoire de Psyché, sans voix et sans figure,
le symbole d'une coutume (loi non écrite que tout le monde connaît sans la citer) indicible :

> [c] Car il est bon que les mots qui sont le moins en usage, moins
> escrits et mieux teuz, sont les mieux sceus et plus generalement con-
> nus. Nul aage, nulles meurs l'ignorent non plus le pain. Ils s'impri-
> ment en chascun sans estre exprimez et sans voix et sans figure (III :
> 5 : 847-8).

2. Il y a certaines choses qu'on cache pour les montrer

A partir de ce moment, le débat sur l'amour à l'enseigne du
même et de l'autre, du public et du privé, devient un débat sur la
forme, du visible et de l'invisible, du dicible et de l'indicible. Ce
dont on a difficulté à parler, c'est ce qui est caché. Ce qui est caché,
c'est ce dont la trace est visible dans une forme externe. Mais comment décider si ce qui est caché a de la valeur par soi-même, ou
seulement par la trace qui en subsiste et le dénonce ? (« [b] [...]
il y a certaines choses qu'on cache pour les montrer » (III : 5 : 880)).
La citation donnée plus haut sur le « [b] reseu » des dames laisse
à penser qu'une problématique du voile est, comme nous le verrons

bientôt, inséparable de la recherche d'un privé féminin. Mais notons déjà que cette problématique du voile n'est pas sans rapport avec celle de l'écriture. Écrire, c'est produire les figures, le commentaire dont l'amalgame promet une œuvre, cachée à la fois dans les replis du texte et ostensiblement déployée à sa surface : « [b] Les vers de ces deux poëtes [Virgile et Lucrèce], traitant ainsi reservéement et discrettement de la lasciveté comme ils font, me semblent la descouvrir et esclairer de plus pres » (III : 5 : 880). Finalement, le voile, c'est celui du texte, tissant, dans une nouvelle perspective où le corps l'emporte sur l'esprit (« [b] or donc, laissant les livres à part, parlant plus materiellement et simplement » (III : 5 : 877)), un discours à la limite de l'impudeur et du scandale, et le recouvrant par un autre discours, inspiré par la tradition stoïque et chrétienne qui ne voit dans la révélation de l'intimité qu'une occasion de confession pour l'âme pécheresse. Le voile excite par le mystère et l'admiration des choses cachées dont l'esprit n'aperçoit que les figures, ou, au contraire, parce qu'il se satisfait d'ombres pour imiter ou masquer la réalité. Il suscite donc à la fois deux réactions opposées : on l'arrache ou on s'en coiffe. Mais cette contradiction n'est en fait que le produit d'une opposition binaire entre masque et nudité qui, refusant toute possibilité de médiation, réduit toute connaissance à une série d'antinomies : ou bien la nudité ou le masque. Montaigne, récupérant et dépassant les termes d'une critique religieuse et philosophique dont il est familier, tombe d'accord que le masque, comme l'art, est partout, ne serait-ce que parce que la Nature déchue est déjà un produit de l'art. Les dames, dont on avait accepté qu'elles se couvrent le sein d'un « [a] reseu », se voient maintenant reconnaître le droit à une connaissance médiate et imparfaite par une critique philosophique et religieuse de la condition humaine :

> [a] Certes, quand j'imagine l'homme tout nud (ouy en ce sexe qui semble avoir plus de part à la beauté), ses tares, sa subjection naturelle et ses imperfections, je trouve que nous avons eu plus de raison que nul autre animal de nous couvrir (II : 12 : 484).

Sur l'image de la femme, il y a donc beaucoup à dire des contradictions masculines et des ambivalences montaigniennes. Image double, et qui demande à être ajustée constamment. D'un côté, Montaigne a déjà écrit que les femmes étaient beaucoup plus portées sur le sexe que les hommes. Mais, de l'autre, composant son chapitre sur « Des vers de Virgile » au crépuscule de sa vie, et sentant ses forces diminuées, il porte les yeux, non sans nostalgie, sur un passé échauffé, et sur les exploits des grands héros de l'amour (« [c] Tout asseché que je suis, et appesanty, je sens encore quelques tiedes restes de cette ardeur passée [...] vieillesse misérable » (III : 5 : 849, 881)). Autant dire que, pour Montaigne, et justement parce que la vie privée compte tout autant que les batailles ou la politique, la connaissance de soi passe par celle des femmes. Parler des femmes, parler des hommes et des femmes du passé, parler de son propre passé amoureux, c'est au fond la même chose. Dans la mesure où Montaigne se plaint de ce qu'il n'a plus guère, le discours sur les femmes qui possèdent, par nature, ce que les hommes veulent leur ravir, et dont ils prétendent aussi leur interdire la jouissance, est un discours sur le moi absent du sujet de l'énonciation : celui qui, éteint avec l'âge, n'est plus capable que de se souvenir, mais qui, rendu mélancolique par la fuite du temps, se prend à songer à la constitution du désir dans l'objet fugitif, et, par là, à l'importance du temps lui-même. Dans ce glissement d'une réflexion sur le passé à une méditation sur les formes évanescentes de l'amour, l'écrivain est fasciné par une existence dans le temps d'un moi qui n'existe que par la prorogation du désir incontrôlable, tant en ce qui concerne les choses de l'amour que celles de l'écriture, et il soupçonne que son *ineptitude* est tout simplement le signe d'une présence à soi dans un au-delà irrécupérable :

> [b] *Mais mon âme me desplait de ce qu'elle produict ordinairement ses plus profondes resveries, plus folles et qui me plaisent le mieux, à l'improuveu et lors que je les cerche le moins ; lesquelles s'esvanouissent soudain, n'ayant sur le champ où les attacher : à cheval, à la table, au lit, mais plus à cheval, où sont mes plus larges entretiens* (III : 5 : 876).

Il lui en reste bien des souvenirs, mais c'est d'une mémoire qui le trahit et le hante, puisqu'il se souvient essentiellement d'une absence : « [b] [...] il ne m'en reste en mémoire qu'une vaine image, autant seulement qu'il m'en faut pour me faire ronger et despiter après leur queste inutilement » (III : 5 : 876-7).

Le bilan est pénible, d'autant plus que la mise en question de ses propres forces, qui l'incite à réfléchir sur la production des fantasmes, l'amène aussi à s'interroger sur les conditions dans lesquelles il produit son livre :

[b] Quand j'escris, je me passe bien de la compaignie et souvenance des livres, de peur qu'ils n'interrompent ma forme. Aussi que, à la verité, les bons autheurs m'abattent par trop et rompent le courage. Je fais volontiers le tour de ce peintre, lequel ayant miserablement representé des coqs, deffendoit à ses garçons qu'ils ne laissassent venir en sa boutique aucun coq naturel (III : 5 : 874).

Suivant son habitude, Montaigne, qui recommande aux femmes l'usage bénéfique de l'histoire, tire des leçons de l'histoire. Son admiration est partagée entre un hommage à Éros, à Mars, aux héros antiques et d'autres dont il rapporte les exploits, et les philosophes, qui, prévenant l'homme contre les excès de l'amour, prêchent le retrait et dénient à l'amour un rôle constructif dans l'existence. Reste donc le corps, mais un corps ou bien sacré, celui de la mythologie ou des *res gestae* — corps inutile, puisqu'il n'est pas le sien — ou le sien, décrépit, et nostalgique du désir. Or c'est justement ici que l'image des femmes réapparaît. De l'absence de ses propres fantasmes, à l'absence du corps vieilli, au mystère des femmes qui ou bien ne se livrent pas ou qui, se livrant, continuent de le hanter, Montaigne est mené à parler de l'amour comme d'un manque : « [b] l'amour n'est que la soif de cette jouyssance » (III : 5 : 877). De fait, si la première réaction de Montaigne est de nostalgie, son attitude est différente de celle des poètes de l'Antiquité ou de son temps. La réflexion sur le temps passé ne débouche pas sur un *Carpe diem* dont Ronsard s'était parmi bien d'autres, fait l'apôtre. Autrement dit Montaigne ne tombe pas dans la célébration du *topos,* mais, prenant ses distances vis-à-vis de sa propre écriture, il part justement à la recherche du « [c] sans voix et san figure » (III : 5 : 848). A cette différence, il y a deux raisons. La première est que l'utilisation du *topos* dans une perspective uniquement téléologique : arriver à ses fins, faire l'amour, consommer, posséder, est pour Montaigne moins important qu'un retour sur la préparation, la stratégie du temps dans lequel se constitue le fantasme, puisque dans ce fantasme il retrouve le temps de sa propre écriture. Le moi qui lui échappe, substantiel, il en est sûr, l'intéresse tout autant par la chasse qu'il lui donne, que par la certitude de jamais arriver à une image fixe. C'est donc par un déplacement, de l'objet du désir au désir qui se prend lui-même comme objet, que l'auteur justifie son livre, consubstantiel à un moi dont il ne peut saisir que des fragments, une image. Le procès circulaire le ramène de nouveau aux femmes, comme il le reconnaît dès l'édition de 1588 : « [b] Je loüe la gradation et la longueur en la dispensation de leurs faveurs » (III : 5 : 884). La deuxième raison est que, dans la quête d'un moi fugace, les femmes qui sont l'objet du désir, et que la société réduit à un rôle passif, savent quelque chose dont les hommes sont ignorants. Or savoir qu'elles savent, c'est l'expérience de la conquête amoureuse qui le lui a appris. A cette conquête, il s'est donné, mais non sans se forcer à respecter lui-même les règles qui rendent cette conquête possible. Respectant la femme, ne poussant jamais au-delà de ce que certaines bornes du jeu avaient démarqué, il se targue d'avoir été galant, mais honnête :

> [b] J'ay faict caler, soubs l'interest de leur honneur, le plaisir en
> son plus grand effort d'une fois ; et, où la raison me pressoit, les
> ay armées contre moy, si qu'elles se conduysoient plus seurement
> et seveirement par mes reigles, quand elles s'y estoyent franchement
> remises, qu'elles n'eussent faict pas les leurs propres (III : 5 : 890).

A ce respect, on trouvera des raisons courtoises, puisque, aussi bien, Montaigne avait été fervent lecteur du *Courtisan*.

Mais savoir *ce* qu'elles savent, c'est bien autre chose. Malgré toute sa bonne conduite, il est convaincu qu'elles le dominent encore. C'est alors qu'il retourne à son observation. Il s'agit de savoir, non plus seulement quelle place les femmes occupent dans la société, mais qui elles sont. Comment sont-elles faites ? Et que font-elles ? Il observe, ou mieux dit, il les épie — grande occupation montaignienne — et puis, comme ce n'est pas suffisant, il fantasme : être femme. Montaigne n'est pas curieux, et il juge même toute curiosité qui concerne les femmes aussi sévèrement qu'il juge, dans le chapitre sur Virgile et Lucrèce, la jalousie par laquelle les hommes poursuivent leurs femmes : « [c] Et puis quel est le fruit de cette penible solicitude ? (III : 5 : 869) [...] [b] La curiosité est vicieuse par tout [...] » (III : 5 : 869). Mais il n'en reste pas moins proprement *médusé*. Recluses et inéduquées de par les hommes, les femmes ont un désir non pas seulement plus vif et persistant que celui des hommes, mais aussi menaçant pour leur autorité. Quand il compare exploits masculins et féminins, Montaigne reconnaît aux femmes leur avantage : Messaline est plus extraordinaire que Procul. Mais, en ce combat des sexualités, la question n'est pas de trouver le plus fort, puisque Montaigne suit la tradition et donne aux femmes l'avantage, mais d'expliquer cet avantage.

Exciper de la nature (elles sont plus lascives que les hommes) ne suffit pas, car le désir des femmes reste inconnu. Les hommes, et Montaigne, en premier lieu, parlent sans cesse de leur désir : « [b] Il n'est passion plus pressante que cette cy, à laquelle nous voulons qu'elles resistent seules » (III : 5 : 855), mais de celui des femmes, ils ne veulent entendre parler ; pire : ils leur interdisent d'en parler. C'est à ce moment qu'il rapporte une anecdote, dont il fait une parabole. Il surprend un jour sa fille lisant « [a] un livre françois » (III : 5 : 856) et achoppant sur le « [c] mot de fouteau » (*ibid.*). La gouvernante escamote la difficulté (« [c] l'arresta tout court un peu rudement » (*ibid.*)). Et Montaigne de conclure que la censure de la gouvernante eut au moins autant d'effet que « [c] le commerce de vingt laquais » (*ibid.*).

On en revient donc au supplément de désir. Ce que les hommes ne peuvent pas supporter, c'est une femme qui désire par elle-même, parce que de ce désir ils voudraient être les possesseurs, les générateurs. Ils veulent le désir de la femme. Mais Montaigne sait aussi que la suppression de ce désir n'est qu'une fiction, destinée à encourager le désir de possession des hommes : « [b] Nous les dressons dès l'enfance aus entremises de l'amour » (III : 5 : 586). Les hommes ont besoin de réprimer les ardeurs de Messaline : « [b] Qui n'eust tenu un peu en bride cette naturelle violence, [...] nous estions diffamez » (857) — non seulement pour se protéger de leurs demandes insatiables (« [c] la hantise conjugale » (855)), mais pour se garantir leur propre désir, un désir qui, comme chez la Vénus de Virgile, est « plus amoureux que l'amour même » (III : 5 : 949). Voulant pousser le paradoxe jusqu'au bout, Montaigne propose la fin de la censure, en changeant les normes et l'éducation. Si les femmes ont d'autant plus d'intérêt pour l'amour que les manifestations leur en sont interdites, pourquoi ne pas tout leur permettre ?

> [b] Or se devoir aviser aussi mon legislateur, qu'à l'avanture est-ce un plus chaste et fructueux usage de leur faire de bonne heure connoistre le vif que de leur laisser deviner selon la liberté et la chaleur de leur fantaisie (III : 5 : 860).

Ainsi pourrait-on au moins diminuer, sinon la soif de sexe qu'elles ont, du moins, notre dépendance vis-à-vis d'elle. Reprenant un fantasme exprimé dès l'« Avis au lecteur » (« [a] [...] je m'y fusse tres-volontiers peint tout entier et tout nud [...] » (p. 3)), Montaigne se perd à désirer des femmes et des hommes sans voile :

qu'ils soient donc nus, comme à Sparte, et selon Livia : « [b] Ainsi disoit Livia qu'à une femme de bien un homme nud n'est non plus qu'une image » (III : 5 : 860). Mais, dans le souhait de nudité même, le désir du voile persiste. Qu'est-ce que dénuder, sinon retirer des voiles ? Montaigne se délecte d'un leurre. A la recherche d'un figural sans figure, désireux de pallier la transparence de la mémoire, il se targue, on l'a vu, d'une nature *genitale* — comme si parler du corps, de son corps, de celui des femmes, allait lui permettre de découvrir l'inconnu qu'il cherche. Or l'amour et le sexe ont aussi ceci de particulier dans l'univers montaignien qu'ils indiquent, comme la maladie de la pierre, qui à cette époque le tourmente, un domaine qui n'est pas celui de l'intention, et qui, ne peut être, non plus que les femmes, contrôlé. L'interrogation sur le corps est donc en même temps le lieu privilégié d'une interrogation sur les femmes, en ce qu'elles participent à la constitution du désir, par quoi le sujet se trouve conscient de son corps et de la relation de ce corps à l'autre.

Les *Essais* nous avaient déjà proposé, dans le chapitre sur l'amitié, une méditation sur l'autre, qui, malgré toute son audace, ne pouvait concevoir que l'union des âmes : « [...] qu'une ame en deux corps [...] » (I : 28 : 190). Mais la métaphore était déjà étrangement corporelle ou sexuelle : « [...] [c] nous nous embrassions par nos noms, [...] mélange qui, ayant saisi toute ma volonté, l'amena à se plonger et se perdre dans la sienne » (I : 28 : 188-9). Dans « Des cannibales », pratiquement joint aux textes sur l'amitié, l'expérience était encore une fois de mélange et d'association, mais la sauvagerie apparente des Américains permettait à l'auteur ses premières rêveries sur le commerce et l'échange des corps, dans un système où l'identité et la différence étaient récupérées par un procès tabou en Europe, mais justifiable dans le cadre de la culture cannibale : « [a] Ces muscles, dit-il, cette cher et ces veines, ce sont les vostres » (I : 31 : 212). A présent, qu'il en vient au bout de son ouvrage, et qu'il admet n'avoir pas encore franchement parlé de son corps, autrement que sous le couvert de la maladie, Montaigne fait face à ce dont il avait honte : le désir qui constituait le corps de l'autre comme une réflexion du sien propre. La relation sexuelle est la relation fondamentale, parce qu'elle met à jour le discours de la vergogne, celui qui cache un sexe à l'autre. Car le discours sur le corps, pour être vrai, ne peut être que sexué, et l'opposition

qui, dans « De l'amitié » et « Des cannibales », avait été résolue
sous le couvert de l'assimilation, est maintenant illuminée en plein
jour, exhibant la relation désirante qui constitue sujet et objet. Ou
bien ce sont les hommes qui désirent, mais, comme c'est une loi
du désir qu'on ne saurait désirer que ce qui dépasse les limites de
ce désir, les femmes sont toujours plus avides (« [c] un animal glouton et avide » (III : 5 : 859)). Ou bien ce sont les femmes, et le sexe
masculin devient le symbole de leur adoration : « [b] En la plus
part du monde, cette partie de notre corps estoit déifié [...] Les
dames Égyptiennes, en la feste des Bacchanales, en portoient au
col un bois [...] » (III : 5 : 858). C'est le même sujet qui trouve
que les dieux l'ont « [c] fourni d'un membre inobedient et tyrannique » (III : 5 : 859), et qui remarque chez les femmes « [c] un
animal glouton et avide » (*ibid.*). Comme par un procès d'homéos-
tase, le corps masculin est le régulateur du corps féminin, et vice-
versa. On en vient à ce point que, parlant de soi, et parlant des
hommes, donc, de ceux qui, peu contents des affaires domestiques,
et méfiants du mariage, cherchent une association entre eux ou avec
les livres, l'écrivain mâle, qui répète qu'il ne saurait éduquer que
des garçons, est obligé de reconnaître que son propre discours sur
le corps passe par les femmes : « [b] Tout le mouvement du monde
se resoult et rend à cet accoupplage : c'est une matiere infuse par
tout, c'est un centre où toutes choses regardent » (III : 5 : 857)[146].

Dans ce débat sur la sexualité des hommes et des femmes, où
l'imagination joue des tours à la raison, la quête de la féminité doit
donc être poussée au-delà d'une discussion du supplément, au-delà
d'une considération de l'union des corps. Montaigne voudrait bien,
certes, en finir avec la *fantaisie*. Par un mouvement dont il est familier, il veut encore arracher les masques, et, suivant toujours Livie,
la femme d'Auguste, il a déjà proclamé que le désir s'émousse à
l'usage : « [b] Aussi disoit Livia qu'à une femme de bien un homme
nud n'est non plus qu'une image » (III : 5 : 860). Mais d'autres
fantasmes, non explicités et non maîtrisés, traversent un texte médié
par la citation. Parmi les plus intéressants, il y en a deux dans « Sur
des vers de Virgile » et un dans « De l'expérience ». Cherchant
d'abord à expliquer la tumultuosité de l'amour et sa vigueur irré-

---

146. Montaigne dédie son « Institution des enfans » à Madame de Gurson en
lui rappelant : « [a] [...] vous estes trop genereuse pour commencer autrement que
par un masle » (I : 26 : 148).

pressible, Montaigne, suivant un Horace infidèle aux idéaux de l'*Ut Pictura Poesis,* propose une confusion primordiale entre amour et enfance :

> [b] *Quem si puellarum inseres choro*
> *Mille sagaces falleret hospites*
> *Discrimen obscurum, solutis*
> *Crinibus ambiguoque vultu*
>
> [*Un jeune homme qui, introduit dans un chœur de jeunes filles, avec ses cheveux flottants et ses traits indécis, pourrait tromper sur son sexe les yeux les plus clairvoyants des personnes qui ne le connaissent point]* (III : 5 : 895).

Il continue et déclare que la virilité est, en fait, comme la vieillesse, détrimentale à l'amour. L'idée que, dans l'amour, une force et une énergie aussi irréductibles que dans l'enfance permet la divine liberté que ni l'art ni la sagesse ne sauraient procurer (« [b] On le met aux ceps quand on le guide par art et sagesse » (896)), est essentielle aux *Essais,* puisque c'est de cette liberté que Montaigne excipe quand il écrit :

> [b] *Parquoy je me laisse à cette heure* **aller un peu à la desbauche** *par dessein ; et emploie quelque fois l'âme à des pensemens folastres et jeunes, où elle se sejourne* (III : 5 : 841).

Mais le fantasme d'un jeune garçon perdu parmi les filles a toujours fait partie de la topique mythologique. Soucieuse d'éviter à son fils un destin funeste, Thétis abrite Achille sous des habits féminins parmi les filles du roi Lycomède à Scyros, jusqu'à ce qu'Ulysse vienne tromper la garde de la « jeune fille » en lui offrant une épée[147]. Plusieurs peintres ont traité le sujet. Le fantasme n'est pas sans rappeler l'anecdote de la propre fille de Montaigne aux prises avec la censure de sa gouvernante. La vision *éducative* ou enfantine de l'amour passe par le déni de la censure, et cette censure, imposée par les hommes, pressés de garantir devant les femmes un devoir qu'ils se sont imposé, mais qu'ils trouvent pénible d'avoir à défendre, s'efface au mieux dans le fantasme d'une régression, qui inclut même la possibilité d'un changement de sexe. D'ailleurs les pages suivantes fournissent une confirmation et un développement de ce fantasme, quand Montaigne, recourant encore

---

147. Ovide. *Métamorphoses,* 13, 162.

une fois à la citation, reprend l'histoire de la jeune adolescente de Catulle, forcée de révéler qu'elle a un amant :

> [b] Ut missum sponsi furtivo munere malum
> Procurrit casto virginis e gremio,
> Quod miserae oblitae molli sub veste locatum,
> Dum adventu matris posilit, excutitur,
> Atque illud prono præceps agitur decursu ;
> Huic manat tristi conscius ore rubor
>
> [Ainsi une pomme, don furtif de son amant, tombe du chaste sein d'une jeune fille. La malheureuse a oublié qu'elle l'a cachée sous son souple vêtement, et quand, à l'arrivée de sa mère, elle se lève, la pomme tombe et roule à ses pieds. La rougeur qui couvre subitement son visage troublé révèle sa faute] (III : 5 : 897).

Starobinski a déjà attiré l'attention sur la coïncidence de l'objet échappé du sein de la jeune fille dans cette scène que n'aurait pas reniée Greuze, et du commentaire montaignien, « [b] *eschappé d'un flux de caquet, flux impétueux et par fois nuisible* », comme l'amour même (III : 5 : 897)[148]. Le fantasme d'une libération dans le mariage de l'anecdote et du discours critique — du « [b] commentaire » — doit, certes, retenir l'attention, mais le thème de la fin du chapitre ne saurait faire de doute. C'est vers l'indifférentiation des sexes qu'on va. Montaigne, reprenant son texte de 1588, fait allusion à la *République* de Platon, et cite Antisthène, qui « [c] ostoit toute distinction entre leur vertu et la nostre » (III : 5 : 897)), pour appuyer enfin la conclusion originale : « [b] les masles et les femelles sont jettez au mesme moule » (*ibid.*). Aussi bien le fantasme de la jeunesse n'est pas surprenant chez un homme qui craint l'impuissance (« [c] un grand feu de paille, sans force, dont toute la fureur reste vaine » (897)), comme d'ailleurs l'effort pour réduire le cours de l'amour (« [b] Plus courte possession nous luy donnons sur nostre vie, mieux nous en valons » (III : 5 : 896)). Mais dans ce retour à la simplicité, il y a aussi la stratégie d'un conquistador réformé. Montaigne qui n'hésite pas à se vanter de ses bonnes fortunes, admet bien volontiers que la domination du corps ne garantit point celle de l'âme : « [a] suffit qu'elles disent nenny en le faisant, suivant la reigle du bon Maro » (II : 3 : 357), et que, dans cette dénégation d'apparence, la femme emporte avec elle le secret

148. Jean Starobinski, *op. cit.*, p. 255.

de sa vitalité et de son désir. A présent donc qu'il doute de ses propres forces, il se prend à rêver à une constitution de femme qui, sans rien faire, est plus conquérante et virile que le plus amoureux des hommes : « [c] il n'y a poinct de faire plus espineux qu'est ce non faire, n'y plus actif » (III : 5 : 861). Plus loin, il se compare à Quartilla, qui « n'avoit point memoire de son fillage » (III : 13 : 1087). Or la sorcière du *Satiricon* est non seulement le prototype de la mangeuse d'homme, elle est aussi celle qui, depuis si longtemps rompue aux charmes de l'amour, ne se souvient d'avoir jamais été fille d'homme, enfant impubère, mais qui redonne à ses amants la puissance, et reste un des emblèmes du roman[149]. A ce niveau, la femme offre donc l'espoir d'une puissance garantie et sauve. Mais, à un autre niveau, c'est le fantasme de la substition des sexes qui stimule Montaigne dans sa recherche de soi, car il y a entre son *je* d'écrivain et son *moi* de spectateur la même relation qui existe entre l'image désirée de la femme, telle qu'elle peut être communiquée par la figuration de l'écriture ou du portrait, et l'essence de la femme, telle qu'elle reste toujours au-delà d'une description mouvante. Or, pour connaître cette femme, il faut d'abord la dénuder. Montaigne, on l'a vu, se targue souvent de son fantasme d'une femme nue, dont le corps trop familier ne le tenterait plus. Malheureusement, les femmes ne sont perçues qu'habillées, *et c'est donc dans la problématique de ce couvrir qu'il doit chercher une association, encore bien confuse, avec son modèle féminin. Pourquoi Poppée se voile-t-elle ?*

149. Dans le *Satiricon* (XXV), Quartilla, qui règle les débauches d'Ascylte et de Giton, joue aussi le rôle de mère salace, puisqu'elle fait dépuceler en grande fanfare la jeune Pannychis. La problématique de l'initiation sexuelle recoupe celle de la différence sexuelle et générationnelle : « Bon ! dit Quartilla, est-elle plus jeune que je n'étais quand j'ai subi l'homme pour la première fois ! Que Junon me poursuive de sa colère si je me souviens d'avoir jamais été vierge ! Toute petite, je me dévergondais avec des marmots de mon âge, et à mesure que les années s'ajoutaient, je me suis mesurée avec de plus grands garçons, jusqu'à l'âge où vous me voyez parvenue. C'est même de là, sans doute, qu'est venu le proverbe : « Qui l'a bien porté veau peut le porter taureau » (Pétrone, *Satiricon*, 25, tr. Alfred Ernout, Paris (Les Belles-Lettres), 1923, p. 22).

II. LE VOILE DE POPPÉE

1. Portraits simulacres

Dans une de ces citations moins fréquentes dans lesquelles Montaigne discute non pas la forme, mais la théorie de la peinture, il dit : « [c] Pourquoy inventa Poppaea de masquer les beautez de son visage, que pour les rencherir à mes amans ? » (II : 15 : 614 : « Que nostre désir s'accroit par la malaisance »). Montaigne nous donne l'exemple de Poppée comme preuve du fait que la psyché humaine fonctionne en répondant aux interdits et aux défenses qu'elle a elle-même mis en place. Elle cherche moins à appréhender la réalité qu'elle trouve sur son chemin, que la fiction qu'elle peut se représenter à elle-même et dont elle peut jouir. Elle désire ce qu'elle ne peut avoir en prenant un immense plaisir aux marques de cette fiction : « [a] Nostre appetit mesprise et outrepasse ce qui luy est en main, pour courir apres qu'il n'a pas » (III : 5 : 614). Cherchant à résoudre la contradiction entre ce qui est offert et ce qui est dérobé dans le portrait de Poppée, Montaigne poursuit son propos en nous disant que le désir du fictif est si tyrannique que même ces choses que les femmes ou les hommes sont sûrs d'avoir, ils les cachent pour pouvoir encore mieux désirer :

> [a] Pourquoy a l'on voylé jusques au dessoubs des talons ces beautez que chacune désire montrer, que chacun désire voir ? (II : 15 : 614).

Voyons maintenant les portraits contemporains des *Essais*. Parmi les plus intéressants se trouvent, on le sait, les portraits à

la craie. Mais laissons de côté ces portraits à la craie pour nous
attacher à un groupe de portraits à l'huile unis par un même
emblème : l'emblème du nu voilé, et je tâcherai de montrer que
ces portraits voilés révèlent, paradoxalement dénudent, une problématique fondamentale de l'autoportrait en littérature. La déno-
tation par un artiste du caractère artificiel de son œuvre et la référence, à l'intérieur du tableau, à cet artifice, n'est pas sans exemple, comme l'ont montré les Panofskys lors de leur inventaire de
la galerie François Ier à Fontainebleau[150]. Là, François Ier apparaît chaque fois comme un héros ou un dieu du panthéon gréco-
romain, dans des peintures qui chantent les perfections du règne.
Mais, dans le contexte que je m'efforce d'esquisser, ce type de référence ne m'intéresse qu'à moitié, puisqu'il s'adresse en fin de
compte au spectateur, lui faisant prendre conscience d'une tradition, qu'il lui impose de mettre en question. Prenons un autre type
de portrait, où la peinture est marquée par des signes qui font que
le spectateur sait qu'il est en présence, *moins d'une imitation véridique que d'un simulacre*. Trois peintures de cet ordre, ainsi qu'une
figure isolée dans un portrait de groupe à Fontainebleau, sont particulièrement significatives. La première de ces peintures est le portrait de Poppée (pl. 7 : « Sabina Poppea »), qui date de 1570 environ — quelques dix ans donc avant la publication des deux premiers livres des *Essais,* et qui se trouve maintenant au musée d'art
et d'histoire de Genève, où c'est probablement la première fois que
Starobinski, genevois, l'aura remarquée, avant d'écrire son texte
sur le « voile de Poppée » en préface à l'*Œil vivant*[151]. Le deuxième
tableau est tout à fait similaire, si ce n'est qu'il met en scène une
Poppée plus moderne, selon le contexte maniériste de l'époque. Il
s'agit du portrait sous-titré « Dame à sa toilette », par un membre
anonyme de la deuxième école de Fontainebleau, et daté entre 1560
et 1590 (pl. 8)[152]. Ce tableau se trouve maintenant au Musée des
Beaux Arts de Dijon, et nous en avons d'ailleurs deux autres versions, à Worcester et à Bâle. Il existe aussi une version antérieure,
non voilée, dite « The Lady at her Bath » de François Clouet, qui

150. Loc. cit.

151. Jean Starobinski, *L'Œil vivant,* Paris (Gallimard), 1961. La source de
Montaigne est Tacite dans les *Annales,* XIII : 45.

152. Le peintre est anonyme, mais le sujet est classique à l'époque. Voir note 157.

se trouve à la National Gallery (pl. 9). Le troisième tableau est une
peinture anonyme de 1580, qui se trouve maintenant au musée de
Rennes, « La femme entre deux âges », qui met en valeur toute
la symbolique du procès de voilement (pl. 10). Il existe une autre
version appartenant au duc d'Elgin, où l'on peut voir la même
femme que dans le portrait rennois, mais habillée cette fois, dans
un contexte où l'implication satirique est encore plus développée
qu'à Rennes. Dans les deux versions, celle de Rennes et celle d'Elgin,
deux hommes, l'un jeune et pétulant, l'autre, vieux et trébuchant,
semblent marchander le prix d'une éblouissante et perverse jeune
femme s'offrant aux yeux du spectateur dans une pose suggestive.
Enfin, la figure singulière à laquelle je fais référence dans une figure
de groupe, apparaît en détail dans la fresque de Niccolo
dell'Abbate : « La continence de Scipion », qui date des années
1560, et qui se trouve maintenant au Louvre (pl. 11).

Quelque différent que soit le thème spécifique de chacun de
ces tableaux, ils mettent tous en valeur un usage particulier et remarquable du voile sur un corps nu, et, ce qui est tout à fait pertinent
à notre discussion des relations entre portrait littéraire et portrait
pictural, tous ces tableaux sont plus ou moins contemporains de
l'écriture ou de la publication des *Essais* (1580-1588). Du fait de
l'usage généralisé du voile dans le portrait de l'époque, on ne saurait dire si le thème du voile est une création originelle de l'école
de Fontainebleau, ou bien s'il s'agit d'un sous-produit de tendan-
ces inavouées et qui trouvent leur expression confuse dans le
domaine de la peinture et des arts plastiques (Lucas Cranach :
« Vénus au voile » au Staedelches Kunstinstituet de Francfort :
pl. 12). Avec la construction de l'Appartement des Bains à Fontainebleau, et la fascination croissante pour le corps humain, le désir
aussi de délices et de gâteries qui nous sont si bien rapportées par
Brantome, il n'est pas surprenant que le nu féminin ait été révélé,
déployé, dans un contexte esthétique et érotique[153]. On a remarqué surtout, dans des tableaux apparentés à ceux que je montre
ici, excepté justement qu'ils ne sont *pas* voilés, une sémiotique du
toucher, dont la plus fameuse est, sans contexte, celle qui articule

153. Brantome, « Sur le sujet qui contente le plus en amours, ou le toucher,
ou la veue, ou la parole », Deuxième discours, *Les dames galantes,* édition Henri
Bouchot, Paris (Flammarion), n.d., I, pp. 329-354.

Gabrielle d'Estrée et la duchesse de Villars au bain, tableau du Louvre, daté de 1594 (pl. 13). Cette sémiotique du toucher n'est peut-
être pas sans rapport avec le développement d'une problématique
de la pose dans le cadre même du portrait que j'évoque ici : les
gestes du modèle doivent-ils être bénins ou au contraire figés par
le secret d'une communication, d'un rituel ? Le thème du bain de
lait, du bain à deux, marque aussi l'importance d'une peinture
depuis Michel Ange occupée de la chair, mais pour qui le corps
symbolise maintenant moins qu'une libération des sens : une fron-
tière, une limite de la représentation.

Or, là-dessus, encore une fois, les critiques n'ont rien à dire.
Dans son livre sur Fontainebleau, par exemple, Béguin suggère que
le voile n'est rien d'autre qu'une imitation des drapés « mouillés »
qui collent aux statues de l'art hellénistique[154]. C'est expliquer une
mode par l'autre. Cependant, il y a plus à dire sur le voile qu'à
simplement rapporter les caprices de la mode. A peindre un voile,
le peintre veut d'abord mettre en arrêt le regard du spectateur. Il
peut obtenir son résultat en peignant d'un style provocateur, presque garce, si le personnage dépeint est, comme la Sabina Poppaea,
en train de fixer le spectateur. Remarquons son fin regard moqueur
dans le style de la Joconde. Sa joue gauche est légèrement retrous-
sée et son regard quelque peu amusé — ou bien s'agirait-il de pure
moquerie ? Mais le peintre peut aussi peindre des tons mineurs,
plus subtils, même suggérer la modestie et la pudeur, comme dans
le tableau de dell'Abbate. Dans les deux cas, néanmoins, le voile
suggère un essai peu fructueux pour dissimuler ce qu'il s'agit avant
tout de déployer (Poppée) ou de cacher (Scipion). En outre, le voile,
qui tant cherche à couvrir le corps, suggère aussi que le corps, tout
en demeurant parfaitement visible, n'est accessible qu'à distance,
et seulement à certaines conditions. La première de ces conditions
est qu'il y ait un certain mystère dans la représentation du personnage. Comme le démontrent parfaitement le tableau de Dijon, et
celui de la National Gallery, le regard de la dame passe par-dessus
le spectateur, mais c'est aussi pour être reproduit dans le miroir
maniériste que soutiennent les deux Caryatides sur la table de toilette : la représentation piège le spectateur en suggérant que l'acte

154. Sylvie Béguin, *L'école de Fontainebleau : le maniérisme à la cour de
France*, Paris (Gonthier-Seghers), 1960, p. 107.

de regarder est partie intégrale du message du tableau, et qu'il pouvait rivaliser avec le modèle sur la toile, en regardant son regard, je veux dire, celui de la dame, se profiler loin de lui, je veux dire, du spectateur. Ce qui est particulièrement érotique dans cette configuration est que le spectateur n'ait plus la permission, ou le droit, ou le devoir, de prendre le tableau pour ce qu'il est, en même temps qu'il doit continuer de regarder le regard de la dame, et se demander ce que se regarder veut dire *pour les autres*. En d'autres termes, la dame à sa toilette est en train de nous dire : « Regardez ce que je fais, mais pour comprendre ce que veut vraiment dire ce tableau, vous devez regardez comment je me regarde ». Tandis que Poppée, moqueuse derrière l'entablement qui la désigne, se joue du spectateur qui pense pouvoir la maîtriser de son propre regard, tandis que la femme entre deux âges est prise en flagrant délit de donner congé à son vieil admirateur, la dame à sa toilette, regardée par son miroir, et la jeune femme du Scipion de dell'Abbate, captive du regard de Scipion, cependant que les deux vieillards aux pieds de Scipion regardent Scipion qui regarde la princesse, paraissent désirer plus : que nous nous mettions à leur place. Dans le tableau de dell'Abbate, la jeune princesse carthaginoise que Scipion l'Africain vient de capturer reste captive du regard de son conquérant, cependant que deux vieillards aux pieds de Scipion regardent Scipion qui regarde la princesse (pl. 14). Cette voie détournée, qui suit les méandres du regard dans ces différents tableaux, indique la difficulté de faire en sorte qu'un tableau exprime plus qu'une simple peinture, et suggère que le fond du problème est ailleurs : comment domestiquer l'autre dans le tableau, ce qui reste chez Montaigne la part monstrueuse de son portrait ? Autrement, pourquoi passer tant de temps et donner tant d'efforts à couvrir un corps nu avec un voile transparent ?

Répondre à cette question, c'est reconnaître d'abord que toute image est médiée, qu'il ne saurait y avoir aucun contact direct avec un objet des sens, et que toute médiation implique aussi un divorce entre le champ d'une réalité non construite et celui d'une représentation, elle, construite. Pour les peintres de ces nus voilés, la question n'est pas tant de savoir s'il est permis d'exciter le spectateur, mais s'il existe une représentation qui, en invitant le spectateur à entrer dans le secret, l'intimité du tableau, ne l'excite pas. Les critiques parlent toujours du contenu érotique des portraits de

Fontainebleau, comme si le plus important, c'était que l'école de
Fontainebleau ait suivi les traces de Michel Ange, en rendant possible la représentation du nu, même dans les endroits les plus con-
sacrés : je pense à la Sixtine. Cependant, l'argument selon lequel
la peinture française de la Renaissance a un contenu érotique est
généralement développé dans le même contexte dans lequel on peut
aussi noter que les figures de dell'Abbate et de ses successeurs sont
allongées, que les scènes décrites sont d'habitude symboliques, et
que le fond de l'art du seizième est essentiellement allégorique —
comme paraissent si bien le prouver les tableaux de Caron et de
Cousin le jeune[155]. Comment alors continuer à parler d'un contenu
érotique des peintures : comment est-ce qu'un tableau peut être à
la fois érotique et allégorique, plat et voluptueux ? — On peut suivre Anthony Blunt et répondre à la question en disant que la topique *non*-mythologique commence à proliférer dans la deuxième partie du seizième siècle, et que cette topique non-mythologique permet de faire entrer le spectateur dans le cercle d'une représentation au jour-le-jour : la scène du quotidien et des moralités de la
commedia dell'arte. L'ambiguïté qui existerait entre sensualité et
allégorie dans la commedia dell'arte est seulement un des symptô-
mes de la transformation des modes de représentation en Europe
à l'époque, en même temps qu'elle indique qu'avec le développement potentiel d'un théâtre nouveau, l'embrayage de la poésie et
de l'épopée sur la scène laisse des traces dans la peinture. Dans le
mélange d'allégorie et de vie quotidienne, les personnages sont
maintenant réalistes d'une nouvelle manière. Pour dire les choses
plus simplement, toute la structure de la représentation réside en
ceci qu'elle cherche à créer un désir de quelque chose qui est seulement une image, et dont le voile peut au mieux décrire le statut
illusoire. Représentation d'une fiction, elle invite, en même temps
qu'elle nous force, à prendre note du désir même qu'elle exacerbe.
Cette interrogation sur le but fondamental de la représentation traverse la plupart du portrait au seizième siècle. Parce qu'ils travail-
lent un visage, au lieu de s'attacher à une scène historique ou mythologique, les peintres de l'époque découpent un récit gelé, qu'ils doivent animer dans les limites d'un corps non entièrement représenté,
souvent dans le cadre d'un seul visage d'homme ou de femme. Dans

155. Sylvie Béguin, *op. cit.*, pp. 106-7.

quelques-uns des portraits qui nous restent, le voile est aussi partie d'un système plus large, grâce auquel l'attention du spectateur, séduite par une vue partielle du corps, est immédiatement reportée vers un arrière-plan rempli d'objets et de gestes symboliques. La dame à sa toilette nous renvoie à son miroir, la femme entre les deux âges, en enlevant ou en rendant au vieillard ses lunettes, célèbre le rite du regard, et Poppée nous demande si nous avons bien lu son nom sur l'entablement. Dans ce contexte, le voile paraît un signal donné aux spectateurs qu'une production scénique est en train de se développer — excepté qu'ici le modèle ne pose pas pour le portrait, ni, comme c'est le cas pour Montaigne, pour le plus grand bien des membres de sa famille, de ses amis, tous ceux qui peuvent encore, quand il n'est plus de ce monde, comparer le portrait que leur donne le peintre, au visage qu'ils ont connu. Et, pourtant, tirer de nos débats sur la peinture quelque chose qui concerne aussi l'écriture de Montaigne n'est point hors de propos, si nous nous rappelons que Montaigne nous peint son portrait en nous renvoyant au portrait d'autres personnes, dans ses livres, dans son passé civique ou privé. D'un côté, Montaigne veut se peindre, il veut laisser à sa famille, ses amis une série de portraits à la manière des Clouets. Et d'un autre côté, il sait bien que, de même que l'artiste peignant Poppée fait appel à notre désir en la gardant voilée, il doit lui aussi, Montaigne, pour continuer à nous intéresser nous lecteurs, fictionnaliser, voiler son image. Il laisse à d'autres la possibilité d'un nu complet : « [a] Que si j'eusse esté entre ces nations [...] » (« Avis au lecteur », p. 3). La vérité, c'est qu'au même moment où les *Essais* veulent nous donner une image fidèle de leur auteur, l'écrivain, pris dans son écriture, est tout aussi intéressé par les obstacles qui parsèment son itinéraire de fidèle traduction que par la traduction elle-même. Montaigne est fasciné par le concept du superflu, du dessin qui remplit les espaces vides. Cet espace vide, ce « [a] vuide » (I : 28 : 183) au centre de son tableau, il n'a aucune intention de le dissimuler :

> [a] Quoy qu'il en soit, veux-je dire, et quelles que soyent ces inepties, je n'ay pas deliberé de les cacher, non plus qu'un mien pourtraict chauve et grisonnant, où le peintre auroit mis, non un visage parfaict, mais le mien (I : 26 : 148).

Les vides, les *inepties* qui décorent son portrait lui rappellent que son portrait n'est pas parfait, précisément parce que lui-même n'est pas parfait : il est vieux, grisonnant, sinon chauve, et son visage est loin d'avoir une beauté classique. Or l'ineptie n'est pas vraiment une fausseté, ce n'est pas non plus quelque chose qui ruine ou dépare les grands traits du visage. C'est essentiellement quelque chose sans contexte. Ce n'est rien en soi. C'est une décoration.

2. Une écriture maniériste

Dans le cadre de la décoration classique, le motif du voile de Poppée n'est qu'un signe, mais un signe tout particulier. Il nous renvoie à l'objet qu'il désigne : il prend tout son sens en la présence de l'objet qu'il voile. Mais, précisément parce que le voile ne couvre pas vraiment, mais indique ce qu'il recouvre, il est aussi plus qu'un indice : partie même de l'objet qu'il masque et dont il modifie la perception, la signification. Une Poppée souriante semble s'amuser de toutes ces contradictions. Entre le voile en tant que pure décoration, et le voile en tant que vêtement, son sourire semble nous dire qu'elle préfère nous laisser le choix. Le gros de la critique maniériste a été mis en rapport avec la notion d'imitation réaliste, comme si un des grands exploits du maniérisme avait été de faire concurrence à la réalité et de rendre l'art plus réel[156]. Mais, en fait, une des fonctions les plus révolutionnaires du maniérisme a été de suggérer que, bien qu'une imitation complète soit toujours impossible, l'art peut tout à fait devenir un substitut pour la vie elle-même, dans la mesure où les formes artistiques deviennent symboliques de quelque chose qu'elles peuvent suggérer, mais non pas représenter. A produire des objets artificiels, tout en exposant l'artifice du procédé, l'art a pour fonction de suggérer l'original en déployant et en jouant avec l'original. Car c'est seulement la trace de l'original qui est visible, comme est visible le voile. Dans le creux de cette contradiction, le désir se love, qui cherche pour toujours à récupérer ce qui ne peut jamais être récupéré.

Comme dit Montaigne dans l'« Apologie de Raymond Sebond » :

> [a] Or qui voudroit toutesfois juger par les apparences : si c'est par toutes, il est impossible, car elles s'entr'empeschent par leurs con-

156. John Shearman (*Mannerism,* Londres (Penguin), 1967).

*trarietez et discrepances, comme nous voyons par experience ; sera
ce qu'aucunes apparences choisies reglent les autres ? Il faudra veri-
fier cette choisie par une autre choisie, la seconde par la tierce ; et
ainsi ce ne sera jamais faict* (II : 12 : 601).

Il sait que l'argument de l'original et de la copie est de toutes
façons spécieux, puisqu'une imitation parfaite, qui aurait remplacé
l'original ne ferait que poser la question du naturel et de l'originel
(« [a] tout ainsi comme, qui ne cognoit pas Socrates, voyant son
pourtraict, ne peut dire qu'il luy ressemble » (II : 12 : 601)), et ainsi
il préfère s'expliquer lui-même en termes de moi et les autres (« [a]
et les sens ne comprennent pas le subject estranger, ains seulement
leur propre passion » (*ibid.*)). Par le procès d'imitation, l'art invite
le spectateur à défouler son imagination en le séduisant, là où, cherchant un modèle, il ne trouve pourtant que sa propre image, presque un *crotesque*. Rappelons-nous le cadre poppéen de notre recherche, et nous dirons qu'en corrigeant et en ajoutant, Montaigne voile
et dévoile deux couches de texte de la même façon que les portraitistes de son temps voilent la nudité de leur modèle, pour mieux
attirer l'attention sur le modèle lui-même ou elle-même. Ce détour
du modèle à l'image, l'installation d'un emblème au-delà des mots,
dont la fonction est d'indiquer, de mettre en perspective la spécificité du moi en cours de représentation, ce détour qui vise, non pas
le référent, mais sa substance au cœur de l'image, place la femme
au centre de la conjoncture réflexive de l'époque. On sait
aujourd'hui que la « Sabina Poppaea » du musée de Genève n'est
qu'une des plus belles versions d'un tableau de genre qui fit fortune à l'époque, comme l'attestent les nombreuses mentions de
dames ou *courtisanes* romaines dans les inventaires[157]. En littérature, le thème du voile, qui obsède Montaigne, est partie d'une thématique plus large des rêts de l'Amour[158]. Bien plus intéressant est
le fantasme qu'on trouve chez certains poètes d'une proxémique
extraordinaire qui mettrait fin à tout jeu de distance. Mais dans
cette image impossible d'un corps-à-corps parfait, l'admirable
poème de Louise Labé propose, dans la perspective renversée
d'amante à amant (et parce que voile et voilement sont des opéra-

157. F. Gebelin, *Le style Renaissance,* Paris (Larousse), 1943, pp. 93-4.

158. Ronsard, « L'amour oiseau », « Ode », in *Nouvelle continuation des
Amours,* in *Œuvres complètes,* VII, édition Laumonier, Paris (Droz), 1934,
pp. 259-60.

tions exclusives par lesquelles le sujet mâle se réserve de manipuler l'objet femelle de son désir), à la place du voile, une autre topique très goûtée, celle de l'enveloppement et enlacement de l'objet aimé :

> *Oh si j'estois en ce beau sein ravie*
> *De celui là pour lequel vois mourant :*
> *Si avec lui vivre le demeurant*
> *De mes cours jours ne m'empeschoit envie :*
>
> *Si m'accollant me disoit, chere Amie,*
> *Contentons nous l'un l'autre s'asseurant*
> *Que ja tempeste, Euripe, ne Courant*
> *Ne nous pourra desjoindre en notre vie :*
>
> *Si de mes bras le tenant acollé,*
> *Comme du Lierre est l'arbre encercelé,*
> *La mort venoit, de mon aise envieuse :*
>
> *Lors que souef plus il me baiseroit,*
> *Et mon esprit sur ses levres fuiroit,*
> *Bien je mourrois, plus que vivante, heureuse*[159].

L'emblématique du voile a un grand succès en peinture parce qu'elle permet justement de concilier deux grandes exigences de l'art courtois et d'apparat du seizième : faire baigner la représentation dans un contexte plus large que la simple figuration des personnes, et en même temps, isoler dans cette ambiance grandiose et fantasmatique de la mythologie ou de l'allégorie, le support, le détail qui révèle le caractère. La peinture suggère un travail de la représentation dont les aboutissants politiques restent encore à explorer, mais dont les effets se sont, certes, fait sentir chez Montaigne. D'un côté, prise comme objet d'enjouement, la femme est l'objet des attentions de l'homme, qui ne cesse de la prendre au piège des voiles dont il la couvre, et la découvre. Mais, d'autre part, cette femme est aussi représentée à l'époque — Montaigne le sait bien — par un groupe de femmes écrivains, au premier rang duquel se trouve Marguerite de Navarre, et qui cherche à corriger l'image de la Femme dans l'écriture masculine.

Dès l'« Avis au lecteur », Montaigne décrète que la destinée du livre dépend essentiellement du type public qu'il sera à même d'intéresser. S'il s'agit seulement des membres de la famille, alors on peut assumer que les *Essais* jouent le même rôle en littérature

159. Louise Labé, *Sonnets,* XIII, in *Œuvres complètes,* édition critique de Enzo Giudizi, Genève (Droz), 1981, n.p.

que les portraits dans la peinture du milieu du seizième siècle. Mais si tel n'est pas le cas, c'est alors la postérité qui est concernée, et alors ces autres lecteurs du futur devront et voudront trouver dans le livre d'autres nourritures que celles qui avaient suffi à Montaigne. C'est à cette brèche, cette différence, que Montaigne se réfère quand i! suggère une distance irrévocable entre écrire et lire, maintenant l'occasion d'une nouvelle relation, plus objective, et mercantile, entre producteur et consommateur de mémoire :

> [c] J'adjouste, mais je ne corrige pas. Premierement, par ce que celuy qui a **hypothecqué** au monde son ouvrage, je trouve apparence qu'il n'y aye plus de **droict**. Qu'il die, s'il peut, mieux ailleur, et ne corrompe la besogne qu'il a **vende**. De telles gens il ne faudroit rien acheter qu'apres leur mort. Qu'ils y pensent bien avant que de se produire. Qui les haste ? Mon livre est tousjours un. Sauf qu'à mesure qu'on se met à le renouveller, afin que l'**acheteur** ne s'en aille les mains du tout vuides, je me donne loy d'y attacher (comme ce n'est qu'une marqueterie mal jointe), quelque embleme **supernumeraire**. Ce ne sont que **surpoids**, qui ne condamnent point la premiere forme, mais donnent quelque pris particulier à chacune des suivantes par une subtilité ambitieuse. De là toutesfois adviendra facilement qu'il s'y mesle quelque transposition de chronologie, mes contes prenans place selon leur opportunité, non tousjours selon leur aage (III : 9 : 963-4).

Cette citation développe deux idées parallèles. D'un côté, elle débat des rapports entre l'œuvre d'art (« [c] ma peinture »), en tant que produit fini (« [c] produire »), et le temps requis pour cette production : la « [c] chronologie ». D'un autre côté, elle prouve que, pour Montaigne, la finitude de son œuvre, sa totalité dépend essentiellement de son destin public : de sa réception. D'où les multiples références, que j'ai soulignées, au contexte légal ou mercantile de la Renaissance par quoi l'artiste est sommé de donner une œuvre finie à un public impatient d'acheter, ou simplement de consommer. Et, dans la mesure où ils ont en effet remarqué l'importance qu'il fallait attacher à une relation mercantile entre producteur et consommateur, les critiques ont bien montré l'importance d'un nouveau marché pour lequel les artistes doivent dès cette époque se faire concurrence[160]. Mais, ce qui est nouveau chez Montai-

---

160. Tom Conley, « Cataparalysis », *Diacritics,* 8-3 (1978), pp. 41-59 ; Christopher Smith, « Montaigne and Money », in *Montaigne and his Age,* textes réunis par K. Cameron, Exeter (University of Exeter Press), 1981, pp. 147-157. G. Nakam,

gne, c'est la prise de conscience du fait que ces nouveaux rapports
sont directement inscrits dans l'œuvre, et qu'ils doivent nécessai-
rement marquer les limites et les étapes de son développement. C'est
comme si, en écrivant sur lui-même, l'auteur des *Essais* avait découvert la relation forcément aporétique qui le lie à ses lecteurs. D'un
côté, Montaigne craint de laisser une œuvre imparfaite à la postérité, et de l'autre, le temps qu'il prend à essayer de la terminer,
cette œuvre, ne l'amène pas plus près de la fin, mais le lance plutôt
dans une foule de digressions et de détails. Dans les deux cas, donc,
il se sent débiteur du public. Que faire ? Il décide alors que la seule
façon de satisfaire cette double exigence et produire une œuvre complète, mais en même temps une image de soi qui reste en développement, organique et labile, c'est de se donner à l'ornementation.
D'un côté, la perspective dans laquelle il travaille est une perspective inchoative, celle que procure un chantier dans lequel l'œuvre
se trouve constamment réajustée, et le sens des textes déjà écrits,
réévalué. D'un autre côté, Montaigne cherche aussi à séduire son
lecteur par une perspective, dans laquelle le produit du moment,
l'addition à un texte déjà existant constitue plus qu'un simple développement : un objet, une œuvre en soi. En agissant comme si ses
additions étaient seulement un ornement, il respecte le contrat qui
le lie à son public. Il y inscrit quelque chose qui est plus qu'un simple objet : la promesse d'une clôture idéale et d'une œuvre parfaite — en même temps que cet objet même, une phrase, un texte
du moment qui ressort à l'instant du corpus des années. Il se procure aussi la satisfaction de pouvoir contempler quelque chose au-
delà mêmes des limites déjà établies, tout en continuant de le placer dans une perspective où le public peut croire, ou feindre de croire
que l'œuvre sera un jour finie. A ce public, il donne donc ses additions, comme s'il s'agissait d'ornements, tout comme Poppée fait

« Le profit (l'argent) », *Les Essais de Montaigne [...], op. cit.*, pp. 27-74. La symbolique de la dette et de la finance font partie de la topique du seizième. Son expression la plus claire et la plus spécifique se trouve chez le Panurge de Rabelais, qui
disserte sur le mariage en termes de crédit et de dette (*Le Tiers livre*, chapitres III-V
op. cit., pp. 36-57). Voir aussi, dans Calvin (*Institution de la religion chrétienne*,
chapitre III, « De la loy », texte établi et présenté par Jacques Pannier, Paris (Les
Belles-Lettres), 1961, vol. 1, pp. 197-213) : si le Christ a aboli la dette de l'Ancienne
loi par le rachat de son sang, la vie sociale s'établit en termes de dettes. Seul Dieu
n'est pas comptable.

bénéficier ses admirateurs du supplément de représentation, on pourrait presque dire : de crédit, que lui donne son voile.

La conséquence de ce subterfuge, c'est que Montaigne peut ainsi satisfaire ses lecteurs, mais sans leur donner la réalité d'une œuvre finie, polie, reflétant une réalité idéale. Parce que sa propre œuvre est bien en développement dans le sens le plus organique, c'est-à-dire que la clôture de l'œuvre est fonction de l'écrivain satisfait de l'image qu'il est parvenu à y projeter, Montaigne maintient l'intérêt de ses lecteurs, non pas en avançant une intrigue vers un dénouement, une catastrophe narrative, mais en leur faisant désirer le moment de son écriture comme quelque chose située en dehors de toute clôture narrative possible. L'addition peut ainsi être lue comme ornement, qui défléchit le désir de clôture vers la perception d'un objet partiel, d'un passage des *Essais* tout seul, tout en continuant à refléter dans ce passage le contexte du texte entier dans lequel il est enchâssé. Suscitant le désir éternellement frustré d'une œuvre, Montaigne garde la conscience tranquille, et peut se dire qu'il a produit quelque chose d'unique, de consommable : « [c] Mon livre est toujours un » (III : 9 : 964). Quittant le cadre purement poppéen de notre étude pour passer au cadre plus large du maniérisme en général, nous dirons que, cherchant à se libérer des limites d'une culture classique dont ils sentent qu'elle réduit leurs images à des clichés, l'écrivain, le peintre sont contraints de méditer sur l'artifice de leur plume, de leur palette. En insistant sur la transparence, la neutralité de leur décoration, de leurs exemples, ils attirent l'attention sur la clôture d'un monde, dont ils sont bien près de sentir qu'elle les exclut. Le meilleur des amis, la plus belle femme sont aussi difficiles à peindre que soi-même. Or, dans la recherche d'une figure de la femme comme autre, et symbole de sa propre recherche, Montaigne devait faire la part de deux héritages. D'un côté, il a tiré parti de la perspective offerte par les écrivains féminins, au premier rang desquels se trouve Marguerite de Navarre ; de l'autre, il nous transmet les restes d'un héritage platonicien et courtois dans les galanteries des poètes et des moralistes du seizième siècle, et à cette tâche il reçoit l'aide symbolique de sa *fille d'alliance,* Marie de Gournay, à qui on doit l'édition posthume des *Essais.*

III. L'HÉRITAGE DE MARGUERITE ET LEGS A MARIE

1. Essai du mariage

Montaigne mentionne Marguerite plus d'une fois dans les *Essais*. La référence la plus longue, quoique confirmant cette opinion (« [a] un gentil livre »), est cependant faite dans le contexte des relations amoureuses. Montaigne y saisit l'occasion de présenter une thèse paradoxale, mais qui ne doit pas étonner quand on a compris la nécessité du jeu poppéen : si proche, mais si lointaine, la proximité du corps de la femme nue lui impose de *gourmander* la volupté :

> [a] *Je ne prens pour miracle, comme faict la Royne de Navarre en l'un des contes de son HEPTAMERON (qui est un gentil livre pour son estoffe), ny pour chose d'extreme difficulté, de passer des nuicts entieres, en toute commodité et liberté, avec une maistresse de long temps desirée, maintenant la foy qu'on luy aura engagée de se contenter des baisers et simples attouchemens. Je croy que l'exemple de la chasse y seroit plus propre par où nostre raison estonnée perd le loisir de se preparer et bander à l'encontre, lors qu'apres une longue queste la beste vient en sursaut à se presenter en lieu où, à l'adventure, nous l'esperions le moins* (II : 11 : 430).

Mais limiter l'influence de Marguerite en en faisant seulement une source de référence des *Essais* serait méconnaître l'importance de l'œuvre de la reine de Navarre à l'époque. Dès la parution de l'*Heptaméron,* c'est à la succession de Boccace que le public fait appel. Les anecdotes sur les prêtres égrillards, sur les femmes qui

trompent leurs maris, et, plus généralement, le ton à la fois mora-
liste et enjoué de la conversation, représentent un pur héritage boc-
cacien. Mais l'*Heptaméron,* peut-être parce qu'il est écrit par une
femme, propose aussi d'autres thèmes, et ce n'est d'ailleurs pas la
moindre des distinctions de Marguerite que, sœur du Roi de France,
elle ait pu, dans un ouvrage destiné au grand public, faire passer
dans ses contes des idées personnelles et nouvelles sur les femmes,
leurs relations aux hommes et sur la grande question du mariage.
Car, et c'est là une perspective que Montaigne ne pouvait ignorer,
à la tradition d'un monde défini à partir d'un modèle masculin (la
femme est un être frivole et dangereux, et une des fonctions du
mariage est d'en restreindre l'influence sur une société virile), se
substitue avec Marguerite une vision plus nuancée. Dans la société
mâle, la femme avait pour fonction d'assurer et la progéniture de
l'homme et la transmission de sa fortune. Mais, comme le rappelle
fort bien Montaigne, cette fonction ne lui donne aucun droit, si
ce n'est celui d'organiser son ménage :

> [b] *La plus utile et honnorable science et occupation à une femme,*
> *c'est la science du mesnage. J'en vois quelcune avare, de mesna-*
> *gere fort peu. C'est sa maistresse qualité, et qu'on doibt chercher*
> *avant tout autre, comme le seul doire qui sert à ruyner ou sauver*
> *nos maisons* (III : 9 : 975).

Pour Marguerite, le mariage n'est pas seulement une relation
par laquelle l'homme assure son pouvoir sur la femme. Il est l'institution fondamentale, et, pour en convaincre ses lecteurs, elle en
expose les clichés, que tout auteur mâle, y compris Montaigne, avait
toujours retenu à son compte. Premier cliché : la femme ne se satisfait pas d'un amour honnête et sa seule ambition, née d'un désir
qu'elle ne peut contenir, est de faire cocu son mari. Deuxième cliché, elle ne saurait, d'autre part, se commettre à un véritable
échange, comme celui que réclament les conventions d'une amitié
véritable. Sur ces deux points, Marguerite montre que les choses
ne paraissent ainsi que parce que celui qui les expose n'en a qu'une
vision myopique. Montaigne, pour qui l'écriture des *Essais* est, en
grande partie, déterminée par sa relation symbolique à l'ami défunt,
et son désir de redonner toute sa gloire au *topos* et à l'institution
de l'amitié, a pu être sensible, dans sa lecture de l'*Heptaméron* et
des poésies religieuses de Marguerite, à la tentative de la reine
de Navarre de redonner son sens à une institution tombée en

dérision. Plus d'une fois, Marguerite souligne les avantages du mariage dans une perspective qui n'est plus celle, utilitaire, de l'Église ou du pouvoir, mais dans le contexte d'une meilleure compréhension des femmes par les hommes. Cette entreprise ne devait pas passer inaperçue de la part de celui qui cherchait à donner au public la représentation d'« [c] [...] une action que nous avons mise en la franchise du silence » [l'acte sexuel] (III : 5 : 848), et qui cherchait aussi, entre mariage et *alliance,* d'abord entre homme et homme, et puis entre homme et femme, à définir les termes de toute relation à l'autre. Or dans le mariage, tel qu'il est sanctionné par la société du seizième, la question n'est pas de la fonction de l'institution, puisque celle-ci est bien établie, mais des sentiments de ceux qui y sont contraints.

   Bien que tributaire de son siècle, et prisonnier des clichés dont il avait voulu prouver l'*ineptie,* Montaigne n'en reste pas moins soucieux de s'*essayer,* au sens propre, de donner du poids, à une relation dont il sent par ailleurs toute la déprédation et les inconvénients — entres autres la frustration sexuelle : « [b] [...] car le mariage, que nous disons avoir charge des les empescher de bruler, leur apporte peu de refrechissement, selon nos mœurs » (III : 8 : 855). Or, pour bien comprendre en quoi l'intertexte montaignien renvoie à Marguerite, et par-delà elle, au contexte politico-religieux du seizième siècle finissant, il faut rappeler ici brièvement le dilemme qui se pose à celui qui sent le besoin d'explorer sa relation à l'autre. Par tout le Moyen Âge, et certainement jusqu'à la fin du quinzième siècle, la relation entre homme et femme est vue en termes d'*agon.* Ou bien l'homme se livre, fou d'amour : et c'est le jeune Abélard ou Lancelot, qui sont prêts à tous les sacrifices. Ou bien, la femme n'est plus la dame, mais la sorcière, ou l'héroïne venimeuse de Jean de Meung, dont l'homme ne peut que réprimer les excès. Angoissé, l'amoureux cherche alors la satisfaction d'un mariage de commande, qui, en spécifiant la place et le rôle domestique de la femme, le libère d'une sexualité qui le hante, mais qui, d'autre part, le laisse libre d'assouvir au-dehors ses désirs et ses fantasmes. Cependant, en restreignant le rôle de la femme sous l'influence de l'Église, qui, en proclamant l'idéal paulinien de la virginité, suggère que la seule fonction du mariage, hormise la procréation, est d'empêcher la fornication, l'homme du Moyen Âge finissant se prépare des lendemains pénibles. Et ce n'est pas par hasard si un des textes les plus

fameux du quinzième siècle, *Les quinze joyes du mariage,* représente l'institution bafouée, perdant sous les coups redoublés de l'ironie, le respect du public. Sur le fond de cette dénonciation du
mariage, deux mouvements se dessinent. Ou bien on continue de
dénigrer le mariage, et ce sont les hommes, comme Rabelais ou
Marot, qui proposent de pousser à sa fin la décrépitude de l'institution, en théorisant (Panurge) l'adultère ou en proposant, au contraire, une société idéale (Thélème), où hommes et femmes ne semblent contraints par aucun autre lien que celui d'une *institution* ou
d'une courtoisie renouvelées. Ou bien, on recherche un nouvel ordre
de réflexion qui, renversant la perspective masculine, cherche à faire
de la femme le centre et la source d'un nouvel humanisme. Cette
réflexion est essentiellement féminine, et elle aboutit dans deux
domaines distincts. Dans le premier, exploré par Louise Labé et
l'école lyonnaise, une nouvelle relation se définit entre homme et
femme, dans laquelle la femme veut mériter les hommages de
l'homme pour son esprit autant que pour son corps :

> *Si toutefois, pour être énamouré*
> *En autre lieu, tu as tant demeuré*
> *Si sais-je bien que t'amie nouvelle*
> *A peine aura le renom d'être telle,*
> *Soit en beauté, vertu, grâce et faconde,*
> *Comme plusieurs gens savants par le monde*
> *M'ont fait, à tort, ce crois-je, être estimée*[161].

En même temps elle réprimande l'homme de sa légèreté et de son
manque de respect. La femme, même éperdument amoureuse,
requiert une réciprocité à laquelle l'homme s'était cru jusqu'à présent seul avoir droit :

> *Or' que tu es aupres de ce rivage*
> *Du Pan cornu, peut-estre ton courage*
> *S'est embrasé d'une nouvelle flame,*
> *En me changeant pour prendre une autre Dame :*
> *Jà en oubli inconstamment est mise*
> *La loyauté que tu m'avois promise*[162].

161. Louise Labé, « Elegie » II, in *Œuvres complètes,* v. 53-59, p. 134.
162. *Ibid.,* v. 16-20, p. 133.

Il n'est pas sûr que Montaigne connaissait du tout l'œuvre des Lyonnaises. Au mieux était-il familier avec la poésie de Maurice Scève, dans laquelle la figure de la femme est sacrifiée à la rhétorique ou à la métaphysique. Dans le deuxième domaine, qui est celui de Marguerite dans l'*Heptaméron,* la relation amoureuse est fondée sur un renouvellement des engagements. Ce n'est plus seulement vis-à-vis de la société, mais surtout vis-à-vis d'eux-mêmes que les époux, voulant être honnêtes et aimés pour leur honnêteté, s'installent dans une relation à la fois égalitaire et introspective.

Or c'est cet aspect de la critique de Marguerite qui doit nous intéresser. S'il est une chose dont Montaigne se plaint, c'est d'un modèle de relation avec les femmes, dans laquelle l'homme, sommé de répondre à leurs désirs, ne peut ni jouir d'un commerce agréable avec elles, ni, obsédé par le double que sans cesse elles lui imposent (il ne les connaît pas, mais il s'occupe de restreindre leur pouvoir, sans savoir vraiment quel il est), vaquer à la tâche qu'il s'est fixé : se connaître lui-même. L'*Heptaméron* n'est pas seulement un livre de tours et de surprises, de farces de femmes légères, de maris cocus et de Cordeliers trompés comme chez Boccace ; il est aussi un compte des occasions dans lesquels les *devisants* sont invités à évaluer plus que le succès des entreprises amoureuses. Marguerite, qui s'exprime surtout par la bouche de Parlemente, et Hircan, son mari (anagramme de Henri d'Albret, son deuxième mari) sont mariés et bien mariés ; Dagoucin et Saffredent sont chacun au service de leur dame. Assurés dans leur propre vie d'un bonheur qui semble échapper aux autres, ils sont plus intéressés par les sentiments que par les actes. A un moment, Saffredent s'exclame :

Ma dame, quant noz maistresses tiennent leur ranc en chambres ou en salles, assises à leur ayse comme noz juges, nous sommes genoulx devant elles ; nous les menons dancer en craincte ; nous les servons si diligemment, que nous prevenons leurs demandes ; nous semblons estre tant crainctifs de les offenser et tant desirans de les servir, que ceulx qui nous voient ont pitié de nous, et bien souvent nous estiment plus sotz que bestes, transportez d'entendement ou transiz, et donnent la gloire à noz dames, desquelles les contenances sont tant audatieuses et les parolles tant honnestes, qu'elles se font craindre, aymer et estimer de ceulx qui n'en veoient que le dehors. Mais quant nous sommes à part, où amour seul est juge de noz contenances, nous sçavons tres bien qu'elles sont femmes et nous hom-

> *mes ; et à l'heure, le nom de* maistresse *est converty en* amye, *et le nom de serviteur en* amy[163].

Et cette déclaration représente assez bien l'esprit du livre. Toute histoire d'amour est moins l'occasion de porter un jugement que de définir les paramètres qui poussent un personnage à agir en public et en privé. A propos du fameux conte épique d'Amadour et de Floride, alors que Hircan, qui défend bien l'honneur des hommes, aurait voulu un Amadour donnant cours à tous ses désirs (il aurait dû saisir l'occasion et forcer l'amour de Floride), Saffredent suggère que le problème de l'amour est justement celui de la distinction entre public et privé, qui tant intéresse Montaigne (*Heptaméron*, I : 10). S'obligeant à vivre par des règles de courtoisie qu'ils se sont imposées, les personnages des contes de l'*Heptaméron*, sont mis en scène seuls à seuls, dans l'intimité de leurs relations, et, à ce moment là, la courtoisie, les réquisits de la société ont moins d'importance que leurs sentiments. Libérés de l'obligation de donner à voir, ils ont le loisir d'une relation plus significative et plus fine. Les hommes peuvent être appréciés par les femmes — et, vraisemblablement, les femmes, par les hommes. Mais, au lieu d'établir un strict parallèle entre les sexes, Marguerite laisse Longarine conclure à un autre niveau, plus profond.

> *[...] car, quant tout le monde me diroit femme de bien, et je sçaurois seulle le contraire, la louange augmenteroit ma honte et me rendroit en moy-mesme plus confuse ; et aussy, quand il me blasmeroit et je sentisse mon innocence, son blasme tourneroit à contentement ; car nul n'est content que de soy-mesme* (Heptaméron, I : 10 : 84).

Montaigne n'est pas si loin, qui compare honneur *public* et souci *privé* de soi. Il avoue d'ailleurs bien volontiers qu'il jouit de la compagnie des femmes — des *belles* femmes, ajoute-t-il : « [b] C'est aussi pour moy un doux commerce que celuy des [c] belles et [b] honnestes femmes » (III : 3 : 824). Et comme dans l'*Heptaméron*, où les *devisants* débattent de la différence entre théorie et pratique des relations amoureuses, c'est bien dans le sein des femmes, dans un milieu domestique, où il a un contact quotidien avec

---

163. Marguerite de Navarre, *L'Heptaméron,* éd. Michel François, Paris (Garnier), 1967, Première journée, dixième nouvelle, p. 84 (toutes références à cette édition).

sa femme et sa fille, que les *Essais* sont composés. Certes, l'image que Montaigne nous laisse des femmes nous convainc qu'il n'a aucun doute sur les défauts du sexe faible : mais son effort pour se définir en relation aux femmes de sa vie prouve qu'il les admet au moins dans le cercle de sa réflexion privée. Elles lui sont présentes, non seulement par la rumeur (les femmes n'ont qu'une envie, c'est de faire leurs maris cocus, elles en savent autant et plus que les hommes sur le sujet de l'amour), mais dans la chair même. Or, s'il parle de ses ardeurs passées, Montaigne n'en est pas moins prompt à défendre le mariage : il s'en vante : « [b] [...] et tout licencieux qu'on me tient, j'ay en vérité plus severement observé les loix de mariage que je n'avais promis ny esperé » (III : 5 : 852). Il trouve dans l'institution le double avantage d'une stabilité sociale, et d'une liberté individuelle : chacun vit de son côté comme il l'entend. Mais il loue aussi des sentiments qui y sont partagés. Ce n'est pas de l'amour : « [b] Ung bon mariage, s'il en est, refuse la compaignie et conditions de l'amour. Il tache à représenter celles de l'amitié » (III : 5 : 851). Mais le mariage, même dépourvu — et, par cet *amour,* Montaigne fait allusion plus à l'activité sexuelle qu'à la rage du *Banquet —,* vaut mieux qu'une fanfaronnade : « [b] C'est une douce société de vie, pleine de constance, de fiance et d'un nombre infiny d'utiles et solides offices et obligations mutuelles » (III : 5 : 851). Marguerite en serait tombée d'accord, elle qui avait déjà défendu les droits des femmes dans le mariage :

> *Et combien que la loy des hommes donne grand deshonneur aux femmes qui ayment autres que leurs mariz, si est-ce que la loy de Dieu n'exempte poinct les mariz qui ayment autres que leurs femmes* (Heptaméron, II : 15 : 123).

Alors que la conquête, avalisée par tout le Moyen Âge, est pour l'homme, en même temps que l'espoir d'une satisfaction sexuelle, l'occasion de découvrir les plus sombres recoins de son âme, la défense d'un mariage même sans désir de Marguerite à Montaigne promet un autre genre de connaissance. Il n'est pas question d'un échange, car la relation conjugale est définie par ses devoirs (une certaines fidélité), et ses tâches (la femme veille au ménage et à l'éducation des filles), beaucoup plus que par une sympathie : « [b] Il faut prudemment mesnager sa liberté ; mais dépuis qu'on s'est submis à l'obligation, il s'y faut tenir soubs les loix du debvoir commun, aumoins s'en efforcer » (III : 5 : 852). Le désir de l'impossi-

ble (« [b] l'amour se fonde au seul plaisir, et l'a de vray plus chatouillant, plus vif et plus aigu ; un plaisir *attizé par la difficulté* »
(III : 5 : 854)) est remplacé par une satisfaction plus générale : « [b]
Le mariage a pour sa part l'utilité, la justice, l'honneur et la constance ; un plaisir plat, mais plus universel » (III : 5 : 854). Dans cette
relation au jour le jour, le sujet est en position neutre : protégé des
piqûres de l'amour, en même temps que, bon mari, libéré du remords
qui lui viendrait d'actions qu'il ne saurait avouer à sa femme, et,
donc, libre de s'interroger et de vaquer à l'étude de soi. Le chapitre
« Des trois commerces » (III : 3), qui s'étend longuement sur le commerce des femmes, se termine par la description de la « [b] librairie » : « [b] Chez moy, je me destourne un peu plus souvent à ma
librairie, d'où tout d'une main je commande à mon mesnage » (III :
3 : 828). Le mariage est le fondement de la disponibilité montaignienne, d'autant plus que Montaigne le veut, sur le conseil de
Guazzo, libre de cachotteries ou de vergogne[164]. Il fonctionne comme
la base de la « [b] solitude locale » (III : 3 : 823) qui permet à l'écrivain de poursuivre son œuvre de connaissance : « [b] voire chez moy,
au milieu d'une famille peuplée et maison des plus fréquentées »
(823). Ce n'est donc pas au sein des affaires, à Bordeaux ou à Paris
que Montaigne a commencé d'écrire les *Essais,* et, pour lui, le *sein
des Muses,* où il est reconnaissant d'avoir pu se retirer, est aussi le
lieu de la famille. C'est à l'intérieur du cercle familial qu'il a façonné
sa « [c] retraitte » (III : 3 : 829) : « [c] J'essaie à m'en rendre la
domination pure et à soustraire ce seul coin à la communauté et conjugale, et filiale, et civile » (III : 3 : 828).

Mais est-ce à dire que, si le mariage est un univers « [b] plat »
et raisonnable, les passions y meurent sans recours ? Qu'en est-il
du désir, de la force d'Eros ? — Toute la problématique de l'*Heptaméron* consiste à présenter, sous le couvert des farces traditionnelles, le péril de mariages menacés par les effets incontrôlables du
désir, et d'y proposer des techniques de préservation. L'institution
est mise en danger par les libertés que l'homme s'arroge, et c'est
pour condamner ce déséquilibre que Parlemente prend les hommes à partie dans la nouvelle 26 : « Mais vostre plaisir gist à

---

164. Stefano Guazzo, *La civile conversazione del S. Stefano Guazzo, gentil'huomo di Casale di Monferrato, divisa in quattro libri,* Venise (Gia. Battista
Somasco), 1580, pp. 340-2 (toutes références à cette édition).

deshonorer les femmes et vostre honneur à tuer les hommes en
guerre, qui sont deux poincts formellement contraires à la loy de
Dieu » (*Heptaméron,* III : 26 : 221). Montaigne est bien du même
avis. Pourquoi les hommes iraient-ils se plaindre des libertés que
prennent leurs femmes, s'ils sont les premiers à enfreindre les lois
de l'institution ? Cette attaque contre les hommes vise à défendre
le principe d'une liaison que Marguerite définit comme le fruit de
« douceur, patience et chasteté », mais ne résout pas la question
de savoir ce qu'on fait de ses sentiments, de ses passions (*Heptaméron,* V : 43 : 301). Or c'est dans ce domaine que prend toute
son importance la relation des femmes à l'écriture des *Essais.* D'un
côté, Montaigne, vieilli, continue de fantasmer (et de ce point de
vue, l'écriture des *Essais* fait penser à l'activité de quelqu'un qui,
ayant goûté des joies de célibataire, aurait décidé de se faire une
vie conjugale et familiale), mais de l'autre, la réalité de sa vieillesse et celle de son mariage lui donnent à présent l'idée que sa hantise des femmes peut être transcendée, et non sans profit : celui de
la connaissance de soi. L'idée que cette connaissance solitaire à
l'intérieur d'une institution comme le mariage n'épuise pas le désir
de l'autre, mais, qu'ayant apprivoisé la femme au ménage, elle libère
le sujet d'un fardeau psychologique et social, réalise deux objec-
tifs de la Renaissance. Elle prouve que la quête d'un moi encore
furtif est dépendante, au plus haut degré, d'un investissement dans
l'image de l'autre, telle qu'elle se présente depuis toujours dans la
femme, mais que l'investissement n'est pas récupérable dans le contexte traditionnel de la courtoisie ou des romans. Bien plutôt, il
ne peut servir à cette quête du moi que dans la mesure où l'objet
apparent du désir, cette femme dont Montaigne remarque, comme
tout autre, le devoir de plaire, est revalorisé pour lui-même, inté-
gré à une institution, qui lui restitue sa dignité, et permet à chacun
des deux membres de vaquer à leurs affaires. Il y a donc une relation profonde entre l'essai de réhabilitation du mariage qui remonte
à Erasme et aux humanistes, et le projet d'une culture de soi. La
femme est partie de ce projet, en ce que, douée d'une nouvelle
dignité, elle n'a plus à faire front à l'homme, à le fuir ou à le tromper. A ce compte seulement, le désir d'aimer peut devenir le désir
d'écrire — et de lire.

    Mais quelles sont les phases de ce transfert ? « [b] Elle lisoit un livre françoys devant moy » (III : 5 : 856) : l'épisode de la lecture interrompue n'est pas seulement intéressant par ce que Montaigne pense de l'éducation des femmes. Il pense qu'elles n'ont pas besoin d'éducation spéciale, parce qu'elles savent déjà tout ce qu'elles doivent savoir par nature : « [b] Oyez leur representer nos poursuittes et nos entretiens, elles vous font bien cognoistre que nous ne leur apportons rien qu'elles n'ayent sceu et digeré sans nous » (III : 5 : 857). Mais aussi, parce qu'il s'agit de lecture. C'est en lisant un livre que la connotation érotique surgit, et ce livre est lu par une femme. C'est la deuxième fois que Montaigne fait allusion à la relation qui existe entre l'écriture ou la lecture de son livre et la sexualité féminine. La première fois, il s'agissait du « [b] flux de caquet » (III : 5 : 897), quand Montaigne se rappelle l'anecdote de la jeune fille qui *laisse échapper un cadeau secret de son amant de son sein.* Dans les deux cas, la relation implique un élément de secret et une référence à une sexualité encore latente, qui se découvre par pure coïncidence, sur le même mode sur lequel l'inspiration vient à l'auteur des *Essais* : d'un côté, une rencontre fortuite avec sa fille et sa gouvernante, et, de l'autre, une citation qui lui revient en mémoire, ou qu'il a détachée d'un Catulle qu'il était en train de lire. Le fortuit de la lecture ou de la citation réaffirment le secret de la sexualité et de la puberté, dont la propre fille de l'auteur fait la *découverte* dans les livres. Mais, dans cette double découverte de la sexualité féminine, on doit aussi faire la part du voyeur, de celui qui observe la scène incognito, et qui lit de la poésie pour jouir aux côtés de Catulle d'une autre apocalypse. Qu'une jeune fille *découvre* par la lecture ce qu'un lecteur plus averti savait déjà, mais dont il oberve, craintif ou jouisseur, la découverte, fait que la lecture est le lieu d'une double satisfaction, à la fois mémorielle et imaginaire, mais aussi symbolique, puisque c'est celui qui raconte l'histoire qui en retire, dans son propre livre, le profit. « [b] Et l'action et la peinture doivent sentir le larrecin. L'amour des Espagnols et Italiens, plus respectueuse et craintive, plus mineuse et couverte, me plaist » (III : 5 : 880) — déclare le même Montaigne qui avait dit détester les fards. Se retrouver donc soi-même dans son livre, plaisir le plus élémentaire et le plus direct, n'est en fait qu'une illusion : celle de l'observateur, du tiers parti, voyeur et médiateur de soi dans les actions des femmes, dans une sexualité et une jouissance qui leur seraient propres : jamais la sienne, et toujours celle des autres.

Il faut ajouter que, retiré dans son château, Montaigne pratique une activité tout autant féminine que masculine. Certes, la Renaissance est l'époque des érudits, grands lecteurs, dont Rabelais nous a laissé l'image. Il y a dans cette fringale de connaissance une volonté de conquérir et d'expliquer qui convient assez bien à l'image que Montaigne se fait des grands théoriciens et philosophes. Leur lecture est sérieuse et difficile. Il est vrai que le topos de la lecture et des livres est aussi clairement établi. Mais, outre que le grand élan philologique de la Renaissance diminue à mesure que le siècle avance, Friedrich a aussi bien montré, que Montaigne n'a pas avec les livres la relation passionnée d'un Erasme ou d'un Rabelais : *divinisée*[165]. Je dirais que les grands auteurs, de Pétrarque à Rabelais, cherchent une relation patriarcale et originale au texte, qui leur permette de rendre compte de leur propre généalogie. Pressés d'émuler les Anciens, ils ont avant tout le souci de préserver la tradition qui les autorise. Or on a beaucoup parlé de la relation fils-père comme un des contrats implicites des *Essais*. Mais cette relation, qui expliquerait pourquoi Montaigne s'est mis à écrire pour lui-même, après avoir suivi les ordres de son père, et avoir traduit l'œuvre de Raymond Sebond, n'explique pas où Montaigne a pris la manière et le goût des livres. Peut-être s'agissait-il du même instinct qui lui faisait lire les poésies d'Horace et de Catulle en cachette, pendant que ses congénères en étaient encore à ahanner sur Cicéron et César. Dans tous les cas, c'est précisément parce qu'il choisit une autre relation vis-à-vis des livres que Montaigne a pu passer d'un exercice scolaire comme celui de la traduction à celui de l'écriture des *Essais*. D'ailleurs, la référence à la fin « [a] domestique et privée » (pl. 3) et à l'homme nu de l'« Avis au lecteur » ne laisse aucun doute sur le mode nonchalant de la lecture. Il s'agit donc d'une relation plus féminine. Si une sociologie de la lecture au seizième siècle reste encore problématique, on peut du moins affirmer qu'à côté des femmes qui, comme Marguerite, sont les émules des plus grands savants (on a toujours loué Marguerite de ce qu'elle en savait autant qu'un homme), il y a les femmes qui s'instruisent, et qui lisent d'autre façon.

La chose est difficile à décider, puisque, dans cette recherche d'une lecture féminine, on est prisonnier de l'idéologie d'une édu-

---

165. Friedrich, *op. cit.*, pp. 52-53.

cation restreinte pour les femmes qui, d'Erasme à Vivès, définit très précisément les matières et l'étendue de la culture que la femme peut s'impartir. Guazzo, que Montaigne pratiquait, et qui avait écrit le livre le plus célèbre sur la conversation, recommandait, par exemple, à l'homme qui voulait une femme qui lui fût utile, qu'elle apprît à filer son rouet, plutôt que de se farcir la tête d'idées qui l'éloigneraient de son ménage (*La Civile Consersazione*, III : 360). Et Montaigne semble bien participer de cette idéologie, puisqu'on peut lire dans « Des trois commerces » :

> *[c] [Les sçavans] [...] ont en ce temps entonné si fort les cabinets et oreilles des dames que, si elles n'en ont retenu la substance, aumoins elles en ont la mine : à toutes sortes de propos et matiere, pour basse et populaire qu'elles soient, elles se servent d'une façon de parler et d'escrire nouvelle et sçavante* (III : 3 : 822).

Il avait déjà donné un correctif — on dirait presque de mauvaise grâce : « [b] Si toustefois il leur fache de nous ceder en quoy que ce soit, et veulent par curiosité avoir part aux livres [...] » (823). Mais, ce faisant, il leur réserve bien ce qu'il s'était réservé à lui-même : l'histoire, « [a] son gibier », et la poésie, qu'il aime « [a] d'une particuliere inclination » (I : 26 : 146) — toutes deux à la place d'honneur de son institution mâle à Madame de Gurson. La lecture des *savants* cherche la signification et le système. Il s'intéresse, lui, à l'association, aux images, et, surtout à peindre son propre portrait. Son propre idéal de lecture est plus nuancé, et pour tout dire, plus féminin, selon le sens qu'on aurait donné au mot à l'époque. Mon propos n'est pas d'établir une hiérarchie entre une lecture masculine et une lecture féminine, mais plutôt d'associer Montaigne au procès d'une lecture qui, parce qu'elle était pratiquée à l'époque surtout par les femmes, suscite constamment, sinon l'image de la femme, du moins, celle d'une pratique féminine. Dans la mesure où il refuse les termes d'une lecture savante, on peut dire que Montaigne rejette implicitement les critères qui font de cette lecture une lecture masculine, pour la bonne raison qu'à l'instar des femmes, il n'en est pas capable. Mais d'une lecture conversationnelle, comme celle qui est proposée dans l'*Heptaméron*, Montaigne reste le parfait exemple.

2. *Le miroir de la conversation*

On sait l'importance de la conversation au seizième. Ce fut pour les Français, retour d'Italie, une découverte que l'entretien entre gens cultivés pouvait aspirer au statut d'œuvre d'art. Mais un des attraits de la conversation est qu'elle devait permettre à des chevaliers encore mal dégrossis de participer à des activités organisées par des dames. Le guide de la femme n'est pas nouveau, puisque c'est la dame qui, tout au long du Moyen Âge, gouverne les actions des hommes. Mais, dans la conversation, l'accent s'est déplacé. L'homme n'est plus censé démontrer ses talents traditionnels. Il est sommé d'apprendre les bonnes manières, dont la première est la conversation :

> *L'Ethique mène à l'Economique, et pour bien gouverner une famille, le plus important est un sens de la coutume [...] Et, pour en venir au fait, je dirais que la conversation domestique est particulièrement appropriée [cadre conemente di conversazione di cas]* (La Civile Conversazione, III : 337).

La conversation constitue le substrat de toute l'œuvre, et Montaigne nous assure, précisément dans « Sur des vers de Virgile », donc au chapitre des dames, qu'il aimerait mieux délivrer des *Essais* de vive voix à qui voudrait bien l'écouter. Conversation est jouissance de la parole. Mais c'est d'abord un art, et cet art, il s'apprend chez les femmes, puisque ce sont elles qui naturellement lui permettent de se développer, et qui, chez Castiglione ou Guazzo ou Marguerite, mènent les débats. Quand Guazzo aborde le sujet de la conversation entre hommes et femmes à la fin du second livre de la *Conversation civile,* il souligne le rôle civilisateur des femmes, et, comme Montaigne, qui aime parler aux jolies femmes, il admet que la seule présence du sexe opposé corse la conversation et la rend plus intéressante. — Ou, plutôt, il admet que la présence des femmes donne à la conversation un caractère sexué, puisqu'en le séduisant, les femmes permettent à l'homme d'apercevoir sa propre image. Ayant pris note de leur présence, il change de posture, il change de discours ; il s'accroche à leur regard. Il veut devenir lui-même en elles. Parce qu'elles sont occupées de plaire et de masquer, et Montaigne reconnaît, et accepte là, les marques de leur destinée, elles ne sont pas seulement la tentation d'un au-delà, d'un supplément, mais une image de lui-même que l'homme ne cesse de poursuivre. Et articuler une conversation, y briller, *c'est y chercher avant tout sa propre image, telle qu'elle est reflétée dans l'œil des femmes :*

> *Bref, les jeunes femmes sont celles qui maintiennent les hommes éveillés et en constant exercice, et, certes, il n'y a pas d'homme si languide et ensommeillé qui ne se dresse au seul nom des femmes ; qui, dès qu'il voit venir de loin celle qu'il aime, ne s'ajuste le col de la chemise, ne s'arrange la cape sur les épaules, ne se dresse sur la pointe des pieds, ne se compose une mine [...] ne voit son cœur quitter son propre corps pour suivre cette dame, « comme s'il était tiré au dehors de lui par sa propre image » [sente quasi trarsi della propria imagine]* (La Civile Conversazione, II : 313).

L'homme n'est donc pas seulement excité physiquement et son attraction vers les femmes n'est pas seulement un effet de leur beauté. En fait, quoique la beauté soit l'apanage de la jeunesse, et que les interlocuteurs de la *Conversation civile,* Annibale et Guazzo lui-même, insistent sur l'effet d'une belle dame sur la conversation, ils s'intéressent surtout aux mécanismes par lesquels elle contrôle cette conversation. D'un côté, les femmes stimulent les hommes au discours et à la fine répartie, et, d'autre part, elles constituent pour toujours une limite à ne pas dépasser : c'est de par leur autorité que le discours masculin conserve son rang et sa pudeur, et Annibale exige d'ailleurs que, puisque toutes les femmes ne sont ni jeunes ni belles, les hommes doivent adresser leurs conversations à toutes. Les femmes sont donc un objet universel du désir, et le miroir du sujet désirant, la règle de la relation désirante. Par la conversation qu'elles ont avec les hommes, et sur eux, elles règlent le désir par quoi les hommes veulent justement se faire remarquer par les femmes, et qui les autorise en retour à saisir leur propre image, puisqu'aussi bien se faire remarquer chez l'homme n'est pour elles que la conséquence de son désir de possession : les femmes, dit Annibale, stimulent l'homme de telle façon, qu'il n'y a pas un homme qui, en leur parlant, ne devienne poète (*ibid.*).

De cette déclaration Montaigne a dû se souvenir, qui recommande qu'on permette aux femmes les plaisirs de la poésie. Les hommes, ajoute encore Guazzo par la bouche d'Annibale, doivent toujours se préoccuper de ce que les femmes pensent d'eux, parce que c'est elles qui détiennent la clef de leur réputation. L'idée que la conversation transforme en révélant son image au sujet de la conversation, et la lui révèle justement parce que le discours révélateur est un discours embellissant ou ornemental, est une variation intéressante sur le thème de l'inspiration de l'écrivain, du poète à l'écoute de leur Muse. Au lieu d'un sujet qui tire son inspiration de la divinité, ou de la beauté de l'objet qu'il chante (« il n'y a pas d'instrument plus affiné que la conversation » [instrumento piu acconcio] (*La Civile Conversazione,* II : 318)), le chevalier poète, l'essayiste en *conference* reçoivent leur énergie de l'image d'eux-mêmes que d'autres, et surtout la femme, leur profilent. De cette évolution, on n'a guère parlé, mais c'est elle qui mobilise l'énergie montaignienne à la recherche du moi. On peut illustrer la chose en disant qu'il s'agit d'une modification de la quête courtoise traditionnelle, dans laquelle le héros cherchait à réduire le monde. Découvrant à présent que l'univers n'est plus à conquérir (vient en effet d'être découvert un monde qui met fin au fantasme de la conquête pour le remplacer par celui d'une spéculation économique sans fin), Montaigne se replie sur le discours qui lui aurait permis de raconter cette conquête, en se demandant si ce n'est pas dans la langue, et ce qu'en elle-même elle offre à conquérir, que se cache une nouvelle réalité : la sienne. Aussi bien, quand il déclare qu'il se retire *dans le sein des Muses,* c'est moins pour chercher la voix qui lui assure l'admiration de la postérité, que l'occasion de s'occuper de soi. Or qu'en est-il d'une conversation non publique, mais écrite, et hors la présence physique des femmes ? D'abord, la nécessité d'écrire sur soi est réglée par la même sorte d'impératif qui gouverne la conversation avec les femmes. Le lecteur est celui auquel on s'adresse toujours, même quand on ne le nomme pas. Parler de soi, mais pour un lecteur, dont la présence, la plupart du temps, n'est qu'implicite, n'est guère différent d'un discours, qui s'adresse aux femmes, mais avec le désir d'utiliser leur présence comme prétexte de l'appréhension de soi. La conversation permet la découverte de ce qu'un train de vie réglé laisse dans l'ombre : « [b] Je connois mes gens au silence mesme et à leur soubsrire, et les *descouvre* mieux à l'advanture à table qu'au conseil » (III : 3 : 824). C'est justement cette découverte, ou du moins, le désir de cette découverte, qui donne à la quête de soi la même qualité, et la fait brûler de la même énergie que la quête de la femme.

Il est vrai qu'il y a aussi, et d'abord, une conversation entre hommes, celle dont Montaigne devait avoir fait l'expérience avec

La Boétie : dans l'amitié, tout désir, toute parole sont superflus, puisque les participants s'*embrassent* l'un l'autre. La relation discursive entre hommes, quand elle est soutenue par une véritable et profonde amitié, est pure de désir charnel. Dans la conversation avec les femmes, au contraire, la sexualité est toujours en passe de s'arroger les limites du discours :

> [b] *Mais c'est un commerce où il se faut tenir un peu sur ses gardes, et notamment ceux en qui le corps péut beaucoup, comme en moy. Je m'y eschauday en mon enfance, et y souffris toutes les rages les poëtes disent advenir à ceux qui s'y laissent aller sans ordre et sans jugement* (III : 3 : 824-5).

— et le discoureur cherche en même temps que l'image de lui-même discourant à la femme (*on en revient ici au thème de Poppée nue*) *l'image du corps de la femme qui se dérobe sous les voiles.* Mais, dans la conversation entre hommes et femmes, comme celle entre l'écrivain ou son lecteur, le désir de connaissance est un désir du caché. D'abord le lecteur est inconnu. L'auteur doit se montrer prudent, qui ne sait jamais ce que le lecteur pense de lui. Mais, absent, le lecteur des *Essais* est aussi masqué, celui dont l'auteur, quoiqu'il en dise, attend et l'appréciation et l'approbation : « [b] Puisque je ne puis arrester l'attention du lecteur par le poids, « manco male » s'il advient que je l'arreste par mon embrouilleure » (III : 9 : 995). Et pourtant, pour attirer l'attention de ce lecteur, point n'est besoin de rhétorique superflue : « [a] [...] Il ne sçait pas la rhetorique, ny pour avant-jeu, capter la benivolence du candide lecteur, ny ne luy chaut de le sçavoir » (I : 26 : 169). Montaigne réclame un discours direct, sans effets, et qui soit le miroir de la vie : « [c] Le *vray miroir* de nos discours est le cours de nos vies » (I : 26 : 168) ; mais il ajoute que, pour atteindre ce but, tout discours est bon : « [a] [...] que, qui a en l'esprit une vive imagination et claire, il la produira, soit en Bergamasque, soit par mines s'il est muet » (I : 26 : 169). Le recours au langage grossier (« Bergamasque »), au mime, ne doivent pas surprendre chez un Montaigne avant tout soucieux d'un rapport *amical.* Le lecteur *candide*, celui qu'on invoque dans les liminaires de l'époque et qui comprend facilement, n'est après tout que la création désirante d'un auteur peu sincère et dont le principal souci est de gagner la confiance de son lecteur, tout comme le grand souci des hommes qui font la cour aux femmes est, en leur tenant de beaux discours, de se garantir leur attention.

Mais les mêmes difficultés qui rendent le rapport aux femmes difficile sont celles qui encombrent la relation de l'auteur à son lecteur, à son public. Ce que l'apparition du livre avait soudain rendu possible, c'était un accès illimité aux textes ; mais, dans le contexte imposant de l'Antiquité, la relation d'un auteur, enfoui sous ses textes et dont la personne se dégage d'une vaste entreprise philologique, à un lecteur savant, ni femme ni ami, n'est pas la même que celle d'un auteur parlant de lui à un lecteur capable de juger instantanément de l'à-propos. Tandis que la lecture des *auctores* demeure relativement aisée, l'image d'un lecteur qui doit prendre ses responsabilités ne se dégage que peu à peu. Le même Rabelais, qui demande qu'on soit toujours sur la trace d'une « substantifique mouelle », donne pourtant l'exemple d'une lecture quantitative sans prendre en compte les procès d'assimilation. Que la lecture est d'abord une technique savante, Montaigne le sait lui-même, puisque c'est à sa pratique du latin qu'il doit son goût pour les livres. Mais, il y a en lui, dès le début, une expérience de la lecture qui dépasse une simple technique, et lui donne l'accasion d'une jouissance fondamentalement illicite, dans la mesure où son projet n'est pas altruiste, mais égoïste, et refuse l'*institution* — à une époque où précisément tout livre est censé avoir un projet extérieur à soi, qui en démontre l'utilité pour l'auteur et son lecteur, et en dénie, en même temps, la valeur intrinsèque. Chez Montaigne, le but unique du livre, c'est de s'écrire, mais cette écriture ne s'accomplit qu'au fil d'autres lectures et de celle du texte existant des *Essais*. Pendant tout le Moyen Âge le livre avait d'abord été écrit d'abord pour un patron. Mais, quoique Montaigne soit venu présenter son livre à Henri III avant de partir pour l'Italie, on peut dire que cette relation d'autorité est à la fin du seizième siècle plus diffuse. La lecture double la recherche d'autorité d'une recherche du plaisir, à mesure que l'investissement libidinal s'affirme librement génital. Montaigne se targue bien d'avoir lu les grands poètes : Virgile, Lucrèce, et Catulle — et la haute poésie (« [a] il m'a tousjours semblé qu'en la poësie Vergile, Lucrece, Catulle et Horace tiennent de bien loing le premier rang » (II : 10 : 410)). Mais, outre que ni le Virgile d'une « [b] Venus maritale » (III : 5 : 849)) ni, certes, Catulle, ne sont des poètes bien pudiques, et qu'il nous ait assuré avoir, dès l'âge de huit ans, lu les *Métamorphoses* d'Ovide (I : 26 : 175), l'aveu de l'essayiste féru de poésie ne prend son sens qu'à condition de se souvenir que Montaigne parle de la lecture comme d'une occupation sexuée : « [a] Il me vint singulierement à propos d'avoir affaire à un homme d'entendement qui sçeut dextrement conniver à cette mienne desbauche et autres pareilles » (I : 26 : 175). Il se donne à la lecture avec l'énergie et la confiance qu'il se rappelle avoir mis dans son commerce avec les femmes, mais qu'il préfère employer maintenant, de façon plus directe, à la connaissance de lui-même.

Or, dans ce glissement de la chair au livre, il y a plus d'un avantage. D'abord la lecture et l'écriture qui l'accompagne sont inséparables. Montaigne écrivant son livre associe les deux de telle façon qu'il est impossible de les séparer. Mais, ce n'est pas tant, comme on l'a dit, parce qu'il conçoit l'opération de son écriture comme une lecture et une réécriture d'autres textes (*un tel l'a dit comme sien, et je le dis comme mien*), et une relecture constante de cette réécriture. C'est que lecture et écriture sont pour lui les deux pôles d'une jouissance sexuelle. L'écriture est symbole de rôle et registre : le côté masculin d'un homme en pleine possession de ses moyens, capable de rendre exactement ses pensées comme celles des autres ; et qui n'a pas peur de faire son choix d'entre les livres qu'il lit. C'est à cet homme que son père confie la traduction d'une théologie abstruse. C'est un tel homme qu'on charge de la mairie de Bordeaux. C'est enfin un tel homme qui fait face aux péripéties de la publication des ouvrages de son ami La Boétie. Pour cet homme, le livre écrit est un enfant. C'est l'indice d'un progrès généalogique, dont l'effet est que le géniteur (« [b] ses approches plus impertinemment génitales » (III : 5 : 890)) peut se targuer d'avoir, lui aussi, mis au monde. La comparaison que Montaigne propose au chapitre « De l'affection des pères aux enfans » — adressé, d'ailleurs, à une femme, Madame d'Estissac — ne laisse pas de doute sur le contexte de référence :

> [a] Et je ne sçay si je n'aymerois pas mieux beaucoup en avoir produict ung, parfaictement bien formé, de l'accointance des muses, que de l'accointance de ma femme. [c] A cettuy-cy, tel qu'il est, ce que je donne, je le donne purement et irrevocablement, comme on donne aux enfans corporels [...] (II : 8 : 401-2).

Mais le fait est que l'homme engendre, il n'enfante point. Séparé de l'objet de sa production, il voit aussi dans cette œuvre dont il est si fier le symbole même de son retrait et aliénation :

[a] [...] ce peu de bien que je luy ay faict, il n'est plus en ma dispo-
sition ; il peut sçavoir assez de choses que je sçay plus, et tenir de
moy ce que je n'ay point retenu et qu'il faudroit que, tout ainsi qu'un
estranger, j'empruntasse de luy, si besoin m'en venoit (401-2).

Or la femme, pour qui il montre souvent assez peu de considération, a une autre *accointance* avec son enfant. Elle le porte,
et Montaigne se rappellera toujours cette femme de son village qui,
habituée à porter un veau nouveau né, cherchait à le porter encore,
après qu'il eut atteint la taille adulte (I : 23 : 108). Le secret de cette
relation féminine, que l'homme ne peut jamais s'arroger, c'est
l'association naturelle, la présence constante et répétée, qui fait que
les femmes sont toujours ensemble, que les femmes s'occupent de
leurs filles d'une toute autre manière que les hommes de leurs garçons — sans que cette maternité soit d'ailleurs exclusive : les femmes peuvent même faire office de mères à des enfants qui ne sont
pas les leurs. L'homme est celui qui rompt cette relation : « [a] Pour
un fort legier profit, nous arrachons tous les jours leurs propres
enfans d'entre les bras des meres » (II : 8 : 399). Or la lecture n'est
qu'une *accointance* perpétuelle. Elle a ce caractère de proximité
physique, que l'écriture interdit, puisqu'à écrire, il s'agit toujours
de faire la différence, de faire un choix, de corriger pour une nouvelle édition. Et, si le livre est bien inachevé, c'est moins parce que
Montaigne n'en a pas écrit le dernier mot, que parce qu'il n'a jamais
fini de se relire, et de lire les livres qui le portent à écrire le sien
propre. Il porte son livre incessamment, il l'enfante sans jamais
pouvoir l'engendrer, et, cultivant le thème qui fonde, on l'a vu,
le début du chapitre « De l'amitié », il rêve à une génération du
livre qui serait plutôt, et précisément par un procès dans lequel
l'écriture est *provignée* de lecture, un *enfantement,* procès féminin
au long cours (Montaigne fait, par deux fois, allusion au temps
qui passe), qui continue à travers les registres et les *rolles* d'une
écriture masculine :

[a] Dernièrement que je me retiray chez moy, deliberé autant que
je pourroy, ne me mesler d'autre chose que de passer en repos, et
à part, ce peu qui me reste de vie : il me sembloit ne pouvoir faire
plus grande faveur à mon esprit, que de le laisser en pleine oysi-
veté, s'entretenir soy mesmes, et s'arrester et rasseoir en soy : ce
que j'esperois qu'il peut meshuy faire plus aisément, devenu avec
le temps plus poisant, et plus meur. Mais je trouve

> *variam semper dant otia mentem*
> *[L'oisiveté dissipe toujours l'esprit en tous sens]*
> *que au rebours, faisant le cheval eschappé, il se donne cent fois plus*
> *d'affaire à soy mesmes, qu'il n'en prenoit pour autruy ; et m'enfante*
> *tant de chimeres et de monstres fantasques les uns sur les autres,*
> *sans ordre, et sans propos, que pour en contempler à mon aise l'inep-*
> *tie et l'estrangeté, j'ay commencé de les mettre en rolle, esperant*
> *avec le temps luy en faire honte à luy mesmes* (I : 8 : 33).

Si donc le procédé de lecture qui autorise les *Essais* est constant et, par définition, interrompu, cette interruption est d'une marque spéciale. Arrêter sa lecture, se reprendre, comme Montaigne
le fait si souvent, c'est une marque de sollicitude et de conservation. Il cherche un contact direct avec un texte indistinct qu'il
revoit : celui des autres, qu'il utilise à son gré, et celui qu'il sent :
le sien, qu'il n'écrira jamais, parce que sa plume le porte là où il
peut lire, mais non pas écrire :

> *[a] Or, à considérer cette simple occasion d'aymer nos enfans pour*
> *les avoir engendrez, pour laquelle nous les appelons autres nous mes-*
> *mes, il semble qu'il y ait bien une autre production venant de nous,*
> *qui ne soit pas de moindre recommandation : car ce que nous engen-*
> *drons par l'ame, les enfantements de nostre esprit, de nostre cou-*
> *rage et suffisance, sont produicts par une plus noble partie que la*
> *corporelle, et sont plus nostres ; nous sommes pere et mere ensem-*
> *ble en cette generation ; ceux cy nous coustent bien plus cher, et*
> *nous apportent plus d'honeur, s'ils ont quelque chose de bon* (II :
> 8 : 399-400).

3. Comment dire la femme ?

J'ai dit plus haut le poids de la tradition et de l'*auctoritas* dans
la première histoire du livre. On m'objectera qu'un des effets les
plus notables de la diffusion de l'imprimerie a été le développement d'une critique historique et philosophique liée à l'humanisme.
Mais, dès la deuxième partie du seizième siècle, on assiste à un
essoufflement de l'érudition, dû au fait que l'inventaire des manus-
crits non encore publiés se termine assez vite après 1550. Et, en
ce sens, la publication en français des œuvres de Plutarque par
Amyot est une des dernières grandes dates de l'érudition seizièmiste.
On ne sait plus aussi bien le grec. Montaigne avoue qu'il ne sait
pas le sien assez bien pour pouvoir faire une comparaison décente
entre Homère et Virgile : « [a] Quant au Grec, duquel je n'ay quasi

du tout point d'intelligence [...] » (I : 26 : 174). En appréciant l'évolution de la lecture au seizième siècle, on doit tenir compte de ce
gauchissement de l'érudition. Dans la mesure où la vérité philologique est maintenant établie, dans la mesure où la traduction se
multiplie, la lecture change de cap. Et Montaigne, de par son éducation même, se trouve au creux de ce mouvement. Nourri des
espoirs de l'humanisme philologique, capable de pratiquer dans son
enfance le Latin comme un Erasme ou un Budé, enseigné par des
grands maîtres comme Buchanan au collège de Guyenne, il avoue
avoir peu à peu perdu son Latin. Voire, dira-t-on, lui qui cite son
César et son Virgile à fleur de page. Mais, à supposer même que
la connaissance du Latin soit restée parfaite, le rapport aux textes
a changé. Il ne s'agit plus de résoudre des difficultés textuelles. Montaigne utilise son Latin comme une langue de *topoi*. Servi par
une extraordinaire mémoire rhétorique, il associe, il joue. Mais c'est
sans respect pour les textes. Or, la perte sensible d'intérêt pour les
discussions et les gloses des savants, le goût de Montaigne pour les
formules directes, ne sont pas sans relation avec le régime de lecture éducative qu'il prescrit aux femmes. Il leur refuse le discours
savant, et leur recommande ce qu'il pratique lui-même : l'histoire
et la poésie. C'est justement à l'époque où le lecteur masculin perd
son rapport philologique au texte que la question de l'éducation
de la femme commence à se poser.

Mais il y a ici un blocage du texte montaignien. S'il pouvait
y avoir au seizième siècle une raison pour donner une éducation
aux femmes, ce n'était certes pas pour les faire participer au développement d'un savoir ou d'une sagesse, mais pour empêcher
qu'elles se livrent à l'oisiveté et la débauche. Ce que réclamaient
les rares apologistes de l'éducation des femmes, c'était justement
une femme, qui, plus cultivée, aurait le jugement droit et saurait
aussi bien faire face aux exigences licencieuses des hommes qui la
courtisent[166]. L'acquis d'une lecture restreinte donne aux femmes
une discipline qui leur manque, en même temps qu'elles y puisent,
comme chez Montaigne, la fortitude nécessaire pour résister aux
attaques des hommes : « [b] Elles prendront les discours qui les

---

166. Thomas Arthus, *Qu'il est bienseant que les femmes soient savantes,* Paris,
1600, (cité dans : Ilana Zinguer, *Misère et grandeur de la femme au seizième siècle,*
Genève (Slatkine), 1982, pp. 77-8).

dressent à juger de nos humeurs et conditions, à se deffendre de nos trahisons [...] (III : 3 : 832)). Alors que le lecteur masculin peut et doit se permettre une lecture *débauchée,* car il n'est plus l'heure d'être savant, mais sage, plus le moment de réciter le livre, mais de faire expérience, la femme, qui possède aussi bien le don d'une lecture furtive, est autorisée à lire quelques livres pour satisfaire la mode d'une éducation généralisée.

Qu'en est-il de cette différence ? Et s'agit-il vraiment d'une différence ? Parmi les tenants de l'éducation des femmes, il faut distinguer parmi ceux qui, comme Cornélius Agrippa, voient cette éducation comme une conséquence normale du progrès de l'humanisme, et, qui, souvent d'ailleurs, regardent la défense de cette éducation comme une gageure[167], et ceux ou celles, pour qui cette éducation est en fait la voie à une connaissance de soi. Dans cette dernière catégorie, Montaigne se range aux côtés des femmes. Il leur recommande la lecture pour « [b] esveiller un peu et rechauffer les facultez qui sont en elles » (III : 5 : 822). On a vu qu'il leur prescrit, comme à lui-même, l'histoire et la poésie, cette dernière un « [b] amusement propre à leur besoin » (823). Mais ce n'est point pour leur apprendre. Tout le texte est tissé d'« [b] art follastre », de « [a] plaisir » et de « [a] montre » : « [b] *c'est un art* [la poésie] *follastre et subtil, desguisé, parlier, tout en plaisir, tout en montre, comme elles* » (823). Même la philosophie n'offre pas vraiment un enseignement. Il s'agit d'une pratique. Bien qu'utile pour « [b] alonger les plaisirs de la vie » (823), elle peut aider à « [b] porter humainement l'inconstance d'un serviteur, la rudesse d'un mary et l'importunité des ans et des rides ; et choses semblables » (823). Quoi de plus proche de l'attitude d'un lecteur qui n'étudie « [b] jamais pour le quest » (III : 3 : 829) ? La lecture ne doit être pour les femmes qu'un plaisir, justement parce qu'elles n'en attendent pas grand'chose. Elles ont déjà, par nature, ce qui leur permet de faire face au monde : « [b] C'est qu'elles ne se cognoissent point assez : le monde n'a rien de plus beau ; c'est à elles d'honnorer les arts et de farder le fard » (III : 3 : 822). Et elles pratiquent aussi bien une lecture *supplémentaire,* esthétisante ou amatrice, et qui

---

167. Cornélius Agrippa de Nettesheim, *De incertitudine et vanitate scientiarum et artium atque excellentia verbi dei declamatio,* généralement publié avec le *De nobilitate et praecellentia foeminei sexus,* Lyon (Beringer), 2 volumes, 1620 [1575].

procure autant de plaisir que la jouissance des apparences mondaines dont elles ont la spécialité. Ici on accroche à une différence sur laquelle Montaigne a beaucoup insisté : que toute lecture, pour être agréable, doit être directe, et ne saurait, par conséquent, donner du plaisir par l'amphigouri. Mais c'est qu'il y a deux jouissances de la lecture. Une, qui est toute en sauts et en retouches. Et, une autre, qui se veut simple et sans apprêts. Entre les deux, il hésite. La première lecture procure un plaisir qui n'est pas de l'ordre du besoin, et qui est associé à une certaine pratique du monde et de la vie ; l'autre n'est que la satisfaction du besoin, insatiable, de l'acquéreur, puisqu'à tout apprendre, on ne retient rien, et que ce qu'on amasse se perd dans une discontinuité héraclitéenne : « [c] A quoy se rencontre ce qu'un Crates disoit des escrits de Heraclitus, qu'ils avoyent besoin d'un lecteur bon nageur, afin que la profondeur et pois de sa doctrine ne l'engloutist et suffucast » (III : 13 : 1068).

Quels sont maintenant les termes de cette sexualisation et féminisation de la lecture montaignienne ? D'un côté, l'essayiste-éducateur insiste pour que les femmes ne lisent pas trop de livres, et que de ces livres, ce soit surtout à la poésie qu'elles s'attachent, mais, de l'autre, la description qu'il donne de sa propre activité de lecteur n'est pas éloignée de celle qu'il concède aux femmes. Il ne peut lire trop d'affilée, se confessant ainsi du même défaut d'attention qu'il reconnaît généralement aux femmes :

> [a] Si ce livre me fasche, j'en prens un autre ; et ne m'y addonne qu'aux heures où l'ennuy de rien faire commence à me saisir. Je ne me prens guiere aux nouveaux, pour ce que les anciens me semblent plus pleins et plus roides ; ny aux Grecs, par ce que mon jugement ne sçait pas faire ses besoignes d'une puerile et apprantisse intelligence (II : 10 : 409-10).

Il ne saurait s'échiner aux difficultés, parce qu'il lit essentiellement pour son plaisir. Et il en profite pour réitérer sa théorie d'une langue et d'une écriture sans afféterie :

> [a] Ny les subtilitez grammairiennes, ny l'ingenieuse contexture de parolles et d'argumentations n'y servent ; je veux les discours qui donnent la premiere charge dans le plus fort du doute (II : 10 : 414).

Mais l'assertion est ambiguë, puisque, si Montaigne se veut bien incapable de subtilités et de masques rhétoriques, il se sait tout aussi bien incapable de mener une description en droite ligne, à son terme : l'*ineptie* de l'écrivain n'est pas due à l'usage immodéré d'une rhétorique qu'il rejette, mais à son infirmité, son incapacité d'exprimer l'image qu'il a dans l'esprit, et qui toujours lui échappe. La lecture de son livre va être aussi difficile au lecteur qu'il lui a été difficile à lui, l'auteur, d'écrire. D'où les nombreuses allusions dans les *Essais* à la difficulté d'être un lecteur compétent, « [c] bon nageur » (III : 13 : 1068). De cette lecture, Montaigne est parfois si dégoûté qu'il affirme d'ailleurs pouvoir se passer aisément de la compagnie des livres quand il écrit :

> [b] *Quand j'escris, je me passe bien de la compaignie et souvenance des livres, de peur qu'ils n'interrompent ma forme. Aussi que, à la vérité, les bons autheurs m'abattent par trop et rompent le courage [...]* (III : 5 : 874).

Mais la mise en valeur du temps libre est aussi l'occasion pour Montaigne de se vouloir autre qu'un simple écrivain, un *scripteur* masculin, dont la fonction est proprement d'écrire des textes, et de défendre ainsi l'institution qui lui permet d'exister vis-à-vis de ses lecteurs. Comme l'a bien montré Friedrich, Montaigne refuse la fonction sociale de l'écrivain, à une époque où l'écrivain doit constamment se justifier de n'appartenir plus à l'institution scolastique, princière ou ecclésiastique[168]. Or l'évolution de l'image féminine propose un schéma semblable. La femme, qui a accès à l'instruction, refuse une identification symbolique à une héroïne improbable. Un Maurice Scève peut bien continuer la tradition courtoise en cherchant une femme dans la tradition platonique du *Banquet* :

> *Par ta figure, haultz honneurs de Nature,*
> *Tu me feis veoir, mais trop a mon dommage,*
> *La grauité en ta droicte stature,*
> *L'honnesteté en ton humain visage,*
> *Le vénérable en ton flourissant aage,*
> *Donnant à tous mille esbahyssementz*
> *Auvec plaisir : a moy nourrissementz*
> *De mes travaulx auec fin larmoyeuse.*
> *Et toutesfoys telz accomplissementz*
> *Rendent tousiours ma peine glorieuse*[169].

---

168. *Op. cit.*, p. 341.

169. *Délie*, 177, édition MacFarlane, pp. 216-7.

Mais Pernette du Guillet, son élève et chaste amoureuse, reprenant Christine de Pizan, dit les peines quotidiennes des sentiments frustrés :

> *Qui dira que i'ai revelé*
> *Le feu long temps en moy celé,*
> *Pour en toy veoir si force il a :*
> *Ie ne sçay rien moins que celà*[170].

Aussi bien, pendant que la majeure partie de la littérature masculine continue d'offrir une vision passive de la femme, la littérature féminine dessine un nouveau portrait de la femme-lectrice, qui évoque certains progrès montaigniens de lecture et d'écriture.

Or ce renouvellement du portrait de la femme est lié à l'évolution du statut privé de la femme. S'il est vrai que Montaigne n'approuve guère l'éducation nouvelle que veulent se donner les femmes, il leur envie la capacité qu'elles ont de transcender la séparation entre monde privé et monde public. Il veut partager leur intimité :

> [b] je m'ennuie que mes essais servent les dames de meuble commun seulement, et de meuble de sale. Ce chapitre me fera du cabinet. J'ayme leur commerce un peu privé (III : 5 : 847).

Et il s'il leur donne le privilège de lire son livre, c'est qu'elles lui sont toujours présentes, et dans la réalité et dans le livre, comme le démontre « De trois commerces » (III : 3), chapitre dans lequel, le *commerce* avec les femmes, tissé entre celui des amis et des livres, mène à la description de la fameuse bibliothèque. Si la *librairie* de Montaigne, où il s'adonne au commerce de la lecture, doit lui rappeler ses « [b] accointances [non] venales et publiques » (« [b] mais encores par mespris, je ne me suis guere adonné aux accointances venales et publiques » (III : 3 : 826)), c'est parce que la constitution de la femme comme lectrice est parallèle de la constitution d'un écrivain-essayiste non-institutionnalisé chez Montaigne : les arguments avec lesquels il justifie son indépendance vis-à-vis de l'institution littéraire sont les mêmes que ceux avec lesquelles les femmes se défendent de l'institution masculine. Marguerite déclare, par la bouche de Parlemente :

---

170. Pernette du Guillet, « Chanson », in *Poésies*, Genève (Slatkine), 1970 [1830 : texte collationné sur l'édition de Lyon de 1545], pp. 62-3.

> *[...] que souvent sont différenz les fardeaulz de l'homme et de la*
> *femme. Car l'amour de la femme, bien fondée sur Dieu et sur hon-*
> *neur, est sijuste et raisonnable, qui celuy qui se depart de telle amy-*
> *tié doibt estre estimé lasche et meschant envers Dieu et les hommes*
> (Heptaméron, III : 21 : 174-5).

Et Montaigne est le premier à reconnaître que les femmes n'ont aucune obligation de respecter les règles qui leur sont imposées par les hommes : « [b] Les femmes n'ont pas tort du tout quand elles refusent les reigles de vie qui sont introduictes au monde, d'autant que ce sont les hommes qui les ont faictes sans elles » (III : 5 : 854).

Il reste donc, entre hommes et femmes, entre auteur et lecteur, une disparité, une tension qu'il est difficile de réduire. La volonté de commander de la part des hommes, de refuser le commandement de la part des femmes, le désir d'un lecteur parfait, la réalisation que tout lecteur est au fond son propre maître, et que la liberté que l'essayiste s'arroge doit aussi être celle de son lecteur, se recoupent et se court-circuitent. Il y a, chez tout homme ou toute femme, outre le désir de se faire remarquer par le sexe opposé, celui de conquérir la volonté de l'autre, si bien que l'objet de la passion reflète avant tout une image de ce désir :

> *[b] Quand je les [les femmes] voy attachées à la rhetorique, à la judi-*
> *ciaire, à la logique, et semblables drogueries si vaines et inutiles,*
> *à leur besoing, j'entre en crainte que les hommes qui le leur con-*
> *seillent, le facent pour avoir loy de les regenter soubs ce titre* (III :
> 3 : 822).

Il y a chez tout auteur, outre le désir de briller et d'attirer l'attention, le besoin et la volonté d'exercer son esprit, de mettre à l'épreuve l'objet et la fin même de la mise en forme discursive, si bien que ce qui paraît d'abord comme une forme satisfaisante et définitive n'est en fait qu'un simulacre de fin, le masque de quelque chose d'autre qui n'est pas encore dit, et qui ne sera probablement jamais dit. Le discours le plus simple contient le germe de son propre dépassement, et, parce qu'il ne se satisfait jamais, est donc perpétuellement en train de se couvrir. Même si l'ironie, ou plutôt, l'impatience est détectable, le texte, tout un long passage de « De l'expérience », ne peut être pris littéralement comme un rejet de la rhétorique. Au mieux, ce serait un souhait pieux :

> *[b] Ce n'est rien que foiblesse particuliere qui nous faict contenter*
> *de ce d'autres ou que nous-mesmes avons trouvé en cette chasse de*

*cognoissance [...] Il n'y a point de fin en nos inquisitions ; nostre
fin est en l'autre monde. [c] C'est un signe de raccourciment d'esprit
quand il se contente, ou de lasseté [...] [b] ses poursuites sont sans
terme, et sans forme ; son aliment c'est [c] admiration, chasse, [b]
ambïguïté* (III : 13 : 1068).

Montaigne se laisse séduire à ces imbroglios que son tempérament lui fait rejeter, et les complications qui empêtrent le discours,
et dont on vient de voir qu'elles l'exaspèrent, ont bientôt une autre
fonction : elles provoquent le plaisir, et la jouissance. Un plaisir
dans la lecture qui n'est pas éloigné de celui de la conversation.
Et ce n'est d'ailleurs pas par hasard que le passage en question est
ponctué par une citation de La Boétie :

*[b] Il y a tousjours place pour un suyvant, [c] ouy et pour nous mes-
mes, [b] et route par ailleurs. Il n'y a point de fin en nos inquisitions ; nostre fin est en l'autre monde [...] [c] C'est signe de rac-
courcissement d'esprit [...] ses poursuites sont sans terme, et sans
forme ; son aliment c'est* [ajoute-t-il à se relire, comme par surcroît
d'intérêt] *[c] admiration, chasse, [b] ambïguïté. Ce que declaroit
assez Appollo, parlant tousjours à nous doublement, obscurement
et obliquement, ne nous repaissant pas, mais nous amusant et nous
embesognant. C'est un mouvement irregulier, perpetuel, sans patron,
et sans but. Ses inventions s'eschauffent, se suyvent, et s'entrepro-
duisent l'une l'autre.*

> *Ainsi voit l'on, en un ruisseau coulant,
> Sans fin l'une eau apres l'autre roulant,
> Et tout de rang, d'un eternel conduict,
> L'une suit l'autre, et l'une l'autre fuyt.*

> *Par cette-cy celle-là est poussée,
> Et cette-cy par l'autre est devancée :
> Tousjours l'eau va dans l'eau, et tousjours est-ce
> Mesme ruisseau, et tousjours eau diverse* (III : 13 : 1068-9).

Mais d'accepter, face à son lecteur, qu'une des satisfactions
engendrées par le discours est l'*œillade à soi-même*, comme s'il
s'agissait d'une œillade à une jolie femme, est difficile, et Montaigne, qui, emporté par son « [b] flux de caquet » (III : 5 : 897), a
déjà cité La Boétie à l'appui, cherche continuellement un plaisir
qui serait distinct du plaisir d'un écrivain mondain. Montaigne
emploie le mot *flux,* comme s'il s'agissait du flux périodique dans
l'épisode de la *puella* de Catulle. Même si cette assignation ne peut
être démontrée, l'opération du flux, de couler, n'implique aucune
différence entre homme et femme : le commentaire (« [b] je dis que
les masles et les femelles sont jettez au mesme moule » (III : 5 :

897) ne laisse aucun doute. Dans cette perspective, le fait de parler beaucoup des fonctions du corps, souvent de sa colique, par exemple, de ses *flux de ventre,* indique au moins chez Montaigne une démasculinisation de l'écriture et une écoute du corps. Il se targue d'être différent, mais le prix d'une telle différence est l'incertitude :

> [c] [...] que ces oeillades si frequentes à leur ouvrage tesmoignent que le cœur leur frissonne de son amour, et les rudoyements mesmes desdaigneux de quoy ils le battent, que ce ne sont que mignardises et affetteries d'une faveur maternelle, suivant Aristote... Car mon excuse, que je doy avoir en cela plus de liberté que les autres, d'autant qu'à poinct nommé j'escry de moy et de mes escrits comme de mes autres actions, que mon theme se renverse en soy, je ne sçay si chacun le prendra (III : 13 : 1069).

Entre hommes et femmes, on joue à la fois à porter des masques, et à les arracher. D'un côté, Montaigne se cabre et décide, suivant Guazzo et Castiglione, que la conversation avec les dames ne saurait se passer de jeter à bas les masques — et par là, il entend moins ceux du corps, que ceux de la langue :

> [b] Mais, d'autre part, de s'y mesler sans amour et sans obligation de volonté, en forme de comediens, pour jouer un rolle commun de l'aage et de la coustume et n'y mettre du sien que les parolles, c'est de vray pourvoyer à sa seureté, mais bien laschement, comme celuy qui abandonneroit son honneur, ou son proffit, ou son plaisir, de peur du danger (III : 3 : 825).

Mais, de l'autre, il reconnaît tout aussi bien que le *procès de masquage et de démasquage* est fondamental au rapport des sexes, et à l'accouplement. Cette cacherie n'est d'ailleurs pas seulement entre l'homme et la femme. L'homme cherche, nous l'avons vu, l'image de lui-même revue par la femme, et la femme cherche, en respectant, du moins en surface, les règles de l'image que l'homme lui a conférée, à gouverner l'homme. L'écrivain éprouve bien vite que le principal empêchement à la peinture de soi, c'est moins les autres que soi-même. Se détourner du public pour se retourner sur soi procède de la même problématique qu'un discours féminin : utiliser les paroles qui sont destinées à la communication avec l'autre, c'est aussi recentrer le discours sur soi. Mais, dans ce recentrage, c'est aussi le désir d'une autre relation, spéciale, avec les femmes qui se dessine. Montaigne trouve que le retour sur soi est plus facilement exécuté, dans le cadre d'une *alliance* avec la femme.

4. Alliance : femme et/ou fille

Le transfert d'une *confabulation* féminine dans le cours d'une écriture masculine aura continué de préoccuper Montaigne toute sa vie, et la tentative est assez bien illustrée par sa relation à sa *fille d'alliance,* Marie de Gournay, qui va devenir le lecteur idéal. Montaigne rencontre Marie en 1588. Très vite, il est frappé à la fois par l'intelligence de la jeune femme et l'affection qu'elle lui porte. Une bonne partie de la fin du chapitre 17 du deuxième livre lui est d'ailleurs consacrée :

> [...] [c] cette ame [Marie de Gournay] sera quelque jour capable des plus belles choses, et entre autres de la perfection de cette très-saincte amitié où nous ne lisons point que son sexe ait peu monter encores [...]. Le jugement qu'elle fit des premiers Essays, et femme, et en ce siècle, et si jeune, et seule en son quartier, et la vehemence fameuse dont elle m'ayma et me desira sur la seule estime qu'elle en print de moy [...] c'est un accident de très digne consideration (II : 17 : 661-2).

Ce texte est resté fameux, parce qu'on y a surtout vu le testament de Montaigne reconnaissant Marie comme sa fille d'alliance. Or, si tant est que le texte est de Montaigne, et non pas une insertion de Marie de Gournay, il semble donner à Marie une exclusivité que les déclarations précédentes de Montaigne sur les femmes ne laissaient pas espérer[171]. Marie s'est aussi comportée avec lui autrement que les autres femmes. Lui qui se voulait conquérant, et maintenant sur le retour, ne l'avait pas cherchée. Elle s'est donnée à lui : « [c] elle m'ayma et me desira » (662) — sur la lecture même des *Essais*. Autrement dit, ne connaissant pas l'homme, elle s'est entichée de l'auteur (« [c] la seule estime qu'elle en print de moy »), du Montaigne constitué par le livre. Montaigne trouvait donc chez Marie la confirmation du bien-fondé et de la réussite de son projet. Avoir été lu, avoir été aimé par une femme : les deux activités sont enfin bien proches, et il aurait donc reçu Marie la lectrice parfaite, celle qui désire son œuvre, comme il avait lui-même

---

171. Le texte ne figure pas dans l'édition de Bordeaux, et on a ainsi pensé qu'il avait été inséré par Montaigne lui-même. C'est d'ailleurs pour les mêmes raisons que la critique a, dans l'ensemble, rejeté l'édition de 1595 des *Essais,* dont l'impression avait été assurée par Mademoiselle de Gournay sur l'exemplaire préparé par Pierre de Brach, et transmis par la veuve de Montaigne. Voir : Donald Frame, *Montaigne : a Biography,* San Francisco (North Point), 1984, pp. 277-78.

désiré d'être avec La Boétie (« [c] de la perfection de cette tres-saincte amitié où nous ne lisons point que son sexe ait peu monter encores » (661)). Même si la relation, toute platonique qu'elle paraisse, a pu faire ciller la critique, et que le texte que je viens de citer soit en fait une incise de Marie elle-même dans le corps des *Essais,* il n'est pas complètement hors ligne dans une relation dont on sait qu'elle avait dû être sincère. Bien plus, dans une correction du manuscrit de Bordeaux qui paraît cette fois toute authentique, Montaigne avait, pour ainsi dire, gauchi le souvenir de La Boétie, pour faire une place plus décente à Mademoiselle de Gournay. Dans le chapitre 9 du troisième livre (« De la vanité »), il affirme, dans un passage qui s'inscrit en faux de toute la problématique du couvrir et du découvrir, qu'il ne veut rien cacher à son lecteur :

> *[b] Je ne laisse rien à désirer et deviner de moy [...] Je reviendrois volontiers de l'autre monde pour démentir celuy qui me formeroit autre que je n'estois, ne fut ce que pour m'honorer* (III : 9 : 983).

Or l'édition de 1588 ajoutait le passage suivant, retranché, comme le suggère Villey (*ibid.*), parce que Montaigne ne désirait pas offusquer Mademoiselle de Gournay, avec laquelle il avait dès lors établi sa relation d'alliance (il l'avait rencontrée lors de son séjour à Paris, entre février et octobre 1588, et donc, probablement, avant la nouvelle publication de ses *Essais* en juin) :

> *[b] Je sçay bien que je ne lairray apres moy aucun respondant si affectionné bien loing et entendu en mon faict comme j'ay esté au sien. Il n'y a personne à qui je vouisse pleinement compromettre de ma peinture : luy seul jouissoit de ma **vraye image**, et l'emporta. C'est pourquoy je me deschiffre moy-mesme, si curieusement (ibid.).*

Quoi qu'il en soit des réserves de Montaigne (sont-elles dues à une certaine méfiance vis-à-vis de la jeune femme ? à une déception de Montaigne réalisant que Gournay n'est effectivement pas La Boétie ? — la critique en est réduite à des conjectures), Marie prend figure de l'exécutrice littéraire des *Essais,* jouant ainsi bon gré mal gré, vis-à-vis de l'œuvre montaignien, le rôle que Montaigne avait joué, vis-à-vis des œuvres de La Boétie. En outre, la figure de Marie de Gournay et la relation que Montaigne a eue avec elle impliquent une modification, ou au moins, un affinement de la pensée des *Essais* en ce qui concerne les femmes. D'abord, en admettant Marie dans l'intimité de son château, de sa lecture, de son écriture, Montaigne lui reconnaît le droit et la capacité d'une éducation au-delà de ce qu'il avait recommandé dans les *Essais* pour les femmes en général. Ensuite, il se lie avec elle d'une amitié qui dépasse de beaucoup ce qu'il avait laissé entendre de ses relations avec les femmes, puisqu'aussi bien il lui dicte son texte et ses corrections des mois durant. Mais cette attitude ne doit pas surprendre. Si Montaigne suit les Anciens et les Modernes dans son appréciation générale d'une éducation limitée pour les femmes, et use d'un discours atavique sur les pouvoirs mystérieux et menaçants des femmes, il est également l'héritier d'une autre littérature, celle qui prend le parti de la femme, et qui se manifeste à la fin du seizième siècle dans les œuvres de Thomas Arthus ou de Béroalde de Verville. Montaigne se rappelle aussi les arguments des partisans de la femme dans *Le Courtisan*. Dans le livre III du *Courtisan,* aux arguments de Gaspar, qui reprend le vieux thème de l'infériorité congénitale de la femme (elle est un animal créé au hasard, sans plan, et comme un sous-produit de l'homme), de Frigio, qui accuse encore une fois la femme du péché originel (c'est elle qui a tout commencé et qui est responsable du mal et des souffrances du monde), Giuliano répond que ceux qui lisent les historiens savent que la femme a brillé dans différents domaines, que des femmes ont été poètes, philosophes, et avocats. Montaigne, lui-même amateur d'histoire, et qui recommande l'histoire aux femmes pour qu'elles apprennent à supporter leurs souffrances, et à se garder de l'emprise de l'homme, n'a pas dû rester insensible à la suggestion.

Or c'est justement à l'époque où on commence à se poser des questions sur le sort de la culture que Montaigne s'intéresse à un nouveau statut des femmes dans la vie quotidienne et qu'il *essaye* une nouvelle relation avec Marie de Gournay. Dans le gauchissement de l'argument théologique par une pratique, celle d'une relation avec les femmes, l'image de la femme est modifiée en profondeur. A cette modification, Montaigne trouve plusieurs avantages. Retiré chez lui, il trouve que la tâche d'autodescription n'est pas aussi facile qu'il le pensait, et que s'occuper de soi-même ne veut pas dire avoir clairement en l'esprit une image de soi qu'on puisse communiquer. Ce moi qu'il ne cesse de vouloir décrire ne cesse de lui échapper, et il s'aide, pour en récupérer les fragments, aussi bien des fantasmes d'une culture antique (l'amitié) que des nouveautés de l'actualité (les cannibales). Avec la femme, il s'agit d'autre chose. La différence est d'abord certes théologale :

> *Les femmes, au commencement du monde, ou peu après,*
> *ensemblement conspirerent escorcher les hommes tous vifz, parce*
> *que sus elles maistriser voulaient en tous lieux. Et fut cestuy decret*
> *promis, conferme, et juré entre elles par le saint Sang breguoy*[172].

Mais elle va aussi au plus profond, et au plus quotidien, de la vie sociale et privée de Montaigne. Homme viril au miroir du monde, l'est-il toujours à celui du livre ? Bien qu'il se déclare extrê-mement *génital* et s'amuse à se rappeler ses prouesses, il n'est pas sûr de sa sexualité. Il se sent menacé par la représentation la plus aggravée de l'autre : celle de la femme qui lui dénie son pouvoir. Il a peur d'être cocu. Il dit bien qu'il ne sait rien de la jalousie, et qu'il la connaît seulement de vue, mais il continue à en parler pendant plusieurs pages (I : 5 : 863). Il envie même l'exemple des « [b] braves hommes de l'Antiquité [qui furent] cocus, et le sceu-rent sans en exciter le tumulte » (III : 5 : 864). Autre peur aussi : celle de la jalousie des femmes :

> *[a] Cette fievre laidit et corrompt tout ce qu'elles ont de bel et de*
> *bon d'ailleurs ; et d'une femme jalouse, quelque chaste qu'elle soit*
> *et mesnagere, il n'est action qui ne sente à l'aigre et à l'importun*
> (865).

Enfin, il est vieux. Mais l'âge, qui devrait lui laisser la paix, lui laisse des souvenirs : « [b] Tout asseché que je suis et appesanty, je sens encore quelques tiedes restes de cette ardeur passée » (III : 5 : 849). Et la citation du Tasse, qui est censée illustrer ce reste, dit ce qu'il ne veut pas avouer. Il n'est pas si facile d'oublier l'« [b]ardeur passée » (III : 5 : 849) : « Qual l'alto Aegeo, per che Aquilone o Notto/Cessi.../Ritien de l'onde anco agitate è grosse » [« Ainsi la mer Egée, lorsque l'Aquilon ou le Notus se calment [...] restent encore agitées et grosses »] (*ibid.*). L'angoisse masculine, incapable de satisfaire l'« c]animal glouton et avide » (III : 5 : 859), travaille le désir de la femme. Or ce désir du désir de la femme n'est pas sans effet dans l'écriture du livre. Si le thème de l'amour est tant réprimé (« [c] c'est une action que nous avons mise en la fran-chise du silence » (III : 5 : 848)), c'est justement parce qu'il est ins-crit en nous, que c'est l'affaire de l'écrivain de l'*ex*primer « [c] sans voix et sans figure » (III : 5 : 848), et que nous passons donc

---

172. Rabelais, *Tiers Livre*, édition M.A. Screech, Genève (Droz), 1970, p. 137.

notre temps à l'enjoliver, à le « [c] *fouetter en periphrase et en pein-ture* » (*ibid.*) :

> [c] *Car il est bon que les mots qui sont le moins en usage, moins escrits et mieus teuz, sont les mieux sceus et plus generalement con-nus. Nul aage, nulles meurs, non plus que le pain. Ils s'impriment en chascun sans estre exprimez et sans voix et sans figure. Il est bon aussi que c'est une action que nous avons mis en la franchise du silence, d'où c'est crime de l'arracher, non pas mesme pour l'accu-ser et juger. Ny n'osons la fouetter qu'en periphrase et en peinture.*

Bien avant Freud et le féminin innommable,[173] Montaigne, n'est sans doute pas le premier à repérer les tropes du discours *médusé*. La poésie de la Renaissance, suivant les Rhétoriqueurs, avait déjà mis en avant les possibilités d'inversion et de décon-struction dans l'image poétique. Le meilleur exemple en reste le *con-treblason,* qui, tout en poursuivant un but défini, la mise au pilori du corps désirant, n'en expose pas moins les mécanismes réversi-bles de la métaphore et de l'hyperbole. Mais il y a, dans les *Essais,* plus qu'un dessin de localiser l'angoisse que fait naître chez l'écri-vain l'imaginaire des masques et des fards, dont il ne sait ce qu'ils recouvrent, et qui motive son discours de l'impuissance et de la cor-nardise. L'écriture montaignienne est aussi capitalisation et exploi-tation d'une plus-value (le paraître, la *montre*) qui permet la pro-duction et le fonctionnement du livre. Mais cette obligation d'une connotation ou d'une métaphore perpétuelle est aussi ce à quoi l'espion des femmes est condamné et ce qui laisse espérer à l'auteur des *Essais* de pouvoir enfin réaliser son projet de peindre un moi propre. C'est par l'écriture, et dans l'espoir de composer un livre qui puisse aussi, comme plus tard, le livre de Rousseau, être lu par les femmes, que Montaigne entend récupérer une province perdue. Mais l'écrire comment ? Tout un long paragraphe de « Sur des vers de Virgile » traite de la pléthore des auteurs qui écrivent sur le sexe et l'amour, pour revenir enfin au corps : « [b] En la plus part du monde, cette partie de nostre corps estoit deifiée » (III : 5 : 858). Les écrits des hommes sont législatifs, explicatifs. Le livre des *Essais,* au contraire, est descriptif et imaginatif. C'est par une combinai-

173. Sigmund Freud, « Medusa's Head », *The Standard Edition of the Com-plete Psychological Works,* tr. James Strachey, XVIII, London (Hogarth Press and the Institute of Psychoanalysis), 1955, p. 273.

son d'écriture et de lecture que Montaigne cherche à rendre compte d'un pouvoir féminin dans la représentation, et d'un transfert d'une certaine sexualité féminine à l'écriture : en écrivant le livre il retrouve ses forces. Un auteur doit certes la franchise :

> *[c] Eust-on ouy de la bouche de Socrates une voix suppliante ? Cette superbe vertu eust elle calé au plus fort de sa montre ? Et sa riche et puissante nature eust elle commis à l'art sa défense, et en son plus haut essay renoncé à la verité et naïfveté, ornemens de son parler, pour se parer du fard et des figures feintes d'une oraison apprinse ?* (III : 12 : 1054).

Mais, d'un autre côté, il sait que son livre est de mise en scène, et, tout comme il s'est déjà montré incapable de dénier aux femmes le fard et le jeu, il compte, même sarcastique, apprendre d'elles le secret de la montre et de la représentation : « [a] Ceux qui masquent et fardent les femmes, font moins de mal ; car c'est chose de peu de perte de ne les voir pas en leur naturel » (I : 51 : 305) / « [c] *C'est à elles d'honorer les arts et de farder le fard* » (III : 3 : 822).

Un des meilleurs exemples du louvoiement montaignien est ainsi justement donné par le croisement d'un discours théologal et d'un discours mondain ou quotidien sur les femmes. Si Montaigne est, comme on l'a vu, le récipiendaire de la topique du Moyen Âge sur la femme, en exprimant les idées les plus reçues de son temps sur la place de la femme au foyer, et sa vocation *économique,* il est aussi d'accord que les femmes peuvent égaler les hommes en toutes sortes d'actes. Mais, là, il diffère d'auteurs plus engagés qui trouvaient, comme Cornélius Agrippa, que la condition subjuguée de la femme était en fait une usurpation de l'homme, et il tient à se soumettre aux lois de son pays, — ce qui nous vaut une défense de la loi salique, qu'il a d'ailleurs probablement empruntée à la littérature de l'époque. En fait, la rencontre avec Marie a probablement donné à Montaigne l'occasion de réajuster sa vision sur l'autre féminin. Capable d'une nouvelle relation qu'il n'avait pu avoir jusque là avec la femme, il avance des hypothèses qui sont dans l'air du temps, mais qui prennent, dans le contexte de sa relation avec sa *fille d'alliance,* un ton nouveau, et les *Essais* libèrent alors un sous-texte sur la femme comme instrument de définition du moi. Or ce sous-texte inclut la tradition réformiste sur la femme, jusqu'à poser la question du vrai sens de la différence des sexes.

L'argument théologique contre l'égalité des femmes et des hommes pouvait d'abord être combattu sur le plan théologique, et Marie elle-même n'hésite pas à citer les Écritures. Christine de Pizan et d'autres avaient déjà tenté de disculper la femme du péché originel, en suggérant que c'est à l'homme seul que Dieu a formellement interdit de manger le fruit de l'arbre de la sagesse. Guillaume Postel, dans un ouvrage qui fit beaucoup de bruit dès sa parution en 1553, déclare que l'Évangile doit être écrit pour préserver la mémoire des hauts-faicts de Marie Madeleine[174]. Beaucoup de ces textes, comme celui de Pizan ou de Postel, n'attaquent pas directement la supériorité originelle de l'homme, mais tournent l'infériorité de la femme à son profit : son *anima,* sa partie sensuelle est plus développée. Chez François de Billon et Cornélius Agrippa, deux auteurs dont Montaigne connaissait bien le deuxième, on trouve la réponse la plus raisonnable qui pouvait être donnée aux clercs : la différence des sexes est essentiellement physique, sans préjudice des qualités individuelles de chacun des sexes. Si l'homme et la femme sont différents, c'est essentiellement pour les besoins de la génération :

> *Encore est signifiée cette preexcellence feminine par un certain vouloir de Nature, qui a la production du Genre humain a preposé les femelles aux masles, en leur faisant plus de distribution de ses secretz, par la grace qui communement leur est donnée la vivre plus longuement, ainsy que s'aperçoit en de femmes vieilles en tous climatz : en quoy elles accomplissent plus que les hommes l'intention d'icelle Nature[175].*

Mais, s'il est difficile de trouver la trace exacte de Billon dans les *Essais,* l'idée d'un corps identique chez l'homme et la femme, hormis les nécessités de la génération, n'est pas étrangère à Montaigne. Il avait déjà mentionné le fameux passage du *Banquet* dans lequel Platon reconstruit la relation originelle entre homme et femme : « [c] Seroit-ce ce que dict Platon, qu'elles [les femmes]

174. Guillaume Postel, *Tres merveilleuses victoires des femmes du nouveau monde, et comment elles doibvent à tout le monde par Raison commander et mesme à ceulx qui auront la monarchie du monde vieil,* chapitre IV, Paris (Jehan Ruelle), 1553, p. 14.

175. François de Billon, « Contremyse de la Plume », *Le Fort inexpugnable de l'honneur du sexe féminin,* texte de 1555, édition MacFarlane, La Haye (Mouton : Johnson Reprint), 1970, p. 148. on ne sait si Montaigne a lu de Billon.

ayent esté garçons desbauchez autresfois ? » (III : 5 : 857). Quelle
signification prend donc dans les *Essais* ce retour sur l'indifféren-
tation originelle ?

5. Quartilla-Puella-Fortuna

Une des déclarations les plus *masculines* de Montaigne se
trouve dans le dernier chapitre des *Essais,* où Montaigne, revenant
sur le thème de l'amour, corrige un peu les déclarations restricti-
ves de « Sur des vers de Virgile », pour admettre qu'il s'est, tout
autant qu'un autre, laissé emporter à ses désirs :

> [b] Et me suis jeune,
> Quuem circumcursans huc atque huc saepe Cupido
> Fulgebat, crocina splendidus in tunica
> [Alors que voltigeait sans cesse autour de moi le brillant Cupidon
> tout resplendissant dans sa robe de pourpre],
> presté autant silencieusement et inconsideréement qu'autre au desir
> qui me tenoit saisi,
> Et militavi non sine gloria,
> [Et j'ai combattu non sans gloire],
> Plus toustefois en continuation et en durée qu'en saillie :
> Sex me vix memini sustinuisse vices
> [A peine si je me souviens d'y être allé jusqu'à six].
> Il y a du malheur certes, et du miracle, à confesser en quelle foi-
> blesse d'ans je me rencontray premierement en sa subjection. Ce
> fut bien rencontre, car ce fut long temps avant l'aage de choix et
> cognoissance. Il ne me souvient point de moy de si loing. **Et peut-
> on marier ma fortune à celle de Quartilla, qui n'avoit point memoire
> de son fillage** (III : 13 : 1086-7).

Remarquons d'abord la conjonction du hasard (« [b] ma fortune ») et d'une sexualité monstrueuse dans l'image de Quartilla,
la sorcière de Pétrone dans le *Satiricon*. Mais s'il est vrai que Montaigne réaffirme ici sa masculinité par l'intermédiaire d'une sorcière, n'est-il pas frappant que lorsqu'il s'agit de démontrer une
puissance, dont il n'est pas toujours sûr, mais qu'il lui faut présenter sur le mode traditionnel (« [b] Sex me vix memini sustinuisse
vices »), il prend modèle sur la femme. Ce n'est d'ailleurs pas la
première fois qu'ayant à choisir entre homme et femme, il choisit
la femme. Il avait déjà préféré Messaline à Procul. Mais ce qui
l'intrigue, comme dans la *puella* de Catulle, et le jeune homme effé-
miné, et Léonor, la fille unique qui lui reste et qu'il n'a cure d'enseigner, c'est l'union de la sexualité et de la jeunesse, de l'inexpérience

et de la naïveté. On pourrait, en se permettant un anachronisme, songer au complexe de Humbert Humbert pour Lolita[176].

Ce que Montaigne recherche, dans l'image de l'entremetteuse-sorcière de Pétrone, c'est l'illusion d'un savoir sexuel entièrement réduit à sa pulsion : un désir qui *saisit*. Mais, pour le sentir, il faudrait être femme. Or la récupération d'une origine commune pour l'homme et la femme clôt le chapitre 5 du livre III : « [b] Je dis que les masles et femelles sont jettez au mesme moule : sauf l'institution et l'usage, la difference n'y est pas grande » (III : 5 : 897) — et s'inscrit dans la longue séquence d'une dérive entre masculin et féminin qui articule l'ensemble du livre, depuis la *puella* de Catulle jusqu'à la Quartilla de Pétrone : la première, innocente d'un Eros dont elle vient à peine de faire l'expérience, et la deuxième, au contraire, qui n'a plus rien à apprendre sur le sujet de l'amour, mais qui doit cette expérience justement au fait qu'elle a commencé bien tôt. Ces deux instances littéraires de la sexualité féminine représentent pour Montaigne une double possibilité : celle de jouir, sous les auspices de la femme, d'un fantasme de puissance qui redonne au sexe masculin une autorité qu'il pensait, depuis le *Banquet* de Platon, avoir perdue (« [c] qu'elles ayent esté garçons débauchés autrefois » (III : 5 : 857)) — et celle de moduler toute la gamme de cette sexualité, depuis l'innocence de la jeune fille initiée par un amant plus jeune, jusqu'à la magie des femmes qui, de Calypso et de Circé jusqu'à Quartilla, initient l'homme. Confronté et menacé par la rumeur d'une femme hypersexuée, et désireux, d'autre part, de faire passer dans son texte un désir dont il a peur que les femmes le lui aient ravi, Montaigne reprend sa relation avec elles sur le plan de la métaphore et de l'image.

D'où la référence au texte platonicien sur l'androgyne, qui permet, à la même époque où il fréquente Marie de Gournay (nous sommes au temps des dernières corrections), d'inscrire un fantasme d'union, non plus avec l'ami parfait, mais avec celle qui pourrait prendre sa place, dans le contexte d'une tradition d'échange, sinon de communion ou de substitution avec la femme. Si le thème de

---

176. Au trente-deuxième chapitre de la deuxième partie de *Lolita,* le narrateur explique comment Lolita lui a tout raconté sur son dépucelage : « She told me the way she had been debauched [...] », *The Annotated Lolita,* notes by Alfred Appel, New York (McGraw Hill), p. 137.

l'androgyne fait donc justement ici son apparition, c'est que le mâle, peu sûr de lui-même, y trouve son compte, puisque ce retour à l'origine lui redonne une prééminence qu'il craignait d'avoir perdue. Gauchissant l'esprit du texte platonicien, où homme et femme ne sont, dans le conte d'Aristophane, que la moitié chacun d'un être hybride mutilé par Apollon, Montaigne réinterprète la tradition antique au profit d'un « [c] garçon » encore plus antique, et qui aurait, dans sa toute-puissance, servi de modèle aux femmes-hommes dont il parle. Encore un exemple, donc, d'un travail inter-textuel par lequel les *Essais,* explorant l'image des femmes, reconstituent, au fil de leur texte, l'allégorie d'une femme-homme, stimulant le désir de l'écrivain. Que ce fantasme de l'androgyne est partie d'un plus vaste imaginaire féminin est démontré par une citation d'Horace dans le passage même où Montaigne débat de sexe et de mariage :

> [a] *A l'advis de nostre autheur, nous les traictons inconsideréement en cecy : apres que nous avons cogneu qu'elles sont, sans comparaison, plus capables et plus ardentes aux effects de l'amour que nous, et que ce prestre ancien l'a ainsi tesmoigné,* **qui avoit esté tantost homme, tantost femme :**
> *Venus huic erat utraque nota*
> [Il connaissait Vénus sous ses deux formes] (III : 5 : 854).

C'est par le jeu des retours et des additions que le supplément de désir, dont Montaigne se plaint ironiquement de ne pouvoir rendre compte, est impliqué. Telle est bien la référence à l'androgyne dans une addition de 1588, insérée avant un passage où l'auteur, qui s'était pourtant fait espion, se plaint justement de l'impuissance de la littérature, non seulement à rendre compte, mais aussi à simuler l'Eros féminin :

> [b] *Mon oreille se rencontra un jour en soubçon : que ne puis-je le dire ? Nostredame ! (fis-je) allons à cette heure estudier les frases d'Amadis et des registres de Boccace et de l'Aretin pour faire les habiles : nous employons vrayement bien nostre temps ! Il n'est ny parole, ny exemple, ny démarche qu'elles ne sçachent mieux que nos livres : c'est une discipline qui naist dans leurs veines* (III : 5 : 857).

On en revient ici à l'idée du fard et de la couverture, idée poppéenne par excellence, puisque c'est seulement plus loin dans le même chapitre que Montaigne loue encore une fois ses poètes préférés sur la question : Virgile et Lucrèce, dont il avait d'ailleurs

trouvé plus haut qu'ils donnaient trop de force à la description d'une
« [b] Vénus maritale » (III : 5 : 849). En suggérant que les textes
approchent le mystère de la sexualité féminine : « [b] Les vers de
ces deux poëtes, traitant ainsi reservéement et discrettement de la
lasciveté comme ils font, me semblent la descouvrir et esclairer de
plus près » (III : 5 : 880), Montaigne reprend la comparaison déjà
citée sur le « [b] reseu » (III : 5 : 880) dont les femmes couvrent
leur sein, comme les prêtres, les mystères de la religion. Mais la
louange est une ruse qui permet la réduction du modèle inappro-
chable. Dans le fil du texte, l'essayiste, flirtant avec l'Eros féminin,
récrit une tradition qu'il fait semblant d'accepter — celle de l'« [c]
animal glouton » (III : 5 : 859) —, mais qu'il modifie subtilement
au fur et à mesure des exemples et des associations qu'il se donne.
L'écriture des *Essais,* par ses rappels, ses corrections et ses inser-
tions, assure donc l'exploration d'une féminité qui promet une nouvelle forme d'énergie en transmuant les vieux mythes de Pandore,
de Circé et de Calypso en la pratique d'une mise en scène et d'une
identification, où se trouvent tous les stratagèmes féminins conju-
gués de la tentation, de l'éloignement et du rapprochement, du fard
et de la mise à nu. Montaigne vise même plus haut.

Si la *puella* de Catulle, et la Quartilla de Pétrone représentent
deux faces d'une sexualité qui le tente et affecte au plus haut point
le *flux* de son écriture, la figure majeure et duelle avec laquelle Montaigne se débat est celle de la Fortune. La Fortune jouit d'une tradition et d'une iconologie qu'il n'est pas dans mon propos de retracer. Examinons plutôt le traitement de la relation masculin-féminin
dans le cadre de Fortuna. L'idée d'un pouvoir mystérieux des femmes est à mettre en relation avec l'idée que la Fortune est essentiellement femme. Et, dans ce contexte, c'est moins de la Fortune, que
de sa conquête, ou plutôt d'une curieuse identification avec elle,
que le texte montaignien va développer le fantasme. Machiavel avait
suggéré que le seul moyen de dominer la Fortune était de s'en saisir, puisqu'elle sourit aux audacieux[177]. Jusque là, et depuis Boèce,
la Fortune avait trôné bien au dessus de la mêlée humaine, et toute
la littérature avait développé une mythologie pour rationaliser les
moyens infinis par lesquels Fortuna échappe à l'emprise des hommes. D'où l'importance majeure de Fortuna, dans le double contexte d'une retraite stoïcienne et d'une théodicée chrétienne. Mais,

177. Machiavel, *Le Prince,* XXV, *op. cit.,* pp. 364-7.

après Machiavel, Fortuna, qui continue à régir les affaires humaines, prend aussi figure plus humaine. C'est que l'allégorie fonctionne non plus seulement par référence à l'iconologie et aux textes, mais dans le contexte d'une humanisation de la femme, et d'une relation désirante qui rejette la passivité et l'endurance et vise à la fois l'appropriation de la femme et une association avec elle, voire une substitution femme/homme au cœur même de l'histoire. Montaigne suit peut être Brantome qui voit la Fortune non seulement comme une allégorie du destin, tournant sa roue hors d'atteinte des hommes, mais comme un objet de désir, telle une femme nue, prête à être conquise :

> *Or, pour retourner encor à nos marys prodiges de la veue de leurs*
> *femmes nues, j'en sçay un qui, pour un matin, un sien compaignon*
> *l'estant allé voir dans sa chambre ainsy qu'il s'habilloit, luy mons-*
> *tra sa femme toute nue, estendue tout de son long toute endormie,*
> *et s'estant elle-mesme osté ses linceuls de dessus elle, d'autant qu'il*
> *faisoit grand chaud, luy tira le rideau à demy, si bien que, le soleil*
> *levant donnant dessus elle, il eut loisir de la bien contempler à son*
> *aise, où il ne vid rien que tout beau en perfection ; et y put paistre*
> *ses yeux, non tant qu'il eust voulu, mais tant qu'il put ; et puis le*
> *mary et luy s'en allerent chez le roy. Le lendemain, le gentilhomme*
> *qui estoit fort serviteur de ceste dame honneste, luy raconta ceste*
> *vision, et mesme luy figura beaucoup de choses qu'il avoit remar-*
> *quées en ses beaux membres, jusques aux plus cachez ; et si le mary*
> *le luy confirma, et que c'estoit luy-mesme qui en avoit tiré le rideau.*
> *La dame, de despit qu'elle conceut contre son mary, se laissa aller*
> *et s'octroya à son amy par ce seul sujet ; ce que tout son service*
> *n'avoit sceu gaigner*[178].

Le gauchissement est si prononcé que Jean de la Jessée, décrivant la Fortune, se croit obligé de refuser le cliché de la nudité, et décide de la peindre habillée de riches atours, sous prétexte qu'elle doit sembler riche. Mais c'est sans vouloir taxer les « montres de la Fortune » (entendons, les stratagèmes par lesquelles elle s'allégorise hors du pouvoir des hommes)[179]. Qu'on ait voulu mettre l'accent sur la nudité de la Fortune, comme pour la rendre plus sai-

---

178. Brantôme, « Premier discours », *Les dames galantes,* nouvelle édition de Maurice Rat, Paris (Garnier), 1954, p. 42.

179. Jean de la Jessée, « Discours de la Fortune », Paris, 1579, in *Satires françaises du seizième siècle,* édition Fleuret-Perceau, Paris (Garnier), 1922, II, v. 47 sqq, p. 64.

sissable, comme si les vêtements et le fard, les cheveux sans houppe, n'avaient plus aucune importance à l'époque où on cherche un contact direct avec le corps, n'est pas sans rappeler la vogue croissante du nu à la fin de la Renaissance[180]. Montaigne a besoin, on l'a vu, de la montre féminine, des manières et des précautions des femmes, de leurs tours et de leurs fards : « [b] Ceux qui masquent et fardent les femmes, font moins de mal [...] (I : 51 : 305). Mais il tient aussi, comme Brantome, encore que pour des raisons différentes, à ce qu'elles soient nues, comme si c'était là l'antidote à son désir même :

> [c] Et quoy que dient les femmes de ce grand royaume du Pegu, qui, au dessous de la ceinture, n'ont à se couvrir qu'un drap fendu par le devant et si estroit que, quelque ceremonieuse decence qu'elles y cherchent, à chaque pas on les void toutes, que c'est une invention trouvée aux fins d'attirer les hommes à elles et les retirer des masles à quoy cette nation est du tout abandonnée, il se pourroit dire qu'elles y perdent plus qu'elles n'avancent et qu'une faim entiere est plus aspre que celle qu'on a rassasiée au moins par les yeux (III : 5 : 860).

Cette image d'une Fortune féminine que les audacieux peuvent conquérir nue (non voilée) doit beaucoup à Machiavel. Mais elle représente tout au plus une reprise en main littérale de l'allégorie féminine par une écriture masculine. Montaigne peint aussi bien une Fortune organiquement féminine, qui lui tend les bras, le soutient, et le nourrit. Cette représentation maternelle de la Fortune, qui est peut-être le plus en contradiction avec celle d'une Fortune dominatrice et traîtresse, est d'ailleurs constante à travers toute l'œuvre. De cette Fortune, Montaigne ne se plaint guère :

> [b] Je me laisse aller comme je suis venu, je ne combats rien, mes deux maistresses pieces [raison et inclination] vivent de leur grace en pais et bon accord ; mais le lait de ma nourrice a esté Dieu mercy mediocrement sain et temperé (III : 12 : 1059).

Dans cet attachement à la Fortune, il y a plus que la recherche d'une protection. Il y a la découverte d'un centre mouvant qui n'est pas autre que lui-même. Dans ce même chapitre 12 « De la physiognomie », il déclare s'en remettre à sa Fortune personnelle, parce

---

180. Kenneth Clark, « The Alternative Convention », in *The Nude : a Study in Ideal Form*, New York (Pantheon : Bollingen Series 35-2), 1956, pp. 308-347.

qu'il est convaincu de ne pouvoir trouver personne qui pourrait avoir soin de lui comme lui-même. Paradoxalement Montaigne travaille, pour *enfanter* une image de lui-même, une vision maternelle de la Fortune, tout en admettant que le livre ne peut réussir à fixer un moi fuyant qui toujours lui échappe. Reprendre l'allégorie de la Fortune, la personnaliser pour en tirer un lieu ou un simulacre de moi, c'est ce qui donne au traitement de la Fortune dans les *Essais* toute sa particularité. La femme qui se pare et se dévêt, qui se voile et se dévoile, et la mère qui enfante et nourrit président ensemble au lieu où le sujet se retrouve lui-même dans une sorte de *Fort-Da* ! modifié. Le parcours de l'écrivain se définirait alors par un retour constant au giron, qu'une écriture aventureuse lui fait à tous moments quitter. C'est entre le « [a] divers » et « [a] l'ondoyant » (I : 1 : 9) qui balise la conversation des *Essais,* au fil de la lecture et de la mémoire, tombant dans le giron de la Fortune qui l'accueille sans peine, que l'auteur trouve son équilibre. Mais, d'un autre côté, la Fortune est plus que la mère ; elle est aussi la complice des voluptés de l'écrivain. Il se laisse aller entre ses bras, comme dans ceux d'une amante, qui l'encourage à se *desbaucher.* Plus qu'un confort, elle lui donne un plaisir. Et dans ce plaisir, apparemment passif, il y a aussi une manipulation :

> [c] *Je me contente d'estre en prise de la fortune par les circonstances proprement necessaires à mon estre, sans luy alonger par ailleurs sa jurisdiction sur moy* (III : 9 : 998).

Que ce texte apparaisse dans le contexte où Montaigne déclare qu'être sans enfants n'est pas un « [b] defaut qui deust rendre la vie moins contente » (*ibid.*) est significatif. Avoir des enfants, c'est comme il le dit, avoir aussi l'obligation de les élever, de « [b] les rendre bons » (*ibid.*), surtout quand il s'agit d'enfants mâles, mais Montaigne n'avait eu que des filles — n'en avait plus qu'une. Vivre au jour le jour, c'est pleinement jouir de la Fortune pour soi, sans avoir à la partager, et en sachant s'en garder. C'est donc être soi-même l'enfant de la Fortune, ne lui demandant pas plus que sa propre fille ne demande à Montaigne ou qu'il ne lui accorde — cette même fille, en l'occurence, à l'éducation de laquelle son père ne prend guère de part, qui lit sous l'égide de sa gouvernante, et qui reçoit d'un heureux hasard le plaisir d'une instruction érotique.

SIGNATURE

LE GROTESQUE ET LE MONSTRUEUX

De la diversité de trois portraits, Montaigne ne se serait plaint, lui qui comptait déjà sur les nombreux portraits de sa « [b] forme » (III : 13 : 1102), de la jeunesse à la vieillesse. Dans une confession du dernier chapitre de son livre, il s'abandonne à la songerie mélancolique d'une mort prochaine. Mais dans cette mélancolie même, c'est la certitude d'un goût tenace pour les prestiges de l'art qui ressort :

> [b] *La mort se mesle et confond par tout à nostre vie : le declin praeoccupe son heure et s'ingere au cours de nostre avancement mesme. J'ay des portraits de ma forme de vingt et cinq et de trente cinq ans ; je les compare avec celuy d'asteure : combien de fois ce n'est plus moy ! combien est mon image presente plus esloingnée de celles là que de celle de mon trepas ! C'est trop abusé de nature de la tracasser si loing, qu'elle soit contrainte de nous quitter et abandonner nostre conduite, nos yeux, nos dens, nos jambes et le reste à la mercy d'un secours estranger et mandié, et nous resigner entre les mains de l'art, lasse de nous suyvre* (III : 13 : 1102).

Suggérer que Montaigne peut être connu dans trois portraits différents, c'est chercher, non pas une ressemblance, et la comparaison que Montaigne d'ailleurs rejette, puisqu'elle ne lui apprend qu'une chose : qu'il n'est plus celui qu'il était — mais plutôt autre chose : dans la dérive de la représentation le mouvement même qui arrache l'homme à son état organique, lui permet de se voir sur le modèle des autres, et d'échapper ainsi à l'entropie qui le guette. Que cette possibilité soit donnée sur le mode négatif (« [b] C'est trop abusé de nature [b] ») ne fait que souligner le statut à la fois fictif et passager de cette représentation. Mais, dans cette fiction et ce passage, s'affirme au moins ce qui justement récupère la nature en lui donnant forme artistique, en l'*artialisant*. Paré avait déjà noté ce qui caractérise le monstre et lui donne son *ostentum* : parce que sa représentation n'est pas une référence au connu, mais une ouverture sur l'inconnu, il est l'œuvre de Dieu, désirant par ses prestiges nous rappeler les limites de notre connaissance, et nous faire craindre la punition de notre superbe. Montaigne qui, outre les réflexions que lui suggèrent les arabesques contemporaines et les idées qu'elles lui donnent pour une mise en forme, un collage de son autoportrait, avait eu lui-même l'occasion de méditer sur de vrais monstres, suit non seulement Paré, mais aussi le Saint Augustin de la *Cité de Dieu* : les monstres sont contre nature, mais c'est parce que nous ne connaissons pas les limites de cette nature : « [c] Ce que nous appelons ordinairement monstres, ne le sont pas à Dieu, qui voit en l'immensité de son ouvrage l'infinité des formes qu'il a comprinses » (II : 30 : 713). Mais, dans sa soumission à Paré, et à Saint Augustin, Montaigne continue de penser en termes de relation[181]. Si le monstre est étrange, parce que non déjà connu, comme sont barbares les cannibales, parce que jamais vus, la monstration a du moins un intérêt capital : elle pose la question de la relation à l'autre : et d'ajouter que la raison pour laquelle nous sommes prêts à admettre les monstres est que nous en refusons la relation à ce que nous connaissons : « [b] [...] et est à croire que cette figure qui nous estonne, se rapporte et tient à quelque autre figure de mesme genre inconnu à l'homme » (II : 30 : 713). Ce qui est montré n'est jamais le naturel, parce que c'est ce qui ne correspond plus déjà à la réalité, et que le temps a déplacé : le grotesque, caché à présent dans les recoins des monuments et de la mémoire — mais ce qui attend du spectateur sa relation à autre chose, et que le spectateur, précisément parce qu'il a accepté les limites de son savoir, commence de regarder en face, comme sa propre *ineptie*. La monstration, étrange et fantasque, parce qu'elle est justement libre de toute référence, n'est qu'un reflet, incompréhensible et terrifiant d'une image qui échappe à toute relation, parce qu'elle fonde justement toute relation :

> [b] *Jusques à cette heure, tous ces miracles et evenemens estranges se cachent devant moy. Je n'ay veu monstre et miracle au monde plus expres que moy-mesme. On s'apprivoise à toute estrangeté par l'usage et le temps : mais plus je me hante et me connois, plus ma difformité m'estonne, moins je m'entens en moy* (III : 11 : 1029).

---

181. Jean Céard, *La nature et ses prodiges : l'insolite au XVIe siècle*, Genève (Droz), 1977, p. 432 sqq.

INDEX

ABÉLARD : 239.
ACHILLE : 174.
AGRIPPA, (C.) : 258.
ARÉTIN, (l') : 132.
ARIOSTE, (L.) : 33.
ARISTOPHANE : 205, 274.
ARISTOTE : 12, 14, 21, 63, 91, 92,
    181, 184, 211.
ARTHUS, (T.) : 257, 267.
ATKINSON, (G.) : 132-4, 145.
AUBIGNÉ, (A. d') : 17.
AUERBACH, (E.) : 20, 21.

BEAUJOUR, (M.) : 25, 176.
BÉGUIN, (S.) : 227-9.
BELLEFOREST, (F. de) : 121, 131,
    133, 134.
BENZONI, (G.) : 124.
BÉROALDE DE VERVILLE, (F.) : 267.
BEUGNOT, (B.) : 175-6.
BILLON, (F. de) : 271.
BLOSIUS : 38, 41, 80, 93, 96.
BODIN, (J.) : 136-7, 166, 172,
    181-2, 194.
BOÈCE : 21, 275.
BOÉTIE, (E. de la) : 11, 23, 26, 31,
    34-39, 41-44, 46-58, 59-61,
    62-65, 67-8, 70-1, 73, 75, 79, 81,
    85-6, 89-90, 93-4, 95, 97, 99-104,
    110, 207, 252, 254, 263, 266.
BONAFOUX, (P.) : 86.

BOURDIEU, (P.) : 147, 165.
BRACH, (P. de) : 265.
BRANTOME, (P. de) : 226, 276-7.
BUDÉ, (G.) : 180, 257.
BUTOR, (M.) : 11, 37, 54.

CALYPSO : 273, 275.
CARON, (A.) : 229.
CATULLE : 162, 221, 246-7, 253,
    263, 272-3, 275.
CAVE, (T.) : 16, 17-20, 26, 160.
CÉARD, (J.) : 282.
CERTEAU, (M. de) : 125, 141.
CHARLES VIII : 78.
CHARLES IX : 72-3, 110, 151, 199.
CHAUNU, (P.) : 132.
CHRÉTIEN DE TROYES : 21.
CICÉRON : 42, 51, 92-3, 164, 247.
CIRCÉ : 175, 273, 275.
CLARK, (K.) : 128, 277.
CLOUET, (J.) : 72.
CLOUET, (F.) : 72, 225.
COMMINES, (P. de) : 41.
COMPAGNON, (A.) : 105.
CONLEY, (T.) : 234.
CORNEILLE (dit de Lyon) : 87.
COUSIN LE JEUNE, (J.) : 229.
CRANACH, (L.) : 226.
CYRANO DE BERGERAC : 101.

DAVIS, (N.) : 175.

TABLE DES MATIÈRES

Photocomposé en Times de 10 et achevé d'imprimer en mai 1990
par l'Imprimerie de la Manutention à Mayenne — N° 221-90